LE SCIE

Miriam Mafai

IL LUNGO FREDDO
*Storia di Bruno Pontecorvo,
lo scienziato che scelse l'Urss*

ARNOLDO MONDADORI EDITORE

Dello stesso autore

Nella Collezione Le Scie
Pane nero

ISBN 88-04-33922-5

© *1992 Arnoldo Mondadori Editore S.p.A., Milano*
I edizione maggio 1992

SOMMARIO

9   *Prologo*
       Piazza Verdi, agosto 1950

       PARTE PRIMA

15   I   Il segreto della bomba
39   *Fregene, quarant'anni dopo*
43   II   Una famiglia, una tribù
57   III   Un cucciolo a via Panisperna
75   IV   Hôtel des Grands Hommes
91   V   La diaspora
109   VI   Lo straniero nemico
135   VII   Ultimo indirizzo conosciuto

       PARTE SECONDA

147   *Le due verità*
157   I   Un ospite privilegiato
173   II   I mondi separati
197   III   Il disgelo
209   IV   Anni felici
225   V   Il malessere
245   VI   Il tempo del dissenso
273   VII   Nostalgia

289   *Epilogo*
       Un errore di calcolo

313   *Indice dei nomi*

Questo libro è il risultato di molti colloqui, incontri, passeggiate con Bruno Pontecorvo cui sono grata per la fiducia e l'amicizia. Un ringraziamento particolare a Gillo e Laura Pontecorvo, che hanno messo a mia disposizione la loro casa il loro tempo la loro memoria, a Maresa e Adriano Guerra che mi hanno incoraggiato e sostenuto nel lavoro.

Tutti coloro che hanno conosciuto Bruno nelle diverse epoche della sua vita, in Italia in Francia in America in Urss, amici collaboratori e allievi, mi hanno affidato qualcosa dei loro ricordi.

Ho tentato di mettere insieme tutte queste testimonianze e frammenti, per ricostruire la vicenda, umana prima che scientifica, di chi, nel pieno della guerra fredda, scelse di abbandonare l'Occidente e di lavorare e vivere al di là della cortina di ferro.

Porto io, naturalmente, tutta la responsabilità di questo testo, delle sue eventuali imprecisioni, delle inevitabili lacune. Mi rendo conto infatti che qualche tassello manca a completare questo puzzle che copre tanti anni di storia. Ma, a ben vedere, un punto interrogativo, una domanda senza risposta, inquieta non solo la vita di Bruno Pontecorvo, ma la vita di tutti coloro che, con impavido ottimismo, cieca innocenza e una fiducia che sfidava ogni ragione, hanno inseguito, nel secolo tormentato che ci stiamo lasciando alle spalle, il sogno del comunismo.

IL LUNGO FREDDO

Prologo
PIAZZA VERDI, AGOSTO 1950

L'uomo, seduto sullo sgabello davanti alla Casa dell'Automobile, si faceva vento con un giornale ripiegato. Sudava. Di tanto in tanto allontanava, con un gesto infastidito della mano, le mosche. L'asfalto rovente mandava un odore acido.

Piazza Verdi, a Roma, tra via Bellini e via Cimarosa, alle spalle di Villa Borghese, era più che una piazza uno slargo, un grande spazio vuoto. A quell'ora – era il primo pomeriggio di un giorno di fine agosto – i ragazzi venivano costretti in casa, dietro le persiane accostate. Solo più tardi, quando il ponentino avesse cominciato a soffiare sulla città, sarebbero usciti per andare a mangiare un gelato, fare una corsa fino a Villa Borghese, o giocare per la strada una partita di pallone.

Sulla piazza incombeva l'edificio bianco del Poligrafico dello Stato. Il gran silenzio estivo era interrotto soltanto dallo sferragliare dei tram lungo il viale alberato che si snodava al di là della piazza e che, stringendo il quartiere come in un anello, ne definiva i confini.

Rolando B. conosceva da tempo immemorabile quel quartiere e i clienti della Casa dell'Automobile. Li conosceva uno per uno: erano medici, avvocati, notai, funzionari dello Stato, che abitavano lì attorno, nelle vecchie ville di via Salaria (tutte con il loro bel giardino davanti e una torretta merlata) o nei lussuosi condomini costruiti poco prima della guerra sulla collina verde dei Parioli. La nuova Lancia Aurelia era la macchina preferita dai suoi clienti, ma non tutti la possedevano.

Era la fine di agosto del 1950. I ricchi erano partiti in ritardo per le vacanze. Alla fine di giugno era scoppiata la guerra in Corea, e con la guerra si era diffusa una incertezza che assomigliava al panico. Qualcuno aveva pensato di riprendere, come una volta, la via della Svizzera. Poi il barometro si era fissato al bello e il quartiere si era svuotato: via tutti al mare, con mogli bambini cameriere e bambinaie, a Capri a Rapallo a Viareggio o in montagna a Cortina e a Chamonix.

Al Lido di Venezia Barbara Hutton, la miliardaria americana giunta al suo ottavo matrimonio, si esibiva in un costume da bagno rigorosamente nero e rigorosamente intero; a Capri la splendida Consuelo O'Connor sposata Crespi passeggiava a piedi nudi, un filo d'oro attorno alla caviglia, in un due pezzi assolutamente scandaloso; a Viareggio per la cerimonia del premio si erano rivisti, dopo molti anni, signori in smoking e signore in abito da sera.

Tra un paio di settimane, a metà settembre, lentamente, il quartiere avrebbe ripreso la sua vita di sempre: le bambinaie sarebbero tornate a spingere le carrozzine verso il Parco dei Daini, le signore sarebbero tornate a bere un aperitivo al bar di piazza Ungheria e a frequentare, la domenica, la Messa nella stessa chiesa mentre Rolando B. sarebbe tornato a salutare, ogni mattina, i suoi clienti.

L'uomo continuava a cacciare le mosche e a sventolarsi in attesa del ponentino quando sulla piazza deserta irruppe una macchina inglese, che si fermò a pochi passi da lui con un esagerato stridore di gomme. Gli inglesi non erano simpatici a Rolando B. e nemmeno gli americani, ma erano quelli che lasciavano le mance più cospicue e quindi andavano trattati con riguardo. Dunque smise di sventolarsi e si alzò per andare incontro al cliente straniero.

L'uomo scese dalla macchina, che in verità a guardarla bene era piuttosto malandata e coperta di polvere come se avesse fatto un lungo viaggio, e gli si rivolse, giocando con le chiavi che teneva in mano, in perfetto italiano.

Era giovane, abbronzato, i capelli neri e lisci pettinati all'indietro, gli occhi chiari. Indossava pantaloni di lino bianco e una maglietta aperta sul collo, non portava calze, aveva sandali impolverati e sporchi ai piedi nudi. Conosceva questa macchina?, chiese lo sconosciuto. Poteva revisionare il motore, lavarla e ingrassarla, cambiare l'olio? Certo che poteva, assicurò Rolando che si impegnò a restituirgli la macchina perfettamente in ordine in un paio di giorni.

Lo straniero (ma era davvero uno straniero?) sembrò soddisfatto. Gli lasciò le chiavi e lo salutò con un cenno cordiale della mano mentre si allontanava a piedi verso viale Liegi. Il giorno dopo, verso le quattro del pomeriggio, tornò, questa volta accompagnato da un bambino di una decina d'anni, i capelli biondi tagliati cortissimi. Si trattenne solo qualche minuto: lo guardò lavorare, ritirò qualcosa da una tasca laterale dello sportello della macchina e si raccomandò, ancora una volta, che l'olio fosse quello da lui richiesto.

Il giorno dopo all'ora fissata la Vanguard targata H.V.C.744 era pronta ingrassata e pulita, l'olio cambiato e il motore revisionato, una gran bella macchina, dopotutto, anche se mal tenuta. Ma nessuno venne a ritirarla.

Nessuno venne nemmeno nei giorni seguenti, e nemmeno nella prima settimana di settembre e nemmeno nella seconda. Fino a quando il meccanico decise che non era prudente tenere in garage una macchina di cui non conosceva il proprietario, e che poteva anche essere stata rubata. Alla fine si rivolse al commissariato di zona. Nella tasca interna della macchina non c'erano più i documenti, ma non fu difficile risalire dalla targa al nome del proprietario.

L'uomo che il 29 agosto aveva portato la Vanguard alla Casa dell'Automobile di piazza Verdi, che era tornato il giorno dopo per sollecitare il lavoro, e che non era più tornato a ritirarla, si chiamava Bruno Pontecorvo. Aveva trentasette anni, un sorriso accattivante, grandi occhi chiari e l'aspetto di uno sportivo, di un uomo abituato a vivere molto all'aria aperta.

Era invece un fisico, abituato a passare la maggior parte delle sue giornate al chiuso di un laboratorio, a studiare i misteri del nucleo e delle particelle elementari. Originario di Pisa, aveva fatto parte, nei primi anni Trenta, della celebre Scuola di via Panisperna sotto la direzione di Enrico Fermi. Poi, nel 1936, si era trasferito a Parigi per lavorare al Centro di energia nucleare di Joliot-Curie. Da lì era fuggito per raggiungere l'America poche ore prima che la capitale francese venisse occupata dai tedeschi. A guerra finita era tornato in Europa, per lavorare nel Centro atomico di Harwell, in Inghilterra. Da due anni era cittadino inglese.

Tutti questi e altri particolari vennero accertati dalle competenti autorità, nel corso delle prime settimane di settembre. Ma nessuno denunciò la sua scomparsa.

In altri tempi la sua sparizione sarebbe stata considerata un fatto puramente privato, senza rilevanza, ma da quando, il 6 agosto del 1945, la prima bomba atomica era scoppiata su Hiroshima, da allora i fisici erano considerati, in tutto il mondo, personaggi di grande importanza, la risorsa militare fondamentale di cui uno Stato potesse disporre. La politica e la scienza militare avevano bussato con violenza alla porta della fisica moderna, si erano impadronite dei laboratori, degli uomini che vi lavoravano e della loro intelligenza, ne avevano messo sotto controllo le vite, gli esperimenti e i pensieri.

Quanto valeva, dunque, in quel momento Bruno Pontecorvo? Conosceva o no la formula della bomba atomica? Di quali segreti era entrato in possesso? Quali misteri era in grado di svelare? E quale Stato se ne sarebbe servito a partire da quel 29 agosto 1950, quando aveva abbandonato la sua macchina a Roma, nel garage di piazza Verdi?

PARTE PRIMA

I
IL SEGRETO DELLA BOMBA

La prima bomba atomica del mondo assomigliava «a un bidone della spazzatura allungato e con le pinne». Così l'aveva descritta Paul Tibbets, il comandante del B 29 che la portò a destinazione. Lunga poco più di tre metri e con un diametro di 74 cm, tutta di opaco acciaio brunito, aveva l'aspetto di un cilindro corazzato con un muso leggermente arrotondato. Pesava 4200 chilogrammi. Venne sganciata sulla città giapponese di Hiroshima dall'aereo che lo stesso Tibbets aveva battezzato, in onore della sua mamma, Enola Gay. Erano le 8 e 15 del mattino del 6 agosto 1945. Dopo 43 secondi esatti esplose a 570 metri dal suolo, sopra l'ospedale Shima, 170 metri a sud-est del ponte Aioi.

«Eravamo a diciotto chilometri e mezzo in linea d'aria dall'esplosione atomica, ma tutto l'aereo scricchiolò e cigolò per il colpo» raccontò lo stesso Tibbets. «Ci girammo a guardare Hiroshima. La città era nascosta da quella nuvola orribile, ribollente, a forma di fungo, terribile e incredibilmente alta. Per un momento non parlò nessuno, poi si misero a parlare tutti...»

Il mitragliere di coda incaricato di scattare le fotografie così descrisse la scena: «Il fungo era una visione spettacolare di per sé: una massa ribollente di fumo grigio rossastro, e si vedeva benissimo che dentro aveva un nucleo rosso nel quale tutto bruciava... Sembrava una colata di lava o di melassa che coprisse tutta la città e pareva che traboccasse e salisse per le colline... Intanto scoppiavano incendi dappertutto e così in poco tempo diventò difficile vedere qualcosa per via del fumo».

Quando era scoppiata la guerra Hiroshima aveva 400.000 abitanti, ma molti erano stati evacuati. All'inizio di agosto del 1945, la popolazione residente era di circa 280.000 civili, più 40.000 soldati: 320.000 persone in tutto. I morti di quel giorno furono almeno 100.000, molte altre decine di migliaia morirono nelle settimane e negli anni successivi per malattie ricollegabili alla bomba. La temperatura sul luogo dell'esplosione raggiunse quel giorno i 3000 gradi. Coloro che stavano all'aperto in un raggio di circa un chilometro ebbero gli organi interni vaporizzati e si ridussero a mucchietti di cenere fumigante.

Tre giorni dopo una seconda atomica, familiarmente chiamata Fat Man, venne sganciata su Nagasaki. Esplose alle 11 di mattina del 9 agosto a 340 metri di altezza sulle colline della città. A Nagasaki morirono subito 70.000 persone e altrettante negli anni successivi per le conseguenze dell'esplosione. Il giorno dopo l'imperatore Hiro Hito offrì agli americani la resa. La Seconda guerra mondiale era finita ed era cominciata l'era del Terrore atomico.

In Europa la guerra era finita già in primavera: il 25 aprile le truppe americane avevano incontrato quelle russe sull'Elba e l'8 maggio la Germania si era arresa. L'Italia aveva firmato l'armistizio due anni prima, nel settembre del 1943.

Solo il Giappone dunque resisteva, sia pure in condizioni disperate: la sua produzione industriale era ridotta della metà, la flotta imperiale non era più in condizione di nuocere e la contraerea non riusciva nemmeno a difendere la capitale che, dai primi di marzo, veniva bombardata ogni notte. Di fatto il Giappone poteva considerarsi sconfitto.

Proprio nelle settimane successive alla resa della Germania, in un deserto sperduto del Nuovo Messico venivano intensificati gli sforzi per portare a compimento il Progetto Manhattan. Si trattava di mettere a punto una nuova arma alla quale migliaia di scienziati, di tecnici, di ingegneri, di chimici di tutto il mondo stavano lavorando da quasi tre anni nel più assoluto segreto.

Il test ebbe luogo il 16 luglio. Quel giorno, al confine tra l'Arizona e il Nuovo Messico, qualcuno notò sbalordito un fenomeno mai prima osservato, un bagliore chiaro e accecante come se «il sole fosse sorto all'improvviso e all'improvviso fosse tramontato». Quel sole era la bomba atomica esplosa in via sperimentale ad Alamogordo, a 240 chilometri dal confine.

Enrico Fermi, principale artefice di quel successo, commentò, soddisfatto: «Questa è grande fisica». Robert Oppenheimer, che civettava con le filosofie orientali, citò un verso del Bhagavadgita, la sacra scrittura indù: «Ora sono diventato morte, il distruttore dei mondi». Brainbridg, sbrigativo, disse: «Adesso siamo tutti figli di puttana».

Qualche giorno dopo, quel bagliore chiaro e accecante che sanciva il trionfo della scienza e della tecnica degli Usa e la loro superiorità militare, arrivava fino a Potsdam, una cittadina della Germania occupata dove erano riuniti, per regolare i futuri assetti del mondo, Churchill, Truman e Stalin, rappresentanti delle tre nazioni vincitrici del conflitto. Un rapporto dettagliato sull'esperimento, la sua potenza e le sue possibili conseguenze, era stato consegnato a Truman da Henry Stimson, segretario di Stato per la guerra, giunto appositamente in volo dal Nuovo Messico.

Da quel momento l'atteggiamento di Truman cambiò. «Egli sembrava molto più sicuro di sé,» racconta Robert Murphy «più incline a partecipare energicamente alle discussioni e a opporsi a talune asserzioni di Stalin. Un analogo cambiamento si verificò nei modi di Churchill. Appariva chiaro che era accaduto qualcosa.»

Sul tavolo delle trattative, che proseguivano con difficoltà, Truman volle giocare questa carta, facendo sapere a Stalin che gli Usa avevano sperimentato, con successo, una nuova arma di straordinaria potenza offensiva. Pare che i due statisti ne parlassero nel corso di una passeggiata lungo i giardini del palazzo. Stalin ascoltò con attenzione, ma la sua reazione non fu quella che Truman si attendeva. Il leader sovietico infatti non sembrò particolarmente impressionato o incuriosito dall'annuncio e si limitò a esprimere la speranza che gli Usa facessero buon uso della nuova arma.

Tanta apparente indifferenza aveva una spiegazione che allora né Truman né Churchill potevano immaginare. I sovietici infatti da tempo erano al corrente non solo del tentativo americano di sfruttare a fini militari l'energia nucleare ma di quei lavori, condotti nel più assoluto segreto, conoscevano non pochi particolari, compresa la localizzazione degli impianti, i nomi dei responsabili della ricerca e, probabilmente, il sistema scelto per provocare l'esplosione.

Non la notizia del successo dell'esperimento, ma dell'avvenuto lancio della bomba su Hiroshima, una decisione presa dagli americani senza concordarla con gli Alleati, ebbe su Stalin un effetto drammatico. Egli si convinse che sarebbe iniziata, da quel 6 di agosto, una nuova guerra.

Non era il solo a pensarlo. Il colonnello Groves, responsabile dei servizi segreti di Los Alamos e consigliere ascoltato del presidente Truman, non ebbe mai dubbi sullo scopo e l'importanza della bomba. «Mi bastarono due settimane da quando assunsi la direzione del progetto» disse «per rendermi conto che il nostro vero nemico era la Russia.»

Qualche settimana dopo la fine della guerra, nel corso di un incontro con il presidente degli Stati Uniti, Robert Oppenheimer – lo scienziato che aveva avuto la responsabilità del Progetto Manhattan – confessava: «Sento che abbiamo le mani macchiate di sangue». «Poco male,» replicò Truman «verrà via tutto sotto il rubinetto.»

L'angoscia di Oppenheimer era condivisa da gran parte degli scienziati che, dopo aver collaborato alla messa a punto della bomba atomica, erano ora in preda a dubbi e rimorsi. Leo Szilard, un fisico di origine ungherese tra i primi a sostenere la necessità della bomba, qualche giorno dopo Hiroshima scriveva: «È una delle più grandi bestialità della storia, sia dal punto di vista pratico che dal punto di vista della nostra posizione morale».

Ma anche la sprezzante risposta di Truman non andava

attribuita al suo temperamento. «Andrà via tutto sotto il rubinetto...», come dire che gli scrupoli, le incertezze, i dubbi, i ripensamenti degli scienziati erano solo la riprova della loro ingenuità, della loro ignoranza sulla complessa situazione internazionale. In qualche modo Truman aveva ragione: nessuno degli illustri fisici, chimici, ingegneri, che aveva lavorato e che lavorava ancora alla bomba aveva una precisa idea dei rapporti politici esistenti durante e dopo la guerra tra le grandi potenze; nessuno di loro immaginava le divisioni e i sospetti che avevano percorso l'alleanza anche durante la guerra, destinati a esplodere in reciproche ostilità già pochi mesi dopo la fine del conflitto.

Lo stato d'animo dei dirigenti americani era contraddittorio. Da una parte erano sicuri che l'Urss avrebbe avuto bisogno di decenni prima di costruire l'atomica, data la sua grave arretratezza tecnologica, dall'altra sembravano terrorizzati alla prospettiva che presto potesse entrarne in possesso.

Nell'inverno del 1945-46 Robert Oppenheimer venne convocato da Truman che gli chiese quando a suo avviso i russi avrebbero potuto fabbricare la bomba. «Non lo so proprio» rispose Oppenheimer. «Io invece lo so...» replicò il presidente. «Quando?» si incuriosì lo scienziato. «Mai.» Il volto di Truman, notò Oppenheimer, in quel momento era come illuminato da una mistica fiducia.

Era una fiducia del tutto ingiustificata. Ai primi di settembre del 1949, in un laboratorio della Marina americana, un chimico, effettuando un normale controllo sui campioni di acqua piovana, riscontrava alcune anomalie. Sulla base dei microcurie di cesio e ittrio rilevati in alcuni di quei campioni, raggiunse la certezza che i russi avevano fatto esplodere una bomba atomica. Era vero. L'esplosione aveva avuto luogo esattamente qualche giorno prima, il 29 agosto. Quattro anni dopo Hiroshima, dunque, l'Urss aveva raggiunto l'America.

La reazione di Truman fu immediata. Il 24 settembre annunciò che, in risposta al successo sovietico, gli Usa avrebbero immediatamente dato il via a un più ambizioso progetto nucleare: la fabbricazione della bomba all'idrogeno, detta anche Superbomba, assai superiore per capacità distruttiva a quella di Hiroshima. Cominciava così quella drammatica corsa a nuove armi atomiche sempre più potenti e pericolose che avrebbe impegnato Usa e Urss per oltre quarant'anni.

Con l'intensificazione dei programmi di armamento atomico, si intensificava anche in America il controllo su tutti i possibili sospetti. Il primo problema che si posero le autorità americane all'annuncio dello scoppio dell'atomica sovietica fu quello della sicurezza. Come avevano fatto i sovietici, con la loro economia dissestata dalla guerra, con le loro fabbriche arretrate, con un paese quasi alla fame e tra cumuli di rovine a costruire la bomba? Chi erano gli scienziati che avevano lavorato a quel progetto? E soprattutto, chi erano gli uomini che avevano passato loro il segreto, così strettamente custodito a Los Alamos? Chi erano, insomma, le spie che avevano consentito ai sovietici di rompere il monopolio dell'arma atomica, l'unico che poteva garantire al mondo occidentale la sua salvezza?

Circa a metà dell'ottobre del 1949, il capo della divisione studi teorici dell'Ente inglese per le ricerche sull'energia atomica chiese un colloquio con Henry Arnold, l'ufficiale incaricato della sicurezza. Sembrava un po' imbarazzato.

«Mio padre» annunciò «ha deciso di trasferirsi a Lipsia per ricoprire la cattedra di teologia presso quella università, e io mi chiedo se questo non mi ponga dei problemi, visto l'incarico che ricopro. Forse si tratta di una sciocchezza, ma ho creduto mio dovere dirlo. Lei, cosa mi suggerisce?»

Lipsia era nella Germania occupata dai sovietici. Il padre di un responsabile di primo piano della ricerca atomica inglese sceglieva, in un momento di gravissimo inasprimento dei rapporti internazionali, di vivere e lavorare nella Germania comunista. Aveva tutto il diritto di farlo ma questo rendeva estremamente difficile la posizione del figlio che aveva accesso, ormai da molti anni, a importanti segreti. Arnold, un ufficiale sulla cinquantina, la faccia tonda e una accentuata calvizie, scosse il capo e prese tempo. «La decisione,

eventualmente, non spetta a me... Ha fatto bene a parlarmene. Sentiremo cosa ne pensano i miei superiori.»
E così la faccenda sembrò accantonata.

Il capo della divisione studi teorici di Harwell era un fisico di origine tedesca, da tempo naturalizzato inglese. Aveva trentanove anni e si chiamava Klaus Fuchs. Figlio di un pastore evangelico, alcuni suoi parenti erano stati massacrati dai nazisti. Giovanissimo era riuscito a fuggire dalla Germania nei primi mesi del 1933 e a raggiungere l'Inghilterra dove si era laureato in fisica, a prezzo di grandi sforzi e sacrifici. Era stato uno studente brillante e in qualche momento geniale: una intelligenza da tenere d'occhio e valorizzare, pensavano i suoi professori. Tra coloro che avevano letto e apprezzato i suoi lavori c'erano Max Born e Rudolf Peierls, due scienziati tedeschi che dopo la promulgazione delle leggi razziali si erano rifugiati in Inghilterra.

Nel 1940, Rudolf Peierls, assieme a Otto Frisch, un altro scienziato tedesco, ebreo ed emigrato, aveva presentato al governo inglese un memorandum per la costruzione di una bomba atomica basata sul principio della separazione gassosa dell'uranio 235 dall'uranio 238. Quando il progetto venne autorizzato e le ricerche avviate presso l'Università di Birmingham, Peierls si rese conto che «aveva bisogno di qualcuno con cui discutere problemi teorici». Per questo chiamò Klaus Fuchs. Il giovane scienziato diede alla ricerca contributi importanti tanto che a un certo punto, nel quadro degli scambi tra Inghilterra e America in tema di ricerche nucleari, venne mandato nel 1944 a Los Alamos, dove si fermò sino alla fine della guerra. Dopodiché era tornato in Inghilterra, per assumere la direzione della divisione di fisica teorica ad Harwell, dove veniva portato avanti il programma nucleare inglese.

Il comandante Arnold non aveva motivo di sospettare di Fuchs, da tempo cittadino inglese e già sottoposto in passato a severi controlli.

Dopo lo scoppio della bomba atomica sovietica, però, tutto il sistema di sicurezza americano era entrato in stato di fibrillazione. E proprio nelle stesse settimane, un eccezionale crittoanalista americano, grazie a un lavoro di anni, era riuscito a decifrare, almeno in parte, alcuni vecchi messaggi dei servizi segreti sovietici, dai quali risultava chiaramente che preziose informazioni relative all'atomica erano pervenute a Mosca nel 1944, grazie a qualcuno che si trovava a Los Alamos. Fu la decrittazione di quei messaggi a moltiplicare i sospetti e la vigilanza su tutti coloro che avevano lavorato alla bomba. Tra questi c'era Klaus Fuchs.

Il caso, dopo una consultazione del comandante Arnold con i suoi superiori, venne affidato a William Skardon, uno dei migliori uomini dell'Intelligence inglese, che conosceva già anche i risultati delle decrittazioni. Gli incontri tra Skardon e lo scienziato, ognuno di molte ore, non si svolsero a Harwell, ma a Londra, in un ufficio del ministero della Guerra. Nel corso di uno di questi colloqui Skardon percepì alcune esitazioni e incertezze di Fuchs, quasi una smagliatura. Insistette. Come tutti gli investigatori si vantò di sapere più di quanto non sapesse. E, alla fine, Fuchs confessò.

Nell'autunno del 1941, quando i nazisti erano arrivati ormai alle porte di Mosca, Klaus Fuchs aveva cominciato da Londra a passare alcune informazioni ai sovietici. Aveva continuato quando era stato trasferito a Los Alamos. L'agente sovietico con il quale era entrato in contatto in America era un uomo di poco più di trent'anni, nato in Svizzera ma figlio di genitori russi. Al loro primo incontro, a New York, Fuchs aveva in mano, come segno di riconoscimento, una pallina da tennis e l'altro un libro rilegato in pelle verde. Si erano visti, l'ultima volta, a Santa Fe, una cittadina a pochi chilometri da Los Alamos, alla metà di settembre del 1945, quaranta giorni dopo l'esplosione di Hiroshima. In quella occasione, Klaus Fuchs aveva affidato all'agente sovietico informazioni di straordinaria importanza: le dimensioni esatte dell'ordigno, il contenuto e il sistema di lenti che ne aveva consentito l'esplosione. Di suo aveva aggiunto una serie di calcoli e misurazioni varie, tra cui quella relativa alla massa critica del plutonio paragonata a quella dell'uranio 235.

Nel corso degli interrogatori, Fuchs rifiutò di rivelare questi dati a Skardon, « in quanto » spiegò « sono coperti dal segreto militare ». Pretese e ottenne quindi di poter completare la sua confessione di fronte a Michael Perrin, un fisico del suo rango, abilitato come lui alla conoscenza di segreti militari.

Il 2 febbraio del 1950 Klaus Fuchs venne arrestato e un mese dopo sottoposto a giudizio. Nell'aula del tribunale c'erano decine di giornalisti di ogni parte del mondo, alcuni rappresentanti dell'ambasciata americana e la duchessa di Kent. Il processo durò meno di due ore. L'imputato si dichiarò colpevole, quindi la parola passò all'accusa e alla difesa. Escluso il reato di tradimento, che presuppone il passaggio di notizie al nemico – mentre Fuchs aveva passato le sue informazioni a un paese alleato dell'Inghilterra – lo scienziato venne condannato a quattordici anni di detenzione (di cui sette verranno scontati).

Il suo arresto e la sua confessione suscitarono ad Harwell e nella comunità scientifica inglese sconcerto e incredulità. «Fuchs ci era sempre apparso una persona simpatica, incapace di nuocere» racconta Max Born, il fisico che lo aveva segnalato a Rudolf Peierls per il progetto sull'atomica inglese. «Dovemmo sottoporci alle interviste dei cronisti e potemmo solo ripetere che tutta la faccenda ci aveva colto di sorpresa, che non sapevamo nulla e che avevamo sempre considerato Fuchs perfettamente onesto. E ancora penso che lo fosse in un certo senso: Fuchs credeva nel comunismo e considerava suo dovere fornire ai sovietici quelle informazioni che avrebbero loro permesso di impedire che il mondo cadesse nelle mani dei capitalisti americani...»

Lo stesso Born ricorda di aver incontrato per l'ultima volta Fuchs a Edimburgo, nel novembre del 1949, nel corso di un convegno sulle particelle elementari. «Conservo una fotografia dei partecipanti presa davanti al portico del cortile dell'Istituto di fisica: ci sono molti dei miei colleghi e amici. In prima fila si vede Klaus Fuchs e due file più indietro, in piedi, Bruno Pontecorvo...»

Se c'è ancora, questa è l'ultima fotografia che ritrae Klaus Fuchs in Inghilterra in libertà, e l'unica in cui sono insieme il fisico tedesco e quello italiano.

Bruno Pontecorvo aveva conosciuto Klaus Fuchs al Centro atomico di Harwell, dove era arrivato nel febbraio del 1949 dopo nove anni passati parte in America, parte in Canada. Anche Pontecorvo ormai era cittadino inglese, come quattro dei suoi fratelli: Guido, il biologo membro autorevolissimo della Royal Academy, e i tre più giovani, che, rifugiatisi in Inghilterra dopo la promulgazione delle leggi razziali, vi avevano trovato una definitiva sistemazione: Anna era insegnante, Laura infermiera, Giovanni si occupava di gestione aziendale.

Solo dopo la fine della guerra, nell'estate del 1947, Bruno era tornato in Europa; a Londra si era incontrato con Laura e insieme erano venuti in Italia.

«Ero convinto che in Italia, un paese da poco uscito dalla guerra, la gente fosse alla fame. Ci demmo molto da fare, quindi, per trovare generi di conforto da portare ai miei genitori. A Londra il razionamento era molto severo ed era quasi impossibile acquistare roba senza tessera. Solo mettendo insieme tutti i nostri sforzi, riuscimmo a portare qualcosa a Milano: cioccolata, uova in polvere, scatolame e così via. Che ingenuità! Arrivato a Milano mi resi conto che l'Italia, che aveva perso la guerra, viveva molto meglio dell'Inghilterra, che la guerra l'aveva vinta. Ricordo un pranzo ufficiale, a Londra, al quale partecipava la regina, nel quale vennero servite solo verdure, per rispettare i regolamenti. In Italia al mercato e ai ristoranti si trovava di tutto, bastava pagare... Misteri dell'economia...»

Laura, di rincalzo, racconta che appena arrivata a Milano, si precipitò a bere un vero espresso di cui aveva quasi perso la memoria. Il ragazzo al banco del bar, le chiese con gentilezza: «Ci vuole un po' di panna?». «Mi sentii quasi svenire dall'emozione» scherza Laura. «Da circa dieci anni non avevo più assaggiato la panna...»

L'anno successivo, il 1948, Bruno non tornò in Italia. Passò le sue vacanze in Canada dove viveva, e intanto rifletteva sul suo futuro. Aveva ricevuto una serie di interessanti proposte di lavoro: l'Università ebraica di Gerusalemme gli offriva la cattedra di fisica sperimentale, la Cornell University gli proponeva un contratto di professore associato per ben 7000 dollari l'anno.

Era incerto. Più che all'insegnamento egli era interessato alla ricerca, già avviata nel laboratorio di Montreal, nel settore delle particelle elementari. E insieme, desiderava tornare in Europa, sia per essere più vicino alla Svezia dove vivevano i genitori della moglie Marianne, sia per essere più vicino all'Italia dove viveva ancora una parte della sua famiglia, sia infine per essere più vicino a Parigi dove Joliot-Curie, con il quale aveva lavorato dieci anni prima, era stato nominato Alto commissario all'energia atomica. Ma voleva tornare in Europa anche perché aveva l'impressione, del tutto giustificata, che lì si respirasse un clima politico più sereno, più confacente alle sue opinioni.

In America era già partita, sotto la direzione di Hoover prima e di Mac Carthy poi, quella che verrà definita la «caccia alle streghe», ai «cattivi americani», ai comunisti e ai loro simpatizzanti. Pontecorvo era ancora in Canada quando era cominciata a Hollywood la «pulizia» nel settore del cinema, e quando era stata approvata la legge che imponeva a ogni sindacalista di giurare di non essere, e di non essere mai stato, iscritto al partito comunista. Nelle università come negli studi cinematografici, nelle riviste come negli uffici pubblici, i comunisti o i loro simpatizzanti venivano sottoposti a inchieste, interrogatori e procedimenti giudiziari, nel corso dei quali erano costretti ad ammettere la loro «colpa» – quindi trattati come soggetti socialmente e politicamente pericolosi – e a denunciare i loro amici. In Europa questo non accadeva.

A conti fatti, dunque, la proposta di trasferirsi ad Harwell gli sembrò la più rispondente alle sue esigenze, dal punto di vista scientifico e dal punto di vista personale. Il centro era diretto da Lord John Cockroft, uno scienziato di grande valore, che aveva già conosciuto e apprezzato a Montreal. Altri scienziati che vi lavoravano potevano dirsi sue vecchie conoscenze e tra questi i Seligman, marito e moglie, con i quali in Canada aveva stretto ottimi rapporti anche Marianne, che aveva molta difficoltà a fare amicizie.

Insomma, alla fine, accettò. Era un nuovo trasferimento, con Marianne e i tre bambini. Il rientro in Europa, nel febbraio del 1949, poteva considerarsi una sorta di ritorno a casa, dopo un lungo, involontario esilio durato dieci anni. E tuttavia, chi ha frequentato in quel periodo i Pontecorvo parla di una loro irrequietezza, quasi Bruno non fosse del tutto soddisfatto della sua scelta.

Prima furono tutti ospiti dei Seligman, poi finalmente trovarono casa ad Abington, dove i bambini vennero iscritti a scuola. Ma subito Bruno ricominciò a viaggiare. Nel maggio del 1949 andò a Parigi dove tenne una serie di conferenze all'Istituto di Joliot-Curie, poi si fermò per qualche settimana a Bruxelles. Appena tornato ad Harwell ripartì per l'Italia per partecipare a una conferenza di fisica nucleare sul lago di Como, alla quale era presente anche Enrico Fermi. Il loro incontro fu molto cordiale. A quell'epoca erano disponibili, in Italia, due cattedre di fisica sperimentale, una a Roma e l'altra a Pisa, città che gli erano molto care, legate a gran parte della sua vita. Forse avrebbe potuto fermarsi in Italia: il paese gli piaceva, anche per la sua disordinata vitalità, per la passione politica che lo percorreva. Bruno si lasciò tentare dal suggerimento di concorrere ad una delle due cattedre.

«Irrequietudine e scontento, mali della razza ebraica» scherzava, citando Goethe, il cognato Duccio Tabet al quale egli confessava la sua incertezza. Bruno aveva allora trentasei anni. Si dice, in genere, che un fisico dia il meglio di sé prima dei quaranta, ma Bruno era convinto di non avere avuto ancora l'occasione importante della sua vita, e cominciava a temere di non trovarla. In Italia, in quegli anni, il livello della ricerca era modesto, nonostante la presenza, gli sforzi e la tenacia di un uomo come Amaldi. L'avvenire della fisica si giocava però altrove, in America, in Inghilterra, in Urss dove i governi erano in grado di stanziare cifre immense per i laboratori. Fermarsi in Italia sarebbe stato un rischio: se fosse stato più giovane forse avrebbe potuto correrlo. Ma lui non aveva molto tempo davanti a sé. Non poteva aspettare.

Così rinunciò all'idea di concorrere per una cattedra in Italia.

Tornato ad Harwell in autunno inoltrato, chiese un appuntamento con il comandante Arnold. Gli rivelò, se già i servizi di sicurezza non lo avessero saputo, di avere alcuni parenti comunisti: suo cugino Emilio Sereni deputato, suo cognato Duccio Tabet esperto per il Pci di questioni agrarie, suo fratello Gillo, che dopo aver diretto il giornale di una organizzazione giovanile comunista, aveva orientato i suoi interessi verso il cinema. Henry Arnold, che si stava occupando proprio in quel periodo, e in gran segreto, del caso di Klaus Fuchs, prese nota.

Quando riprese il suo lavoro, Pontecorvo ebbe l'impressione che il clima intorno a lui fosse cambiato. Dal punto di vista formale tutto sembrava come prima, eppure c'era qualcosa, non avrebbe saputo dire cosa, che lo faceva sentire a disagio.

La confessione di Fuchs aveva riacceso la vecchia polemica americana nei confronti dell'alleato inglese, i cui servizi segreti sembravano inaffidabili. Il governo britannico rispose ricordando che esisteva già una decisione che escludeva da ogni funzione e incarico pubblico « i membri del partito comunista e del partito fascista ». L'accostamento provocò indignazione in Bruno Pontecorvo, ma questo era il clima, ormai, anche in Inghilterra.

È in questo periodo, nei primi mesi del 1950, che Bruno Pontecorvo riceve una nuova proposta di lavoro, questa volta dalla Università di Liverpool, dove già insegna un suo vecchio amico, Herbert Skinner, anch'egli reduce dal Comitato anglocanadese che aveva gestito le ricerche nucleari a Montreal e a Chalk River. Bruno sospetta che la proposta non sia del tutto spontanea e che sia stata sollecitata da Lord Cockroft. Ora, il dirigente di un istituto non cede un suo collaboratore dopo pochi mesi di lavoro a meno che non dia di lui un giudizio negativo, o sul piano scientifico o sul piano personale. Bruno sospetta che Lord Cockroft voglia liberarsi di lui, o meglio voglia allontanarlo da Harwell dove la sua presenza potrebbe creargli dei problemi. Dunque, su di lui cominciano a nutrirsi dei sospetti.

Non ha nessuna voglia di abbandonare Londra e il lavoro di ricerca avviato ad Harwell. Ma preferisce non rifiutare subito l'offerta e andare a vedere di cosa si tratta. Così nella primavera del 1950 prende la macchina, Marianne e i tre bambini e va alla scoperta di Liverpool. La città sembra molto fredda e triste a Marianne, impaurita alla prospettiva di cambiare ancora una volta residenza, casa e amici. Visitando l'università, Bruno ha però un momento di entusiasmo: i laboratori sono di prim'ordine ed è in costruzione un nuovo ciclotrone di grandissime proporzioni. Alla fine, nonostante i suoi malumori e le malinconie di Marianne, Bruno firma l'accordo con l'università: dal prossimo anno si trasferirà a Liverpool.

La vicenda Fuchs, i suoi strascichi sulla stampa e l'emozione provocata nella pubblica opinione lo confermano nella validità della scelta. «Fuchs era un ottimo scienziato, tutti lo conoscevamo come una persona molto per bene, molto onesta.» E aggiunge: «La sua confessione, della quale nessuno conosceva i particolari, non mi sembrò convincente. Ho pensato invece che il caso fosse stato montato dai servizi inglesi e americani, come una risposta alla esplosione dell'atomica sovietica. Inglesi e americani non accettavano l'idea che l'Urss fosse riuscita, con le sue sole forze, a realizzare la bomba. Avevano bisogno di dimostrare al mondo che l'impresa era riuscita solo grazie al lavoro di una spia...».

Se, come Pontecorvo sospettava, il caso Fuchs era una gigantesca provocazione, l'ennesimo episodio di caccia alle streghe, allora nessun antifascista, nessuno che avesse avuto rapporti con i comunisti, poteva più dirsi al sicuro, nemmeno in Inghilterra. In queste condizioni era forse preferibile lavorare in centri che non avessero importanza strategica, era meglio scegliere una esistenza più appartata, anche a prezzo di rinunciare alla ricerca di alto livello. Per una vita di questo tipo, la cattedra a Liverpool andava benissimo.

Gli avvenimenti delle settimane successive lo confermarono nella opportunità della scelta. La contrapposizione tra i due blocchi si andava facendo sempre più esasperata.

A Yalta nel 1945, Roosevelt, Stalin e Churchill si erano impegnati a «rimanere uniti in pace come in guerra». La speranza dura assai poco. L'Urss vive come un'aggressione alla sua sicurezza il lancio della bomba atomica su Hiroshima, gli occidentali giudicano un tradimento da parte sovietica la violazione degli accordi che volevano un governo democratico in Polonia. Alla reciproca fiducia si sostituisce il reciproco sospetto. Nella primavera del '46 Churchill denuncia: «Sull'Europa sta cadendo una cortina di ferro». Il Piano Marshall, una gigantesca operazione economica lanciata dagli Usa a favore dei paesi distrutti dalla guerra, viene giudicata dall'Urss e dai partiti comunisti come tentativo di assoggettare l'Europa all'imperialismo americano. Gli avvenimenti, poi, precipitano con la guerra in Grecia, la cacciata dei partiti comunisti dai governi d'Italia e Francia, l'organizzazione del Cominform (che risveglia i fantasmi della III Internazionale), il rifiuto da parte sovietica del piano Baruch che prevedeva un controllo internazionale sulle armi atomiche, l'organizzazione del Patto atlantico, la trasformazione di tutta l'Europa dell'Est in un protettorato sovietico. Si andavano disegnando così i nuovi confini del mondo, gli spazi entro i quali si combatterà quella che è stata chiamata la guerra fredda. La volontà di potenza di ognuno dei due blocchi e la reciproca paura alimentavano un conflitto che per più di quarant'anni avrebbe diviso il mondo e lacerato in modo irreparabile la coscienza di milioni di uomini.

Da quando anche l'Urss ha l'atomica, il mondo si regge sul cosiddetto «equilibrio del terrore» che, per essere credibile, richiede che ognuno dei due blocchi disponga di un arsenale atomico in grado di distruggere l'altro al primo colpo. La minaccia viene resa esplicita nel corso della guerra di Corea, un paese del quale la maggioranza degli abitanti del pianeta ignorava persino l'esistenza.

Era l'alba di domenica 25 giugno 1950 quando le truppe nordcoreane attraversarono la sottile linea di demarcazione che divideva il paese in due: a nord il regime filocomunista di Kim Il Sung, a sud il regime filoccidentale di Syngman Rhee. In quella lontana penisola al confine tra la Cina e l'Urss, quasi di fronte al Giappone, si era certamente verificata un'aggressione: ma da parte di chi? e a danno di chi? Secondo le fonti di informazione occidentali erano stati i nordcoreani ad aggredire il legittimo, ancorché impopolare, regime del Sud; secondo Mosca lo sconfinamento dei nordcoreani era stato soltanto la risposta a una aggressione delle truppe di Syngman Rhee. La rapidità con la quale le truppe nordcoreane dilagavano al di sotto del 38° parallelo era, per chi accettava la prima tesi, la prova dell'aggressione, mentre per chi accettava la seconda era una prova ulteriore della impopolarità del regime sudista e del desiderio di quelle popolazioni di ricongiungersi ai fratelli del Nord.

Tutti i partiti comunisti del mondo fecero propria la tesi di Mosca: il Nord era stato aggredito, l'imperialismo americano, servendosi del governo fantoccio del Sud, tentava di liquidare il regime socialista di Kim Il Sung e di minacciare direttamente la Cina, dove solo da pochi mesi era stata proclamata da Mao Tse-tung la repubblica socialista.

In tutta l'Europa occidentale questo fu ciò che credettero milioni di uomini convinti che l'Urss fosse il paese che difendeva dovunque la pace. Questa fu la convinzione che mobilitò non solo i comunisti e i loro alleati, ma anche gente semplice, priva di un preciso orientamento politico, uomini e donne sinceramente preoccupati, quasi terrorizzati di fronte alla eventualità dello scoppio di un nuovo conflitto mondiale.

Una organizzazione internazionale chiamata «Partigiani della Pace», promossa dall'Urss e dai partiti comunisti e socialisti fedeli a Mosca, ma alla quale aderivano scienziati e intellettuali di fama mondiale, aveva lanciato nei primi mesi del 1950 una campagna per la messa al bando delle armi atomiche. Un Comitato promotore, i cui primi firmatari erano stati Joliot-Curie, Pietro Nenni e John Bernal, un importante e bizzarro fisico inglese, aveva messo a punto a Stoccolma un appello di poche righe, molto semplice e solenne, con il quale si chiedeva l'interdizione assoluta dell'arma atomica. A questo appello aderirono subito, tra gli altri, Albert Einstein, Thomas Mann, Le Corbusier, Joris Ivens, Duke Ellington e Paul Robeson, e poi parlamentari laburisti e socialdemocratici, leader religiosi, musicisti, pittori, sportivi. Sotto le poche righe di questo appello veniva sollecitata una raccolta mondiale di firme.

L'Italia fu uno dei paesi in cui la campagna ebbe più successo. Centinaia di migliaia di attivisti si impegnarono in un'operazione capillare senza precedenti e di cui non si conoscerà più l'eguale. Si raccoglievano firme casa per casa, ufficio per ufficio, fabbrica per fabbrica, davanti alle chiese, alle scuole, agli stadi, sulle spiagge tra le mamme che portavano i bambini al mare, e davanti alle fermate degli autobus, dei tram, negli ospedali e nei reparti di maternità. Firmarono uomini e donne spaventati dal pericolo di una nuova guerra, ma firmarono anche prelati (tra cui i vescovi di Trieste, di Grosseto, di Arezzo) e uomini politici di primo piano (come De Nicola, Gronchi, Ivanhoe Bonomi, Francesco Saverio Nitti e Vittorio Emanuele Orlando). Firmò anche tutta la squadra degli azzurri con in testa Boniperti, e poi firmarono i corridori del Giro d'Italia, intere troupe cinematografiche (dagli attori ai registi alle comparse agli attrezzisti), firmarono i pittori e gli scultori presenti alla Biennale di Venezia da Carlo Carrà a Gino Severini, da Massimo Campigli a Pietro Consagra.

A questa mobilitazione propagandistica, che ebbe il suo epicentro in Europa, corrispondeva in America l'inasprirsi della «caccia alle streghe». I dirigenti del partito comunista americano vennero arrestati, processati e condannati. Vennero accusati di spionaggio Ralph Bunch, mediatore delle Nazioni Unite in Palestina, Owen Lattimore, lo studioso di Estremo Oriente i cui lavori erano stati utilizzati dal Dipartimento di Stato, Alger Hiss, un altissimo funzionario che era stato preposto all'organizzazione delle Nazioni Unite. In molte università veniva richiesto, a tutti i docenti, di sottoscrivere un «giuramento di fedeltà». Gian Carlo Wick, vecchio amico di Pontecorvo, docente a Berkeley, liberal democratico di antica data, rifiuterà di sottoscriverlo e verrà licenziato. (Troverà, però, un'altra università ben felice di assumerlo.)

Questa persecuzione degli intellettuali americani causava in Europa nuove proteste, manifestazioni e appelli in una

mobilitazione democratica che appariva sempre più accesa.
Si respirava vigilia di guerra. In Francia Frédéric Joliot-Curie, premio Nobel per la fisica, veniva destituito da un giorno all'altro dal suo incarico di commissario all'energia atomica.

In questo clima, Bruno Pontecorvo decise di lasciare l'Inghilterra per una vacanza in Italia, in attesa di assumere in autunno il nuovo incarico all'Università di Liverpool. Per salutare il collega che partiva per le vacanze, venne organizzata una piccola festa d'addio in casa del professor Seligman. Fu una festicciola modesta, a base di vino e tartine, come tutte quelle che si svolgevano allora nelle case dei professori universitari e degli scienziati. Bruno apparve, come sempre, allegro e spiritoso; Marianne, come sempre, silenziosa e riservata.

Il 25 luglio la famiglia Pontecorvo uscì per l'ultima volta dalla disordinata casetta nella quale aveva vissuto per poco più di un anno. Marianne chiuse il cancello e diede un'ultima distratta occhiata al giardino. Gil, Tito e Antonio, rispettivamente di dodici, sei e cinque anni, saltarono in macchina felici. Si andava in vacanza, si andava in Italia! La zia Giuliana li aspettava in un paesino di mare vicino a Roma, dove avrebbero trascorso qualche settimana con le cugine e i cugini italiani. Poi, al ritorno, sarebbero andati tutti in montagna, a Chamonix, a salutare i nonni Maria e Massimo. La macchina, una Vanguard quasi nuova, era carica fino all'inverosimile. Con Bruno, Marianne e i tre bambini viaggiava anche la sorella Anna; sul tetto erano stati caricati la tenda, gli attrezzi per il campeggio, la bicicletta di Gil, i bagagli indispensabili per una vacanza di un mese, più i regali per Giuliana, Duccio e i loro figli.

Nel pomeriggio dello stesso giorno, la macchina e i suoi occupanti attraversano il canale della Manica.

Sospetti? Nessuno. Henry Arnold sapeva che il fisico aveva ricevuto da un collega l'incarico di ritirare in Francia un suo deposito rilevante in franchi. In cambio Pontecorvo gli aveva consegnato un assegno in bianco da riempire per il corrispondente ammontare in sterline. Niente di illegale in tutto questo. Si sapeva che Pontecorvo aveva le mani bucate e certamente le somme con le quali era partito da Londra, secondo le norme valutarie del tempo, non gli sarebbero bastate per la lunga vacanza che aveva in programma.

Sbarcata a Dunkerque, la famiglia Pontecorvo si rimette in macchina. A Bruno piace guidare un po' a caso, pernottare in modeste locande, o in ottimi alberghi, come capita. Ci vogliono così una decina di giorni per attraversare tutta la Francia, via Arras e Digione, e poi la Svizzera. A Menaggio, ai primi di agosto, la famiglia finalmente si sistema in un campeggio.

E qui Bruno Pontecorvo si trova immediatamente immerso nelle vicende e nelle passioni politiche italiane: i giornali hanno grandi titoli sulla guerra di Corea, dove i nordisti continuano ad avanzare. Marianne non conosce l'italiano e non si interessa molto a ciò che succede nel mondo, Bruno legge sull'«Unità» i resoconti entusiastici sull'andamento della campagna promossa dai Partigiani della Pace: «Già quindici milioni di italiani hanno firmato l'appello di Stoccolma».

Numerose le notizie sulla persecuzione cui sono sottoposti i democratici americani: il grande cantante nero Paul Robeson non può lasciare gli Usa, ed è controllato dall'Fbi, due grandi registi, Dmytryk e Kazan, sono stati arrestati. Ma a Pontecorvo piace anche leggere le terze pagine e le notizie di cronaca, che lo fanno sentire di nuovo nel suo paese.

A Menaggio, i Pontecorvo incontrano il professor Piero Caldirola, dell'Università di Padova, anche lui in vacanza con la famiglia. Si fanno un paio di passeggiate insieme, tra i boschi e Bruno coglie l'occasione per invitare il collega italiano a una delle sue prossime conferenze in Inghilterra, ai primi di settembre, a Liverpool.

Il 6 agosto, una piccola deviazione: si lascia Menaggio per l'Austria. Da Landeck, Bruno manda qualche cartolina agli amici inglesi e canadesi. Poi torna in Italia, passa da Milano per salutare i genitori, ai quali promette di andarli a trovare, alla fine del mese, a Chamonix.

Adesso si prosegue, di corsa, verso il Sud. A Ladispoli, una cittadina sul mare vicino Civitavecchia, li aspettano Giuliana e Duccio. I due sono militanti comunisti. Duccio è uno studioso: si occupa, fin dall'università, di problemi dell'agricoltura, Giuliana, la sorella che da bambina era molto ammirata, in famiglia, per aver mandato a memoria tutto l'*Inferno* di Dante, lavora presso il Comitato italiano dei Partigiani della Pace. È lei a dare, giorno per giorno, al fratello le ultime notizie a proposito della raccolta delle firme. Giuliana è una donna instancabile e sempre entusiasta. Bruno l'ascolta un po' preoccupato e un po' distratto. Giuliana ha l'impressione che l'unica cosa che lo interessi davvero sia il sole, il mare, la vacanza. Lasciato a Ladispoli Antonio il più piccolo dei figli, Bruno prosegue con Marianne e gli altri due bambini per il Circeo, dove intende festeggiare il compleanno con Gillo e la sua compagna francese, Henriette.

Il 22 agosto Bruno compie trentasette anni. Per due volte, vicino a Fermi nel 1934 e poi vicino a Joliot-Curie nel 1939 ha sfiorato una scoperta che avrebbe cambiato la storia del mondo. Cosa gli riserva, ora, l'avvenire?

A Ferragosto scoppiano grandi temporali, poi il tempo diventa splendido. Il mare del Circeo è violetto, l'odore del pitosforo degli oleandri dei pini dà alla testa. Si può stare sdraiati al sole, per ore, ad ascoltare il rumore delle onde contro la roccia. Lo stesso mare nel quale si era bagnato Ulisse nel corso del suo peregrinare. O forse era Enea? Né Henriette né Marianne sanno la risposta. Gillo gli insegna a indossare la maschera, a respirare correttamente, a imbracciare il fucile, a mirare, a cogliere il momento preciso in cui bisogna lanciare la fiocina contro l'animale e poi tirarsi su. Il mare del Circeo è straordinariamente salato e trasparente. Sul fondo si muovono pesci, molluschi, alghe dalle vibratili terminazioni. Gillo grida, schiamazza come un ragazzo. Bruno è pervaso da una intensa felicità fisica, il piacere di sentirsi vivo, i muscoli in movimento e i sensi all'erta, la gioia di star bene.

E se questa fosse l'ultima estate di pace? Cosa facevamo nell'ultima estate di pace, dieci anni fa? Gillo e Bruno ricordano la loro pazza corsa in bicicletta per uscire da Parigi mentre i tedeschi avanzavano. Henriette ricorda la notte passata in un paesino con i carri armati in piazza. Marianne ascolta.

Per lei quella fuga che oggi il marito e il cognato ricordano persino con qualche gaiezza era stata un tormento. Ma scoppierà davvero un'altra guerra? Mentre si sta qui, sulla spiaggia, sembra impossibile.

La sera, sfiniti dal sole e dal mare, i fratelli sfogliano i giornali. Notizie allarmanti giungono da tutte le parti del mondo: in Corea si continua a combattere, in America si prospetta l'eventualità dell'uso dell'atomica contro i cinesi, in Val d'Aosta Palmiro Togliatti, segretario del Partito comunista italiano, rimane ferito in un grave incidente automobilistico, e qualcuno sospetta un attentato. Ci sono poi per fortuna le notizie divertenti: un giornale, ad esempio, annuncia che la Torre di Pisa sta per cadere e Bruno e Gillo si divertono a immaginare la scena, le macerie nella piazza che conoscono così bene e nella quale hanno fatto tante corse quando erano ragazzi.

Una notizia riguarda Bruno direttamente: il governo degli Stati Uniti è stato convocato in giudizio per truffa, per avere utilizzato, senza pagarlo, il brevetto dei «ragazzi di via Panisperna». L'avvocato chiede come risarcimento, per i suoi clienti, dieci milioni di dollari. Gillo scherza: «A te quanti ne spettano?». Bruno racconta quando Orso Corbino li obbligò quasi a depositare il brevetto, e loro ci ridevano e dicevano che la scoperta era bella ma non serviva a niente. E invece, sulla base di quella scoperta, Fermi avrebbe poi costruito, nel 1942, la prima pila atomica. Henriette chiede a Bruno: «Ma allora, se l'avvocato vince la causa, tu rischi di diventare miliardario...». «Ah, questo non lo so proprio, non riesco ad immaginarlo.»

Come finiscono presto le vacanze! Henriette, che deve tornare a Parigi, chiede a Bruno se c'è posto anche per lei nella macchina, visto che Anna ha deciso di tornare in treno. Bruno le spiega che non ha ancora un calendario preciso, vuole passare prima da Chamonix e poi forse arrivare a Stoccolma, per salutare i genitori di Marianne. Henriette ha l'impressione di non essere gradita e rinuncia.

Bruno fa una puntata al Forte con Marianne. Va a salutare la zia Clara, nella cui villa ha giocato decine di partite a tennis con tutti i cugini e i ragazzi bene del Forte e di Viareggio. Arriva alla villa di sorpresa, senza avvertire.

«All'improvviso vidi al cancello questa bellissima coppia, lui così bruno lei così bionda, belli eleganti sicuri» racconta una delle nipotine di Clara Colorni, che per caso quel pomeriggio era in villa. «Lui chiese di rivedere la piccola vigna che avevamo dietro la villa; Marianne osservava tutto attenta e curiosa, persino un po' emozionata quasi non avesse mai visto o colto un grappolo d'uva sul tralcio. Prendemmo un tè in giardino. La nonna un po' ingenuamente chiese a Bruno se conosceva il segreto della bomba atomica. Lui si mise a ridere: ma zia, il segreto della bomba atomica è fatto di quattro bazzecole. Mi sembrò molto affascinante, molto bello, molto sicuro.»

Il 25 agosto torna a Roma, riprende il piccolo Antonio a Ladispoli, e si trasferiscono tutti in casa di Giuliana e Duccio Tabet dalle parti di San Giovanni. Nella giornata del 29 si reca negli uffici della Sas, si informa degli aerei per Stoccolma. Prende cinque biglietti: uno intestato a sé e gli altri quattro a nome della moglie Nordblom. Quando sta per mettere mano al portafoglio, viene avvertito che il pagamento deve essere fatto in dollari. «L'uomo» precisarono poi gli addetti all'ufficio della Sas, «si mostrò seccato di questo contrattempo, ma ritornò il giorno dopo, mercoledì 30 agosto, con l'intero importo, 602 dollari, in biglietti da 100.»

Il 31 agosto scrive due righe ad Harwell: «Ho qualche problema con la macchina. Devo ritardare il mio arrivo fino al giorno prima della conferenza», fissata per il 7 settembre. E conclude inviando cari saluti a tutti. La firma è chiarissima.

Nello stesso pomeriggio il meccanico di piazza Verdi lo aspettava con la Vanguard pronta, lavata, revisionata e ingrassata.

Il giorno dopo, primo settembre, tutta la famiglia Pontecorvo si imbarca sull'aereo della Sas, primo scalo Monaco, zona americana della Germania. Bruno, Marianne e i tre bambini rimangono a bordo durante la sosta. I bambini sembrano molto tranquilli. Si addormentano appena l'aereo si alza in volo verso Stoccolma, dove arriva pochi minuti prima delle 21. Qui si perdono le tracce di Bruno Pontecorvo e della sua famiglia.

FREGENE, QUARANT'ANNI DOPO

Ho incontrato per la prima volta Bruno Pontecorvo il 22 agosto 1990. Ricordo la data perché fummo invitati a festeggiarne il compleanno, in casa del fratello Gillo.

Bruno avrebbe compiuto quel giorno settantasette anni; ne erano passati esattamente quaranta da quando, in un pomeriggio di caldo afoso, aveva consegnato la sua Vanguard targata H.V.C 744 al meccanico del garage di piazza Verdi, che non lo avrebbe mai più rivisto.

La casa di Gillo a Fregene è una costruzione bassa e un po' sbilenca, che sorge all'estremità nord del Villaggio dei Pescatori. Di fronte non c'è che la spiaggia, che si gonfia in piccole gibbosità biancastre sulle quali crescono ciuffi di vegetazione e qualche pianta di pitosforo. Arrivammo in tempo per vedere il tramonto, che accendeva l'orizzonte di vampate rossastre. Restammo a lungo fuori, con Gillo, attorno a un tavolo troppo piccolo, seduti su sedie sgangherate, per guardare il tramonto e chiacchierare. Bruno era rimasto in casa, davanti alla televisione, un bastone tra le gambe, gli occhi socchiusi con la passività dei vecchi.

Anche durante la cena sembrò del tutto assente, ma notai che mangiava con appetito e persino con qualche avidità, nonostante il tremore delle mani. Di tanto in tanto qualcuno di noi tentava di aiutarlo, avvicinandogli un piatto o porgendogli un bicchiere, ma egli reagiva con un gesto deciso di rifiuto.

Da ormai dodici anni Bruno aveva imparato a convivere con il morbo di Parkinson. Per me, che lo vedevo la prima volta, lo spettacolo era doloroso. Da poche settimane era uscito da una clinica ro-

mana dove era stato ricoverato per una frattura al femore che si era provocato cadendo dalla bicicletta, a Dubna. L'Accademia delle scienze dell'Urss, di cui era membro autorevole da più di trent'anni, lo aveva mandato a curarsi in Italia. In Urss, in quel periodo, gli ospedali non disponevano delle protesi necessarie per un intervento al femore: il professor Dario Spallone, direttore della clinica in cui Bruno Pontecorvo era stato curato, me lo rivelò sottovoce, come un segreto. In quella clinica sulla Tuscolana, punto di riferimento dell'ambasciata sovietica a Roma, l'accademico Bruno Pontecorvo era stato curato e rimesso in piedi. Ora trascorreva a Fregene la sua convalescenza, ascoltando musica, guardando il tramonto, ricevendo alcuni amici.

Gli venne chiesto un giudizio su Gorbaciov, che qualcuno di noi aveva conosciuto pochi mesi prima quando era venuto a Roma. Le parole gli uscivano di bocca a fatica ma normalmente percepibili. Era entusiasta di Gorbaciov, ne ammirava il coraggio, la tenacia e la prudenza («Tutto è molto, molto difficile» ripeteva), ma lo preoccupava che non pochi dei suoi vecchi amici, scienziati e letterati, poeti e attori, si fossero invece schierati a favore di Eltsin, nei confronti del quale egli nutriva un sospetto di demagogia.

Come accade sempre, a Roma a cena e d'estate, si saltava da un argomento all'altro con futilità; ma il centro di ogni discorso rimaneva l'Urss e i suoi problemi, e la domanda se Gorbaciov, dopotutto, non sarebbe stato sconfitto come era stato sconfitto a suo tempo Krusciov.

Qualcuno difese il diritto delle Repubbliche baltiche all'indipendenza, un altro liquidò sprezzantemente la questione ricordando che i lituani erano stati nazisti, un terzo ridisegnò la carta geografica prospettando la rivolta delle Repubbliche asiatiche e la loro riunificazione con l'Iran, un altro infine sostenne che non la questione nazionale ma quella contadina sarebbe stata la più difficile da risolvere, anche perché da essa dipendevano i rifornimenti alimentari del paese.

« Dopotutto » diceva « Stalin è riuscito a liquidare i soli contadini che fossero capaci di lavorare la terra e di farla rendere. I kulaki, certamente. Proprio loro. Chiamateli come volete, ma insomma erano i soli in grado di far crescere le patate. I kulaki non ci sono più, e adesso? Ecco i risultati. Avete i kolchoz ma non avete più né grano

né patate, non parliamo poi delle fragole o delle pesche...» E allungò la mano verso il vassoio della frutta, carico di uva, di pere, di fichi e di fette di cocomero.

Bruno Pontecorvo, che aveva ascoltato in silenzio, a questo punto sembrò accendersi. «Io,» disse «io, l'ho capito solo da pochi anni che i kulaki non erano nemici del popolo ma contadini che volevano lavorare e guadagnare. Voi, da quanto tempo lo sapete?»

La domanda era un po' ingenua. E, soprattutto, nessuno aveva voglia di dargli una risposta. Forse noi, vivendo in Occidente, avevamo capito prima, confrontando dati ed esperienze, alcune cose. Ma Pontecorvo avendo vissuto per quarant'anni in Urss non aveva forse avuto la possibilità di vedere in anticipo e meglio di noi gli errori, le inefficienze e le arretratezze alle quali oggi Gorbaciov cercava di mettere riparo con la perestrojka e la glasnost?

Dopo cena decidemmo di andare a prendere un gelato da Mastino, un locale che dista quasi un chilometro dalla casa di Gillo. «Io voglio andare a piedi» annunciò Bruno. La proposta mi sembrò singolare, ma nessuno replicò. Lui prese con forza il bastone tra le mani e mi chiese di accompagnarlo. Mi accorsi che camminando il suo tremore diminuiva; aveva un passo più deciso di quanto avessi immaginato. Camminava un po' sghembo, ma sicuro. Io lo tenevo sotto braccio. A un certo punto mi disse, scherzando: «Hai paura di vedermi cadere? Non ti preoccupare, non cado. È una malattia meno grave di quanto sembri».

Mi raccontò che poche settimane prima era in condizioni fisiche assai peggiori, costretto su una sedia a rotelle. Eppure aveva voluto partecipare a Ginevra a un congresso sui neutrini.

«Non potevo non andarci» mi spiegò. «Mi occupo da sempre di neutrini... Ma delle volte ho l'impressione che qui, in Occidente, il mio lavoro sia quasi ignorato. Dovevo andarci per difendere quello che ho fatto.»

Sapevo anch'io che da anni Bruno Pontecorvo si occupava di neutrini e che, per essere riusciti a verificare una sua teoria, tre scienziati americani avevano ottenuto nel 1988 il Nobel. Qualche giorno prima un giovane fisico mi aveva detto che quel Nobel lo avrebbe avuto lui, Pontecorvo, se avesse continuato a lavorare in Occidente anziché scegliere di andare in Urss.

«Il Nobel...» brontolò. «Il Nobel è importante. Ma la felicità che *provi quando verifichi il successo di una tua ipotesi o di un tuo esperimento, questo non lo puoi nemmeno immaginare. Dillo al tuo giovane amico fisico.*»

Dopo un attimo aggiunse: «*Tu sai qualcosa di astronomia?*». Mi limitai a scuotere la testa. Sembrò scoraggiato: «*A Ginevra ci dovevo andare.* Con *l'età*» si giustificò «*la vanità aumenta, anziché diminuire. Questo me lo aveva già detto Fermi...*».

Poi tornò a parlare dei kulaki, chiedendo a me e a se stesso come aveva potuto credere per tanti anni, su questo e altro, a ciò che si era detto e scritto e proclamato in Urss. Ora, aveva accettato la verità: milioni di kulaki erano stati ridotti alla fame, deportati, uccisi, le loro famiglie disperse, le loro case distrutte. Tutto questo non era servito nemmeno a dare all'Urss un'agricoltura moderna, avanzata. E dunque, perché? Ma lo aveva turbato anche la disinvoltura, il cinismo distratto con cui noi, a tavola, avevamo parlato di quelle vicende.

Parlava un po' dei neutrini, dei rivelatori sotto il Gran Sasso, sotto il monte Elbrus nel Caucaso, sotto miniere di sale in America e miniere di zinco in Giappone, pronti a catturarli. E anche un po' dell'Urss, intrecciando notazioni scientifiche e politiche.

Poi, all'improvviso, mentre eravamo ormai davanti al cancello di Mastino, mi chiese: «*Secondo te, cosa è più importante, nella vita: aver preso le decisioni giuste o essere stati una persona per bene?*». Era evidente che il problema lo faceva soffrire. La fragilità dei vecchi mi spaventa, stabilisce una disparità tutta a loro vantaggio. Tentai quindi di scherzare: «*Non si potrebbero fare le due cose insieme, voglio dire essere una persona per bene e prendere anche le decisioni giuste?*». Batté con il bastone per terra: «*Alle volte no*» rispose. E aggiunse: «*Ma io credo di essere stato sempre una persona per bene*».

Così quella sera nacque la mia amicizia con Bruno e l'idea di questo libro.

II
UNA FAMIGLIA, UNA TRIBÙ

Bruno era il quarto di otto figli di una famiglia di ebrei per i quali la religione aveva scarsissima importanza. Il padre, Massimo, era figlio di Pellegrino, che alla fine del secolo scorso aveva frequentato i pittori romani dell'epoca e aveva vissuto facendo paesaggi, poi si era dato al commercio, con una botteguccia di stracci nel ghetto alle spalle della sinagoga, e infine aveva comperato da certi Nissim, ebrei, una piccola fabbrica di stoffe in quel di Pisa, trasformandola in un'azienda di molte centinaia di dipendenti. La madre, Maria, era la figlia del professor Arrigo Maroni, direttore dell'ospedale Fatebenefratelli di Milano che, nello stesso periodo, era già introdotto nella migliore società milanese, con palco alla Scala e carrozza al portone.

Bruno non sa con precisione quando il padre abbia lasciato Roma. La decisione doveva risalire certamente a un'epoca precedente il matrimonio: tutti i figli, infatti, dal primo del 1907 all'ultimo del 1926, sono nati a Pisa. E in casa, naturalmente, come usava allora, sia pure con l'assistenza di un medico e della levatrice.

La differenza di religione (di questo solo si trattava, di razza si parlerà molto più tardi) non veniva percepita allora, né dai ragazzi né dai loro compagni di scuola come un problema. I Pontecorvo avevano cancellato la memoria umiliante del ghetto e non conoscevano l'orgoglio di chi è convinto di far parte del popolo eletto. In casa, per quanto ricorda

Bruno, non si rispettavano riti né regole: non si accendevano le candele il venerdì, non c'era la mezzuzà alla porta, a Pasqua non si mangiavano erbe amare e non si celebrava il Seder, e a merenda i ragazzi consumavano regolarmente pane e prosciutto.

«Eravamo una tipica famiglia ebrea di quell'epoca, molto assimilati, laici e liberali. E non ricordo di aver avuto nessuna crisi religiosa, come spesso ne hanno i ragazzi e come ne ebbero, sia pure in modo diverso, i miei cugini. La mia religione fu un'altra, ma di quella parleremo più tardi.» Massimo Pontecorvo, alto, bruno, con barba e baffi folti, piuttosto massiccio di corporatura, si occupava direttamente dell'azienda di cui era proprietario (e che più tardi verrà rilevata dai Marzotto). Amava il suo lavoro, la musica e la montagna. La mamma invece era esile; nel viso tondo, di dolcezza quasi infantile sorprendevano gli occhi, fermi e decisi.

Maria Maroni non amava la città in cui era costretta a vivere e non lo nascondeva. Non perdeva occasione di ricordare, con appassionata nostalgia, la grande città nella quale aveva studiato e passato la primissima giovinezza, ne rimpiangeva le feste, i balli, le amicizie, i teatri, tutte cose che le mancavano a Pisa dove si sentiva soffocare.

«Parlava di Milano» racconta Bruno «come "le tre sorelle" di Cechov parlavano di Mosca, con lo stesso struggente rimpianto e desiderio. Milano... la Scala... i negozi eleganti... i ristoranti raffinati... le strade affollate... i cortili verdeggianti... Tutto, a Pisa, le mancava. E poi, si chiedeva e ci chiedeva ironicamente: sotto Firenze, era davvero ancora Italia?»

Il marito e i ragazzi l'ascoltavano con qualche indulgenza quando lei parlava con tanto entusiasmo della sua città natale e con tanto disprezzo del resto d'Italia. Sorridevano ironici quando la mamma alludeva con orgoglio a un parente, grande clinico, che era medico di Casa reale. E si davano gomitate, lanciandosi sguardi complici e irridenti, quando lei ricordava che il piccolo Gillo aveva offerto, in non si sa quale occasione, un mazzo di fiori alla regina. «Oh mamma,» la interrompevano «ma non ci avevi detto che era stata Laura?»

I genitori non erano laureati, ma erano molto colti, molto esigenti, molto severi. Gli otto piccoli Pontecorvo (quattro maschi e quattro femmine) sapevano fin da bambini che avrebbero frequentato, e con profitto, l'università. Ogni ragazzo aveva i suoi libri, il suo tavolo: negli studi non era tollerata la più piccola distrazione o negligenza. In casa si respirava quella coscienza della propria forza intellettuale, quella passione per la cultura che è tipica di molte famiglie ebree, inconsapevole eredità di secoli di discussioni e analisi talmudiche e insieme salvacondotto per l'avvenire.

«La mamma era senza dubbio una snob, e noi scherzavamo su questo. Mio padre no. Era un uomo sostanzialmente semplice, con un grande rispetto per il lavoro proprio e degli altri, e un fondo democratico che ci ha trasmesso e di cui gli sono riconoscente. Negli anni turbolenti dell'immediato dopoguerra, i giovani operai venivano sottocasa a cantare: "Verrà Lenin, verrà Lenin, li manderà, li manderà a lavorare, senza mangiare. E anche Pontecorvo, a lavorare, a lavorare senza mangiare". Le parole, a me che avevo cinque o sei anni, sembravano molto minacciose, ma capii che non dovevo spaventarmi quando sentii che anche mio padre si divertiva a canticchiarla, tamburellando le dita sul tavolo. In realtà egli aveva un buon rapporto con i suoi operai, e credo che gli operai, nonostante la canzone su Lenin, lo stimassero.»

Agli inizi del fascismo si verificò, in casa Pontecorvo, un episodio che Bruno ricorda fin nei dettagli.

Uno degli operai, che Massimo Pontecorvo stimava in modo particolare, si chiamava Danilo ed era un anarchico. Era quello che oggi si chiamerebbe un «capo carismatico» al quale gli operai dell'azienda affidavano, spontaneamente, la gestione delle loro rivendicazioni. Danilo sostituiva il sindacato e, quando c'erano problemi da risolvere, andava direttamente a casa Pontecorvo. Allora i due uomini, il padrone e l'anarchico, si chiudevano insieme in quella che i ragazzi chiamavano «la stanzaccia», la stanza più grande della casa a pianoterra, che veniva usata come soggiorno, sala giochi e sala da pranzo. Si chiudevano lì e discutevano a lungo. Quando uscivano, si lasciavano con una stretta di mano, segno che il problema era stato risolto.

«Anche a noi ragazzi l'anarchico piaceva molto. Ma una volta, non so perché, il sistema scelto da Danilo e mio padre per risolvere i problemi dell'azienda non funzionò. E quindi Danilo organizzò uno sciopero e tutta la fabbrica si fermò: i duemila operai, uomini e donne, rimasero a casa. Mio padre, che come tutti i giorni era andato in azienda, ci restò da solo, fino all'ora normale di chiusura, ma quando tornò a casa ci parve molto turbato. E proprio allora, ci arrivò in casa un gerarca fascista della zona, uno che poi è diventato ministro nella Repubblica di Salò e credo sia stato fucilato con Mussolini, a Dongo. Si chiamava Buffarini Guidi. Anche lui, come usava fare Danilo, si chiuse con mio padre nella stanzaccia, ma dalla porta lasciata semiaperta si sentivano le loro voci, diversamente concitate.

«Carta, penna e calamaio,» intimò Buffarini Guidi «voglio qui i nomi dei caporioni dello sciopero.» Mio padre disse di no, che quei nomi li sapeva ma non li avrebbe fatti. Erano i suoi operai e avrebbe risolto lui il problema. Buffarini-Guidi protestò, gridando che il problema non era di Pontecorvo soltanto ma di tutti e poiché mio padre insisteva a non fare quei nomi, passarono agli insulti. Alla fine il gerarca fascista lo sfidò a duello. Il duello poi non si fece, qualcuno si mise di mezzo per evitarlo. Ma devo dire che questo episodio aumentò molto, in noi ragazzi, l'ammirazione per papà. Ci sembrò molto bello, molto giusto che egli si fosse rifiutato di denunciare Danilo...»

Dal matrimonio di Massimo Pontecorvo e di Maria Maroni nacquero otto figli. Quanto poco contasse l'origine ebraica è dimostrato anche dal fatto che a nessuno venne imposto un nome biblico. Il primo, Guido, era nato nel 1907, quando la mamma aveva 25 anni; l'ultimo, Giovanni, nel 1926, quando la mamma ne aveva già 44. In mezzo, nell'ordine ci sono Paolo, detto Polì, nato nel 1909, Giuliana, nata nel 1911, Bruno, nato nel 1913. Passeranno sette anni prima che nasca il quinto dei ragazzi Pontecorvo, cui viene imposto il nome di

Gillo, poi a poca distanza l'uno dall'altro vengono al mondo Laura, Anna e infine Giovanni.

La famiglia (padre, madre e otto figli, più una cameriera, una cuoca e una signorina francese, mademoiselle Gaveron) viveva in una grande casa proprio all'uscita di Porta Nuova, a non più di cinquanta metri dalla piazza del Duomo. Era una villa a tre piani, con un giardino.

«C'era un nespolo, molto folto, sul quale tutti noi, maschi e femmine, ci arrampicavamo da bambini, nascondendoci poi nel fogliame, a chiacchierare o a studiare. Le strade non erano ancora asfaltate allora e anche se le macchine erano poche ciò non impediva che, d'estate, la casa venisse avvolta in un gran polverone, che naturalmente dava molto fastidio alla mamma.»

Le stanze del pianoterra erano tutte aperte sul giardino. Lì c'era quella che i ragazzi chiamavano «la stanzaccia», con il tavolo da ping-pong, ma anche un grande tavolo dove si consumavano insieme i pasti. Poi, sempre al pianoterra c'erano lo studio di papà Pontecorvo con una grande porta finestra verso il giardino, uno studiolo elegante dove la signora si ritirava a sbrigare la sua corrispondenza, un piccolo salotto, e infine la vera stanza da pranzo, dove si apparecchiava quando c'erano ospiti di riguardo. In fondo, c'era la cucina.

La casa era arredata con mobili scuri, un po' pesanti. La mamma amava circondarsi di cuscini e di tappeti orientali: alcuni, particolarmente preziosi, decoravano le pareti del salotto e della stanza da pranzo. I mobili del suo studiolo, un secrétaire con l'anta ribaltabile e molti cassettini, un piccolo divano di seta verde con due poltroncine, erano stati acquistati da un antiquario di Milano.

Al piano superiore c'erano le stanze da letto. La più importante, con il bagno di maiolica bianca, la vasca dalle zampe di ottone dorato come le rubinetterie, era quella dei genitori. Poi, di seguito c'erano le quattro camere da letto più piccole per i figli. Solo Guido e Giuliana che erano i più grandi avevano diritto a una camera tutta per loro. Anna e Laura, le più piccole, dormivano insieme. In un'altra camera dormivano i tre maschi, Polì, Bruno e Gillo. Quando, nel 1926, nacque Giovanni, il primogenito Guido era già andato via di casa. La sua stanza quindi passò a Polì e Bruno, che aveva tredici anni, continuò a dividere la sua con Gillo, che ne aveva sei.

Al terzo piano, infine, c'era una stanza chiamata « dello stiro », e le camere per la servitù. La migliore, con bagno e bella vista sul giardino, era riservata a mademoiselle Gaveron, che seguiva l'educazione dei più piccoli, insegnava loro il francese, li costringeva a lunghe passeggiate all'Orto botanico o fino a San Rossore in fondo al viale delle Cascine.

Mademoiselle Gaveron faceva parte della casa e della famiglia. Era elegante e piena di dignità, con i suoi piccoli cappelli ben calcati sulla fronte e le camicette annodate con un fiocco sotto la giacca del tailleur.

Nessuno dei ragazzi Pontecorvo le aveva dato problemi. Salvo Gillo, che era insofferente di ogni disciplina. Passava ore arrampicato sul nespolo, in giardino. Per ore scivolava a cavalcioni sulla ringhiera della scala. Per ore stava al pianoforte, ma si rifiutava di studiare musica. Il suo rendimento scolastico era irreparabilmente mediocre. I genitori, i fratelli, le sorelle e mademoiselle Gaveron lo chiamavano, affettuosamente, « il selvaggio ».

La famiglia Pontecorvo coltivava valori antichi, tipici di una borghesia seria, austera e laboriosa, che tiene da conto la disciplina, la lealtà, la parola data, la cultura. I ragazzi, fin da piccoli, erano stati abituati a rispettare alcune regole. Non si parlava di danaro. Non si parlava delle faccende private degli altri. Si parlava con compiacimento e ammirazione di amici e figli di amici che si erano dedicati alle scienze e all'industria. La mamma arricciava il naso con disprezzo e il papà scuoteva il capo con indulgenza quando si sapeva, invece, che qualcuno si era dato al commercio. Si seguivano con attenzione gli studi dei figli, che venivano sollecitati, a tavola, a parlare dei libri che stavano leggendo. A scuola, naturalmente, i piccoli Pontecorvo dovevano essere tra i primi. Era convenuto che i ragazzi studiassero materie scientifiche, e infatti Guido sarà un biologo, Paolo un ingegnere e Bruno un fisico. Solo alle ragazze era consentito di seguire, all'università, studi umanistici.

«Faceva parte dell'educazione familiare» ricorda Bruno «l'obbligo di mangiare tutti assieme, a pranzo e cena, in quella che chiamavamo la stanzaccia. A capotavola c'erano da una parte la mamma e dall'altra mademoiselle Gaveron con i più piccoli. Non era consentito arrivare in ritardo. Si pranzava all'una precisa. Alla stessa ora gli studenti di Pisa si incontravano davanti a una pasticceria, per chiacchierare o fare degli scherzi. Qualche volta, all'uscita dalla scuola, anch'io mi trattenevo lì, con i più grandi e il tempo passava senza che me ne rendessi conto. Tra l'altro, se non ricordo male, allora non avevo l'orologio. Mentre stavo lì in piazza con gli altri mi accadeva spesso di rendermi conto, che si era fatto tardi, e scappavo. Arrivavo a casa di corsa, rosso per il fiatone e per la vergogna. E i miei fratelli, vedendomi così accaldato, mi accoglievano ridendo: "Il va, il va... il va pleurer". Io non piangevo, ma rischiavo di scoppiare in lacrime per la rabbia. Ero timido e diventavo sempre più rosso. Poi mi mettevo a tavola e mangiavo a occhi bassi senza dire una parola. Credo di essere stato sempre timido e anche un po' distratto e per questo venivo preso in giro. Mi succedeva, alle volte, di incantarmi e guardare per aria, e allora Giuliana, che aveva solo due anni più di me ma sembrava una ragazza quando io apparivo un bambino, mi si parava davanti e canticchiava ironica: "O Bruno, che sei in oca?". Mi chiamavano oca per la mia distrazione.»

Tutti i ragazzi Pontecorvo, come accadeva nelle famiglie per bene di allora, venivano avviati a un certo punto allo studio del pianoforte o del violino. Papà Pontecorvo amava molto la musica e conosceva a memoria le partiture principali, il violino, il violoncello, i fiati, di alcune sinfonie di Beethoven, il suo autore preferito. Spesso la sera, quando la cameriera aveva sparecchiato la tavola, egli faceva segno ai ragazzi di non allontanarsi. Poi si abbandonava sullo schienale della sedia, si accendeva un sigaro e, dopo averne aspirato un paio di boccate, invitava i ragazzi a cantare ognuno la sua partitura, e dirigeva, felice, la sua piccola orchestra familiare.

Questo era il gioco. Ma la madre pretendeva, sempre, l'eccellenza. Non era concepibile che si studiasse musica solo per distrarsi. Se si studiava pianoforte o violino bisognava proporsi di diventare un concertista, e comunque dare il meglio di sé, anche a costo di grandi sacrifici. Guai a chi non ci riusciva. Così quando si constatava che il ragazzo o la ragazza non conseguivano risultati brillanti, la questione musica si considerava chiusa.

«A me fecero studiare per alcuni anni il violino. Non è uno strumento facile e forse non ero particolarmente dotato, quindi ho dovuto smettere. Invece amavo molto il tennis, forse troppo per i gusti di mia madre e di mio padre che trovavano volgare dare troppa importanza allo sport. Me ne accorsi quando, dopo aver vinto il campionato italiano di terza categoria, il campionato delle schiappe se vuoi, ma pur sempre un campionato, dissi in casa che avrei voluto continuare... Mia madre mi guardò senza capire. Così fui costretto a spiegarle che il nostro allenatore mi aveva proposto di andare a Roma con lui e alcuni giovani che erano stati selezionati in tutta Italia per passare in una categoria di quasi professionisti. Mentre parlavo mi rendevo conto dalla faccia dei miei genitori che la cosa era impossibile. Alla fine credo di essermi impappinato e di non aver nemmeno concluso il discorso. Non speravo, naturalmente, nel loro consenso, sapevo che mi avrebbero frapposto delle difficoltà ma non immaginavo la loro reazione addirittura scandalizzata. Credo di non aver visto mai mio padre e mia madre così indignati. Per loro non era nemmeno concepibile che un'attività sportiva fosse più che un elegante divertimento... E pensare – ma allora chi lo poteva immaginare? – che proprio questa attività sportiva avrebbe consentito un giorno a Gillo di vivere e guadagnare durante il primo anno di guerra quando in Francia, in Svizzera e in Inghilterra si svolgevano ancora i tornei di tennis...»

I ragazzi andavano a giocare al Forte, ai campi di Roma Imperiale o dalla zia Clara, che aveva sposato un facoltoso industriale milanese di nome Colorni e che aveva una villa in pineta con un campo da tennis privato. La zia Clara aveva due figli: un maschio e una femmina. Un'altra sorella di Massimo Pontecorvo, la zia Alfonsa, aveva sposato un medico romano, Samuele Sereni, e aveva tre figli maschi: Enrico, Enzo ed Emilio.

I Pontecorvo, i Sereni, i Colorni costituivano una sorta di tribù, irrequieta, elegante, sportiva che, con le loro discussioni, le loro crisi e le loro competizioni intellettuali, dava il tono al giardino di zia Clara. All'interno del gruppo, anno per anno si stabilivano diverse amicizie e rivalità, grazie al mutare dell'età e delle passioni che dominavano ora l'uno ora l'altro dei cugini.

Emilio detto Mimmo era il più giovane dei tre fratelli Sereni, il prediletto per la vivacità intellettuale e l'inesauribile energia, ma Enzo, di due anni più vecchio, era quello che pretendeva e otteneva il bastone del comando. Eugenio Colorni, coetaneo di Emilio Sereni e di Guido Pontecorvo, era rimasto prestissimo orfano di padre. Educato da una sorella più grande e da una madre, la zia Clara, aliena da affettuosità e sentimentalismi, era cresciuto un po' goffo e quasi intimidito da tanti cugini sicuri e spavaldi fino alla provocazione.

(Proprio lui, il ragazzo goffo e timido, quello cui non viene mai in mente di trasgredire, di protestare e ribellarsi pagherà più duramente il suo impegno politico: verrà ucciso, nella Roma occupata dai tedeschi, nel maggio del 1944 da una pattuglia fascista.)

L'estate al Forte è piacevole. La tribù dei cugini è impegnata in lunghe passeggiate, corse in bicicletta, gare di nuoto, partite di tennis. Eugenio ammira la passione con la quale i suoi cugini discutono di tutto: di libri, di ideali, di poesia, di scienza.

«Un anno» scriverà il giovane Colorni più tardi in alcuni appunti autobiografici «tutta la famiglia è a rumore per la mania religiosa del secondo dei cugini Sereni e la casa in cui è raccolta la numerosa famiglia echeggia di violente discussioni... Gli zii imbevuti di Spencer e Lombroso sono furibondi per questa offensiva contro le più moderne conquiste della scienza...» Enzo trascina nella sua passione sionista anche Emilio, tutti e due diventano rigorosi osservanti delle norme religiose, studiano l'ebraico e progettano di trasferirsi in Palestina a lavorare la terra e fondare un kibbutz. (Enzo lo farà davvero alcuni anni dopo. Il kibbutz esiste ancora e porta il suo nome.)

Poi, nell'estate successiva, più che di sionismo si discute di filosofia. «Nella discussione Eugenio è insieme violento e cavilloso...» scrive il giovane Colorni parlando di se stesso in terza persona. «Ma come gli riesce difficile giustificare i suoi giudizi e le sue simpatie! Le opinioni dei cugini sono invece invulnerabili, catafratte in una coerenza che le difende da tutte le parti...»

In questi incontri annuali i cugini si misurano, si scontrano, si danno reciprocamente idee e vigore intellettuale e morale, sotto l'occhio vigile di Clara Pontecorvo che il figlio Eugenio descrive così: «Giusta e severa; pura e leale, non perde mai il proprio tempo, esegue nella giornata sempre più di quanto si era proposta, è la preferita dei cugini, la consigliera e arbitra nei litigi familiari».

Nel corso di un'altra più tarda estate, quando i ragazzi sono ormai brillanti studenti universitari, il giovane Colorni presenterà a Giuliana e Bruno Pontecorvo, in una serata alla Capannina, uno scrittore giovanissimo, Alberto Moravia, che ha scritto un romanzo, *Gli indifferenti*, di cui si è molto discusso. Giuliana lo ricorda ancora, bruno, magro, elegantissimo con una giacca bianca da sera e il bastone, con cui si aiutava nel camminare, reduce dalla tubercolosi ossea che lo aveva tenuto a lungo inchiodato a letto.

La famiglia Pontecorvo era dunque una famiglia numerosa, con belle case al mare, campi da tennis in villa, governanti e bambinaie, buone frequentazioni e collegamenti con la borghesia romana e milanese. Una famiglia ricca.

«Sì, probabilmente eravamo ricchi» ammette Bruno. «Ma come si era ricchi allora, con abitudini molto diverse da quelle di una famiglia ricca di oggi. C'era, allora, un rapporto diverso con il danaro; non era considerato elegante esibire la propria ricchezza. Forse in casa nostra il fatto di essere così numerosi complicava anche le cose: quando uno voleva una racchetta, non si potevano comperare otto racchette... Ma il nostro non era un caso eccezionale; tutte le famiglie che conoscevamo avevano molti figli e, per quanto ricordo, non solo le racchette e gli sci ma persino certe giacche e certi golf passavano tranquillamente da un figlio all'altro.

«E poi, allora, non si spendeva per i viaggi. Io non credo di essere mai andato a Lucca in quegli anni, e forse a Firenze ero stato una volta sola, mentre adesso tutti, anche i ragazzi, si muovono così vorticosamente. Le vacanze erano semplici e sempre uguali: un mese in montagna e un mese al mare. Prima al Forte assieme ai cugini e poi sulle Alpi. Sì, mi rendevo conto di appartenere a una famiglia benestante, ma non annettevo a questo molta importanza. E poi, mio padre con la sua concezione austera della vita non si concedeva e non concedeva a noi mollezze o sprechi. Quando partivamo per la montagna, per esempio, la mamma e le due bambine più piccole, Laura e Anna, viaggiavano in prima classe, perché era ovvio che lei, così raffinata, doveva godere di alcune comodità. Ma tutti noi, con lui, andavamo tranquillamente in seconda, ma alle volte anche in terza. E il viaggio fino a Chivasso era lungo... Non parliamo poi della macchina... Non volle mai comperarla, perché la riteneva inutile, un fatto di esibizionismo, e forse di cattivo gusto, anche se certamente dal punto di vista economico avrebbe potuto benissimo permettersela...

«A proposito di Chivasso: ho ancora nella memoria e sul palato il gusto delle noccioline di Chivasso, una specie di amaretti, piccoli piccoli. Le noccioline di Chivasso, se vuoi, sono state per anni e sono ancora le mie madeleines. Anche in montagna non si stava in ozio. La mamma sì, la mamma poteva riposare, al sole, su una sdraio, a occhi chiusi quanto voleva. Noi, ragazzi e ragazze, non potevamo perdere tempo. Ci mettevamo in fila, tutti con lo zaino in spalla e si camminava per ore.»

I genitori seguivano con attenzione lo sviluppo dei figli, ne controllavano le tendenze e le attitudini, ne criticavano le debolezze e i difetti, ne immaginavano i successi, ne programmavano il futuro. Queste valutazioni, assai più severe e puntuali di quelle degli insegnanti, non dovevano, nelle intenzioni dei genitori, essere portate a conoscenza dei ragazzi che avrebbero potuto inorgoglirsi troppo per una valutazione positiva o, al contrario, deprimersi per una negativa.

«Ma un giorno, involontariamente, sorpresi una conversazione tra i miei genitori. Era la mamma che dava un giudizio su ognuno di noi. Guido, diceva la mamma, è senza dubbio il più intelligente, Paolo è il più serio, ma Giuliana è la più colta. Hai sentito come conosce *La Divina Commedia*?, insisteva la mamma. Dopo Giuliana, nell'ordine, venivo io. Cosa avrebbero detto di me? Bruno, disse la mamma con tenerezza, è il più buono. Esitò un attimo e aggiunse: ma è il più limitato, come si vede dagli occhi. Ha gli occhi buoni, ma non intelligenti... Era mia madre che parlava e mio padre non diceva niente; si limitava ad annuire, penso. Credo che a questo episodio e a questo giudizio risalga un mio certo complesso di inferiorità che mi ha accompagnato molto a lungo. L'ho superato, quando ho avuto qualche piccolo successo nel mio lavoro. Ma mi è rimasta una grande timidezza. Quella temo di non averla superata mai del tutto.»

Bruno aveva cominciato da pochi anni le elementari, quando scoprì di essere il più buono dei piccoli Pontecorvo, un riconoscimento che in quella famiglia non doveva avere un gran valore. Giuliana a nove anni aveva già mandato a memoria interi episodi dell'*Inferno* di Dante, Guido e Paolo erano al ginnasio e si avviavano a studi scientifici. A lui, Bruno, restava come conforto la bontà.

Si spiega così come, con il passare degli anni, egli si stacchi pian piano dal gruppo dei più grandi, attirati ormai da un altro giro di amicizie e da altri problemi, e rivolga invece tutte le sue attenzioni a Gillo. Nei confronti del fratellino minore, dal quale lo separavano quasi sette anni di età, Bruno può manifestare con tenerezza la sua vocazione pedagogica. Insomma con Gillo si sentiva il più grande, il più esperto, il più colto e questo lo rassicurava. Lo portava con sé anche quando andava a giocare a tennis nel campo di Roma Imperiale o nella villa di zia Clara, e quando Gillo, stanco di restare a guardare o di raccattare palle, gli chiese un giorno di imparare, Bruno non gli rispose con l'altezzosità e l'indifferenza che di solito i fratelli maggiori riservano ai più piccoli. Al contrario: gli insegnò a impugnare bene la racchetta, a piegarsi correttamente sulle ginocchia per il servizio, a controllare con attenzione le mosse dell'avversario. Gillo « il selvaggio », che a casa e a scuola rifiutava ogni regola e disciplina, imparò presto e benissimo. A dieci anni partecipava già ai tornei.

Quell'anno, era il 1930, i cugini Sereni non vennero al Forte. Emilio, dopo una breve ma intensa passione sionista, aveva abbracciato, con altrettanta determinazione, l'ideologia marxista ed era entrato in contatto, a Napoli, con l'organizzazione clandestina del Pci. Scoperto, era stato arrestato e condannato a molti anni di carcere.

Eugenio Colorni passò solo per una breve vacanza. Dopo essersi laureato, a ventun anni, con una tesi su Leibniz, si preparava adesso per un concorso, che vincerà, come lettore di italiano all'Università di Marburgo. Il ragazzo timido e goffo di una volta era diventato un bel giovane, un po' introverso forse, ma molto brillante quando si impegnava in una conversazione.

Bruno Pontecorvo frequentava a Pisa la Facoltà di ingegneria. Aveva preso la maturità a sedici anni, con due anni di anticipo sui suoi coetanei. Ma sostiene di non essere stato, al liceo, uno studente particolarmente bravo. « Ho sempre studiato decentemente; stavo molto attento alle lezioni perché ritenevo che questa fosse la cosa più importante. E lo penso ancora adesso, in verità. Ma a casa non ricordo di aver studiato molto. » L'università non gli dava grandi soddisfazioni. Frequentava regolarmente le lezioni e dava gli esami a tempo dovuto e con buoni risultati. Ma era scontento. Non gli piaceva il disegno, e sentiva questa difficoltà come insormontabile.

Si impegnò a passare il biennio, poi progettò di abbandonare gli studi di ingegneria e di iscriversi a fisica. Gli esami superati gli avrebbero consentito di iscriversi al terzo anno. Ne parlò una sera, a casa, a cena. Dal padre non venne nessuna obiezione, ma Guido, il fratello maggiore, già laureato in biologia, affermò perentorio: « Se vuoi studiare fisica devi andare a Roma. Lì ci sono Fermi e Rasetti e la fisica in Italia si può fare solo con loro ».

Questi due nomi erano abbastanza familiari a Bruno. Franco Rasetti aveva fatto amicizia con Guido quando ambedue studiavano a Pisa, all'università. E grazie a Rasetti, Bruno aveva già conosciuto, quando era bambino, Enrico Fermi.
«Tutti in famiglia sapevano che Rasetti aveva un amico che era un genio: Fermi. Di lui si raccontavano storie straordinarie. Si diceva che a dodici anni aveva imparato, in poche settimane, testi universitari di fisica e matematica e che a Pisa, all'università, aveva messo in difficoltà e imbarazzo i suoi professori. Una volta, Rasetti ce lo portò a casa, a cena. Di questo incontro, memorabile per la nostra famiglia, ricordo con precisione soltanto qualche piccolo particolare, per esempio il posto esatto dove Fermi era seduto a tavola. Ma non ricordo altro; dopotutto avevo solo dieci anni. Ricordo invece che i miei genitori commentarono con un certo disagio: "Be', forse Rasetti esagera... È possibile che un ragazzo così timido e taciturno sia un genio?".»
Quando Bruno decide di studiare fisica, Enrico Fermi era riconosciuto come un genio non solo dai suoi amici, ma in tutta Italia e all'estero. Aveva soltanto ventinove anni, da quattro era titolare di cattedra a Roma, da due era accademico d'Italia, il più giovane accademico italiano.
E dunque, nella famiglia Pontecorvo dove era normale chiedere a ognuno il massimo, si convenne che Bruno sarebbe andato a Roma a chiedere l'ammissione a quella università, Facoltà di fisica, perché solo a Roma e solo con Fermi era possibile studiare fisica davvero.

III
UN CUCCIOLO A VIA PANISPERNA

Quando Bruno Pontecorvo arriva a Roma nell'autunno del 1931, la città ha poco più di 900.000 abitanti. I villini sulla collina del Gianicolo e a monte Mario ne costituiscono le estreme propaggini, attorno alle quali c'è ancora la campagna. La città è tutta un fervore di opere: da poco è stata aperta via Barberini. In fondo a via Salaria è in fase di completamento il primo aeroporto della città: l'aviazione, si preannuncia, ha un grande avvenire. Il regime si preoccupa del miglioramento della salute e delle prestazioni sportive degli italiani: sulla Gianicolense è in costruzione il nuovo ospedale del Littorio, al Flaminio sta sorgendo il Foro Mussolini.

La città si allarga. Si costruiscono case popolari al Ponte Milvio e alla Garbatella, case per dipendenti dello Stato a piazza Mazzini e a corso Trieste. Nei quartieri del centro vivono ancora gomito a gomito signori e popolani, in antichi palazzi attorno ai quali sono sorte case che assomigliano a catapecchie, osterie dai pavimenti sconnessi, rimesse per le carrozze e botteghe di fabbri e falegnami. Sono i quartieri che, in nome dell'igiene pubblica e del decoro della città, verranno sottoposti, proprio in quegli anni, all'azione della ruspa; i loro abitanti saranno trasferiti nelle nuovissime borgate: a Gordiani a Tiburtino al Trullo a Pietralata, ben oltre le mura che segnano ancora il perimetro della città.

Bruno, studente diciottenne che arriva da Pisa, non si interessa né ai monumenti storici di Roma né ai suoi problemi sociali. Ha in mente una sola cosa: essere ammesso al terzo anno di fisica, come ha promesso al padre e al fratello Guido, superando un esame al quale si è preparato nel corso di tutta l'estate rinunciando anche a qualche partita di tennis nella villa di zia Clara e a qualche corsa in bicicletta nella pineta del Forte.

I due esaminatori, Franco Rasetti ed Enrico Fermi, non hanno ancora trent'anni ma godono già di prestigio e autorità indiscussi. Sicuri di sé, ma del tutto privi di boria intellettuale, si rivolgono al giovane Pontecorvo, fratello di uno dei loro amici, Guido, già avviato a una brillantissima carriera di scienziato, con un'attenzione non scevra da una punta di tenerezza. Una tenerezza, però, che non significa indulgenza. La Facoltà di fisica, una scienza nella quale l'Italia si propone di ottenere successi di primo piano, è alla ricerca di giovani capaci e ambiziosi. Non c'è posto, qui, per i mediocri. L'esame, dunque, è severo ma l'esito è positivo: Bruno viene ammesso al terzo anno con un ammonimento che ricorderà, parola per parola, per tutta la vita.

«La fisica è una sola,» gli spiega Fermi «ma disgraziatamente oggi i fisici sono divisi in due categorie, i teorici e gli sperimentatori. Se un teorico non possiede straordinarie capacità, il suo lavoro non ha senso. Ti voglio spiegare con un esempio: se un egittologo non è uno studioso molto brillante, ciò significa semplicemente che ha sbagliato mestiere. Per quanto riguarda la sperimentazione, invece, anche una persona di medie capacità ha la possibilità di svolgere un lavoro utile. Ad esempio, uno sperimentatore può misurare la densità di tutte le sostanze. Sarà un lavoro molto utile, addirittura prezioso in alcune circostanze, anche se non richiede un intelletto eccezionale.»

Lo studente pisano, dall'altra parte del tavolo, arrossisce leggermente e ringrazia. Ha ottenuto l'ammissione al terzo anno della Facoltà di fisica e matematica dell'Università di Roma, con la chiara intesa che si sarebbe occupato, «date le sue capacità medie», di fisica sperimentale.

«In realtà,» ha raccontato Franco Rasetti a Guido, «Fermi, con quel discorsetto, non intendeva affatto riferirsi in modo particolare a Bruno. Era un discorsetto che faceva sempre a tutti gli studenti che superavano gli esami.» Ma Bruno che sottovalutava le proprie capacità intese quelle parole come un brusco invito alla modestia e si collocò di conseguenza tra coloro che erano destinati alla ricerca sperimentale.

A Roma non era ancora stata costruita, tra il Policlinico e la Tiburtina, la nuova città universitaria. Le facoltà erano quindi dislocate in vari punti della città, disordinatamente. Ma la popolazione universitaria era assai ridotta, rispetto alle cifre attuali. Gli studenti universitari in tutta Italia erano 47.000, di cui 6500 donne.

Gli studenti che avevano scelto una facoltà scientifica, ogni giorno si incontravano all'Istituto di fisica, a via Panisperna, un edificio a tre piani con un giardino ricco di aiuole ben curate e alcune altissime palme e, al centro, una fontana bordata di muschio nella quale nuotavano alcuni pesci rossi.

L'edificio, ora entrato a far parte del complesso del ministero degli Interni al Viminale, risaliva alla fine del secolo scorso, quando, dopo la presa di Porta Pia, si era pensato di fare di Roma una sorta di «città della scienza» che potesse gareggiare a livello europeo con le università e i centri di ricerca tedeschi e francesi. La Facoltà di ingegneria si era già installata a San Pietro in Vincoli; lì attorno, sul colle del Viminale, avrebbero potuto sorgere le altre istituzioni. Alla Facoltà di chimica e a quella di fisica vennero quindi assegnati due vecchi conventi, alle spalle della chiesa di San Lorenzo in Panisperna. A professori e studenti di chimica quella soluzione piacque, mentre i fisici decisero di demolire il convento per costruire al suo posto un edificio moderno in cui installare il nuovo istituto.

«Era ancora perfettamente adeguato allo scopo quando io frequentavo l'università» racconta Laura Fermi che nell'anno 1926-27 era studentessa di scienze naturali e frequentava il corso di elettricità per ingegneri tenuto da una celebrità, il professor Orso Corbino. «Faceva lezione nell'aula principale, dove le file arcuate dei banchi digradavano verso la cattedra. Corbino, di statura bassissima, grassottello e vivacissimo, entrava nell'aula a passetti affrettati, si arrampicava su per i quattro gradini che portavano alla cattedra e quasi spariva. E cominciava a parlare.»

Orso Mario Corbino, che prima di assumere la carica di direttore dell'Istituto di fisica era stato ministro della Pubblica Istruzione e dell'Economia, aveva all'epoca quasi sessant'anni. Piccolo di statura, quasi calvo, due vivacissimi occhi neri, era un organizzatore fuori del comune e un eccezionale scopritore di talenti. Colpito dalle capacità di Enrico Fermi, era riuscito a far istituire le prime cattedre di fisica teorica in Italia per poterne assegnare una a lui. E ci riuscì, naturalmente, come riusciva nella maggior parte degli impegni che si assumeva. Fu così che Fermi, a soli venticinque anni, venne chiamato a ricoprire, a Roma, la prestigiosa e nuovissima cattedra. Ma Fermi voleva con sé anche Franco Rasetti, suo coetaneo, amico e compagno di studi. Con l'aiuto di Corbino ce la fece e Rasetti venne nominato professore di spettrografia.

Corbino era innamorato della fisica, di questo gruppo di giovani studiosi, e di Enrico Fermi. Preoccupato che il giovane scienziato potesse ricevere, e accettare, una proposta da qualche università straniera, Corbino volle fargli avere un riconoscimento che gli desse insieme la massima sicurezza economica e la massima autorevolezza. Fu così che, superando invidie e rivalità, Fermi venne chiamato a far parte della neocostituita Accademia d'Italia. Era molto elegante, nell'uniforme sovraccarica di ricami d'argento, con la feluca adorna di piume ben calcata in testa e al fianco uno spadino riccamente cesellato. Solo l'uniforme era costata 7000 lire, equivalenti allo stipendio di tre mesi e mezzo dell'università.

Trasferitosi a Roma, Bruno dovette cercare un alloggio non caro e non lontano dall'Istituto di fisica. Scelse di vivere all'Ymca, un pensionato per giovani di un'organizzazione protestante, all'angolo tra piazza Indipendenza e via Cernaia. Le stanze erano modeste ma ben tenute, decorosa la mensa e buona la palestra situata all'ultimo piano da dove si godeva un piacevole paesaggio dei monti attorno a Roma.

Il Macao, dopo essere stato in epoca umbertina uno dei

quartieri eleganti della città, aveva perso, nel corso degli anni, gran parte del suo smalto e le famiglie signorili si erano via via trasferite verso altri quartieri. Piazza Indipendenza, tuttavia, era ancora dotata di una certa eleganza borghese, grazie ai suoi oleandri rosa, alle aiuole ben coltivate, attorno alle quali giocavano bambini accompagnati da balie ciociare e cameriere venete.

Non costava molto, vivere all'Ymca. E soprattutto, da piazza Indipendenza si poteva raggiungere l'Istituto di fisica a piedi, con un passeggiata di una decina di minuti. All'Ymca alloggiavano molti studenti, e con alcuni Bruno fece rapidamente amicizia. Gian Carlo Wick, italiano di nascita e di padre ma figlio della giornalista americana Barbara Allason, era legato agli ambienti intellettuali napoletani – che gravitavano attorno a Benedetto Croce – ed esibiva abitudini molto anglosassoni. Un altro studente che Bruno amava frequentare era il giovane Fabrizio Clerici, altissimo, allampanato e distratto che allora era iscritto a ingegneria ma che in seguito avrebbe abbandonato gli studi scientifici per la pittura.

Gli esami erano impegnativi, lo studio severo e non c'era tempo per molte distrazioni, a parte qualche passeggiata e qualche partita a tennis. Il gruppo di studenti e professori era molto affiatato e Bruno, che fin dall'adolescenza aveva avuto la capacità di adattarsi agli altri e di farsi prendere in simpatia, venne rapidamente adottato con il nomignolo di «cucciolo». Era allegro, disponibile, ironico senza cattiveria. Un po' snob, forse, ma questo non era certo considerato, in quel tempo e in quel gruppo, un difetto. Si trattava, caso mai, di una qualità, quasi di un segreto segno di riconoscimento.

«Quando io sono arrivato a Roma, Fermi era già circondato in Italia e in Europa dall'aureola del genio. Ritenevo un privilegio poter studiare con lui, ed era in effetti un privilegio. Il gruppo, di cui facevano parte Amaldi, figlio di un grande matematico, Emilio Segrè e Franco Rasetti, era già costituito da alcuni anni ed era molto legato. Io ero uno studente di provincia. Cercavo di ascoltare molto e parlavo poco. Dapprincipio tutto quello che dicevano mi affascinava.

Tutti parlavano come Fermi, con le stesse pause, lo stesso tono di voce, basso e tranquillo...»

(La stessa cosa accadrà nel gruppo di Oppenheimer: tutti quelli che lavoravano con lui ne assumevano i tic, parlavano come lui, citando testi orientali, accendevano la sigaretta nello stesso modo, tirando fuori di scatto, con gesto nervoso, un accendino dalla tasca.)

Il giovane pisano provò subito, nei confronti di Fermi, un'ammirazione sconfinata, un sentimento che è rimasto immutato negli anni, non passibile di alcuna verifica critica. Per il Pontecorvo di oggi come per lo studente di sessant'anni fa, Enrico Fermi resta un maestro, sul piano morale e intellettuale, un genio sul piano scientifico.

«La più grande fortuna della mia vita» ripete spesso «è stata quella di conoscerlo, di aver potuto lavorare con lui.» Poi vuole spiegare: «Einstein» ammette «ha fatto più di Fermi in fisica, ma se si deve esprimere un giudizio complessivo per i contributi che sono stati dati alle varie parti della fisica, ebbene allora nessuno può essere messo a confronto con Fermi. E se il contributo che si dà alla fisica potesse venire misurato con i premi Nobel, allora Fermi avrebbe meritato almeno otto premi Nobel, non il solo che gli è stato riconosciuto».

Molti fisici di questo scorcio di secolo, che furono in modi diversi coinvolti in quella straordinaria vicenda che è stata l'invenzione della bomba atomica, furono uomini bizzarri, disordinati, irascibili, tormentati dal dubbio, trascinati dalla passione politica, divorati dall'orgoglio, non di rado sull'orlo della depressione, spesso animati da una sorta di sacro furore.

Niente di tutto questo in Enrico Fermi che «era un uomo del tutto normale, normalissimo, ordinato, preciso, semplice. Un uomo tanto normale da apparire persino banale. Salvo un particolare: era un genio. E quando dico un genio intendo esattamente un genio, qualcuno, per capirci, come Dante Alighieri o Bach».

Nella vita di tutti i giorni, Enrico Fermi era metodico, tranquillo, diffidente verso coloro che, come Majorana, uscivano da questo quadro di normalità. La stessa diffidenza proverà in seguito per Leo Szilard, la cui coscienza era tesa come una corda, per via dei suoi orientamenti politici e scrupoli morali. Fermi era un uomo molto semplice o, per meglio dire, la sua intelligenza raggiungeva risultati straordinari in modo straordinariamente semplice. Ciò gli dava una grande sicurezza di sé, che non diventava mai arroganza. Ma era freddo, come temperamento, e non amava quelli, anche tra i fisici, che gli sembravano privi di buon senso, troppo emotivi. Era, infine, molto rispettoso dell'autorità. Fin da piccolo aveva imparato la virtù dell'obbedienza.

Nato in una famiglia della piccola borghesia (il padre era capodivisione dell'amministrazione ferroviaria), venne allevato, secondo un'abitudine allora molto diffusa, in campagna, da una balia. Aveva due anni quando venne riportato a casa. «Lì,» scrive la moglie Laura «trovandosi in una stanza piena di sconosciuti e mancandogli forse le rozze effusioni della balia, si mise a piangere. Sua madre gli parlò con voce ferma e gli chiese di smetterla immediatamente; in quella casa i bambini cattivi non erano tollerati. Subito il piccolo stette buono, si asciugò gli occhi e non diede più fastidio. Il suo atteggiamento era già, e così sarebbe rimasto, di rinuncia a lottare contro l'autorità. Se loro volevano che si comportasse in quel modo, l'avrebbe fatto. Era più facile stare con loro che contro...»

Fermi aveva una vita molto regolare: rispettava, o tentava di rispettare, gli orari dei pasti. Passava le serate in casa, con la moglie Laura e pochi amici. Non era uno sportivo, ma d'inverno gli piaceva sciare e d'estate faceva lunghe passeggiate in montagna. Amava anche giocare a tennis, «ma non giocava bene; checché ne abbia detto e scritto la moglie, Fermi giocava malissimo». (Ed è l'unica critica che Pontecorvo rivolge al suo maestro.) «Posso dirlo tranquillamente, perché spesso giocavamo insieme, sui campi del dopolavoro dell'università. Quando giocavamo il doppio, io facevo coppia con Fermi contro Aldo Natoli e Giuseppe Lombardo Radice. Natoli era un giovane medico, Lombardo Radice un giovane matematico. Poi tutti e due sarebbero diventati comunisti e dirigenti del partito, ma questa è un'altra storia. Adesso stavo parlando di tennis e posso dirti che veramente Fermi non sapeva cos'è il tennis, quale ne sia la strategia, quale la tattica. Io invece ero davvero un buon giocatore. Per questo Fermi aveva un grande rispetto per me, come giocatore di tennis, intendo...»

Aldo Natoli e Lombardo Radice, i due avversari di Fermi e Pontecorvo sui campi da tennis, erano un'eccezione assoluta nella Roma di allora: si occupavano di politica. O meglio, facevano parte di un gruppetto di amici che ne discuteva, e ai quali il fascismo, contrariamente a quanto pensava la maggioranza degli italiani, sembrava un regime insopportabile.

Il gruppo dei ragazzi di via Panisperna, dal «Papa» come veniva chiamato Enrico Fermi al «cucciolo», non aveva nemmeno di queste insofferenze. Per loro, semplicemente, la politica non esisteva. E il regime fascista era considerato un fatto naturale, inevitabile, un po' fastidioso e volgare in alcune sue manifestazioni, ma nulla di più. Certo, Fermi era fascista, era accademico d'Italia, e tutti gli altri, quando era necessario indossavano la camicia nera. Niente più che un rito, un obbligo, una vuota forma di adesione a un regime che si aspettava da loro grandi cose e che garantiva a ognuno di loro e all'istituto di cui facevano parte le migliori condizioni per la ricerca. La fisica italiana avrebbe conquistato presto, grazie a questi giovani, i suoi più alti riconoscimenti.

La vita allora era piacevole a Roma. La città era un po' provinciale ma tranquilla. Si ascoltava buona musica all'Augusteo, la sera ci si incontrava per parlare di fisica, di matematica, di scienze, si facevano lunghe passeggiate a Villa Borghese e chi rientrava da un convegno o una conferenza all'estero veniva ascoltato dai colleghi di studi e di lavoro con grande attenzione. All'interno di quel felice gruppo intellettuale esisteva un vivace scambio di opinioni. Su tutto, ma non sulla politica.

Gian Carlo Wick era un po' diverso. «In casa mia» racconta «se ne era sempre parlato. E anch'io dunque me ne interessavo un po', leggendo anche qualche giornale straniero. Ma mi sembra di poter dire che ero proprio l'unico a occuparmene. Noi facevamo molta fisica, un po' di musica, e tanto sport. Eravamo molto legati come gruppo: ci piaceva andare a sciare insieme, a fare montagna insieme. Io, come capocordata, ho guidato ascensioni di terzo grado sulle Dolomiti e un paio di volte c'erano anche Bruno e Fermi, che stavano a San Martino di Castrozza. Il fatto che io mi interessassi un po' di politica veniva considerato quasi una stramberia, un po' come l'abitudine che avevo di portarmi il mio tè in istituto e di prepararlo, per me e per Bruno. Gli altri ci scherzavano su, prendendo in giro la mia anglomania. Ricordo che un giorno Fermi mi chiese con un'aria di vago rimprovero: "Ma come fa lei, Wick, a trovare interessante la politica? Io non la capisco proprio".

«Non era il solo. Un giorno, parlando con Bruno attorno a una tazza di tè, io gli dicevo che era ridicolo attribuire il merito del prosciugamento delle paludi pontine al fascismo. Il progetto era già pronto e i lavori sarebbero cominciati comunque, quale che fosse stato il regime. Bruno, un po' serio e un po' scherzando, replicava: "Ma insomma, non gliene vuoi dare buona nemmeno una a Mussolini...". No, direi che di politica non si parlava proprio. Qualche accenno di cambiamento si ebbe nel 1935, con la guerra d'Etiopia. Allora cominciò anche tra noi qualche brontolio. Segrè e Rasetti esprimevano la loro preoccupazione dicendo: "Mah... mi sa che va a finir male". Tutto qui. E Fermi, che era di una prudenza estrema, che voleva star fuori anche dalla più blanda discussione, ci teneva a ripetere: "Io faccio il fisico, la politica non mi interessa". Dopo l'Etiopia ci fu la Spagna. Le cose un pochino cambiarono, ma, intendiamoci, sempre entro certi limiti. La protesta più vigorosa che io ho sentito pronunciare da Fermi, la più allarmata fu: "Ma questa gente, non la finisce proprio più...".»

Può apparire sorprendente, persino inspiegabile il fatto che questi giovani studiosi, pur avendo frequenti contatti con i loro omologhi tedeschi e con le loro università, non si siano resi conto della gravità delle misure adottate fin dal 1933 contro gli ebrei, misure che costrinsero decine di matematici e fisici all'esilio.

«È vero,» ammette Wick «nessuno di noi valutò nella sua gravità quella vicenda. Nessuno di noi pensò che anche il fascismo si sarebbe messo su quella strada. A nostra scusante va detto che in quel periodo, nel momento della presa del potere in Germania da parte dei nazisti, non c'era grande simpatia tra Mussolini e Hitler. In quegli anni, prima della guerra d'Etiopia, il fascismo era riuscito invece ad avere qualche successo d'immagine anche in Inghilterra e in Francia.»

Insomma, se Lloyd George e lo stesso Churchill non erano avari di lodi per Mussolini, perché mai alcuni giovani studiosi come quelli che si raccoglievano attorno a Fermi avrebbero dovuto nutrire sentimenti antifascisti? E così il povero Wick rimase solo.

Del resto, anche gli scienziati tedeschi si resero conto solo in ritardo del significato che avrebbe avuto, per la Germania, l'ascesa al potere di Hitler. Wolfgang Pauli, uno dei più grandi fisici di questo secolo, a chi manifestava, dopo l'incendio del Reichstag, il suo allarme per il futuro, replicava con fastidio che l'idea di una dittatura in Germania era *Quatsch*, il suo spregiativo favorito: una sciocchezza, una fesseria, una stronzata. Non diverso l'atteggiamento di Otto Frisch: «Il mio stato d'animo» ammise molti anni dopo «era del tipo: i cancellieri vengono e poi se ne vanno, questo non sarà peggiore degli altri...».

La prima ordinanza contro gli ebrei venne promulgata in Germania nell'aprile del 1933 e semplicemente sanciva che «i pubblici funzionari di origine non ariana devono lasciare il servizio». I professori delle università venivano considerati pubblici funzionari: un quarto dei fisici tedeschi rimase da un giorno all'altro senza posto e mezzi di sussistenza. Verranno licenziati o costretti a emigrare undici fisici che avevano o avrebbero ricevuto il premio Nobel, giovanissimi e promettenti studiosi come Hans Bethe (di madre ebrea e di padre prussiano, che a ventisette anni aveva già una cattedra a Tubinga), fisici che segneranno la storia di questo secolo come Edward Teller (che si era laureato a Lipsia con Heisenberg), Otto Frisch (che aveva già ottenuto una borsa di studio per lavorare a Roma con Fermi e se la vide rifiutare),

James Franck (che sarebbe stato esonerato perché combattente della prima guerra mondiale, ma che volle condividere il destino degli altri).

In quel periodo si trovava in Germania Ettore Majorana, un altro fisico per il quale il termine «genio» non sembra eccessivo. Bruno lo ha conosciuto poco.

«Nella gerarchia religiosa del nostro istituto, egli portava il titolo di Grande Inquisitore. Aveva un carattere estremamente complicato, un atteggiamento negativo. Era l'unico che parlava con Fermi su un piano di assoluta parità, e Fermi lo considerava il più grande fisico teorico del tempo, lo ammirava e alle volte sembrava persino intimidito di fronte a lui. Ricordo le sue precise parole: "Se il problema è formulato", diceva, "nessuno al mondo può risolverlo meglio di Majorana". Era un pessimista, scontento di sé e non soltanto di sé. Durante i seminari di solito taceva, quando usciva dal silenzio faceva spesso un commento sarcastico o un'osservazione paradossale. Ma anche in questi commenti o sarcasmi c'era sempre qualcosa di molto importante.»

Alla fine del 1932, Majorana si era trasferito a Lipsia per frequentare l'Istituto di fisica di Heisenberg. Alla promulgazione delle leggi razziali così scriveva alla madre: «... la persecuzione ebraica riempie di allegrezza la maggioranza ariana. Il numero di coloro che troveranno posto nell'amministrazione pubblica e in molte private, in seguito all'espulsione degli ebrei, è rilevantissimo, e questo spiega la popolarità della lotta antisemita... Negli ambienti universitari l'epurazione sarà completa entro il mese di ottobre. Il nazionalismo tedesco consiste in gran parte nell'orgoglio di razza. In realtà non solo gli ebrei ma anche i comunisti e in genere gli avversari del regime vengono in gran numero eliminati dalla vita sociale. Nel complesso l'operazione del governo risponde a una necessità storica: far posto alla nuova generazione che rischia di essere soffocata dalla stasi economica...».

La maggioranza degli scienziati scacciati dalla Germania emigrarono in America. Gli Einstein lasciarono la loro residenza estiva, in Germania, nell'autunno del 1933; avrebbero dovuto dividere il nuovo anno fra Princeton e Berlino, ma

il fisico vedeva più in là e aveva deciso altrimenti. «Voltati,» disse alla moglie mentre scendevano dal portico «questa casa non la rivedrai mai più.» La donna trovò assurdo il suo pessimismo. Più lungimirante, il fisico francese Paul Langevin, quando seppe che Einstein si sarebbe trasferito definitivamente a Princeton, commentò: «È un avvenimento grande come il trasferimento del Vaticano da Roma nel nuovo mondo. Il Papa della fisica trasloca. Gli Stati Uniti diverranno il centro della scienza mondiale».
E così infatti avvenne.

«Nel gennaio 1934 i fisici Frédéric Joliot e Irène Curie, sua moglie, annunciarono di avere scoperto la radioattività artificiale. Studiando il comportamento dell'alluminio bombardato con particelle alfa veloci, notarono che il prodotto della disintegrazione non era stabile e che entro pochi minuti emetteva a sua volta particelle comportandosi come una sostanza radioattiva.»
Così Laura Fermi dà il via al racconto del famosissimo esperimento di via Panisperna, che doveva meritare il Nobel a Fermi e grande fama a tutti i suoi collaboratori: Rasetti, Amaldi, D'Agostino, Segrè e il giovanissimo Bruno Pontecorvo.
Le particelle alfa utilizzate dai Joliot-Curie sono nuclei di elio carichi positivamente; la carica negativa degli elettroni che circondano tutti i nuclei ne rallenta quindi il percorso e ne rende scarsissima la forza d'urto se e quando il proiettile alfa raggiunge il nucleo. Per superare questa difficoltà, Fermi ebbe un'idea geniale: utilizzare per il bombardamento dei nuclei non le particelle alfa, bensì i neutroni che, privi di carica elettrica, hanno una maggiore probabilità di incontrare un nucleo e di urtarlo con tutta forza. Ma i neutroni, la cui esistenza era stata rivelata solo due anni prima nel Cavendish Laboratory di Cambridge, non sono emessi spontaneamente dalle sostanze radioattive e per ottenerli bisogna bombardare alcuni elementi con particelle alfa.
Fermi, deluso del fatto che un suo studio teorico era stato rifiutato dalla prestigiosa rivista inglese «Nature», si gettò a corpo morto nell'esperimento, utilizzando il grammo di ra-

dio conservato nel sotterraneo dell'istituto: la sua radiazione mescolata a polvere di berillio produce neutroni. Dunque, tutto era pronto.

Lasciamo ancora la parola a Laura Fermi: «Essendo metodico, Fermi non si diede a bombardare sostanze a casaccio, ma cominciò dall'elemento più leggero, l'idrogeno, seguendo il sistema periodico degli elementi. L'idrogeno diede risultati negativi: se si bombardava acqua con neutroni non succedeva nulla. Fermi provò il litio, di nuovo senza successo. Proseguì e bombardò il berillio, poi il boro, poi il carbonio, l'azoto. Nulla. Scoraggiato, Fermi si domandò se non fosse il caso di darsi per vinto e decise di provare ancora un elemento. Irradiò dunque il fluoro coi neutroni. Evviva! Il fluoro diventava fortemente radioattivo e così pure molti altri elementi che vengono dopo il fluoro nel sistema periodico...».

Fermi a questo punto organizza meglio il lavoro: telegrafa a Rasetti chiedendogli di ritornare subito dalle vacanze, affida a Segrè il compito di procurarsi gli elementi da irradiare, incarica Amaldi di mettere a punto i contatori Geiger-Müller e aggrega al gruppo un giovane chimico, Oscar D'Agostino, richiamandolo dal Laboratoire Curie di Parigi dove stava lavorando.

Contemporaneamente comunica i primi risultati a Lord Rutherford, che gli risponde subito. «Mi complimento» gli scrive «per la vostra proficua fuga dal campo della fisica teorica! Mi sembra che abbiate imboccato una strada estremamente interessante...»

Fermi era deciso a esaminare gli effetti del bombardamento di neutroni su tutti i 92 elementi esistenti in natura. Una volta bombardate le varie sostanze, sorgeva il problema di identificare l'elemento radioattivo prodotto, e questo si poteva fare soltanto con metodi chimici. (Di qui l'importanza della presenza di D'Agostino.) Si procedette così regolarmente per settimane, fino a quando si giunse all'uranio, che è l'ultimo elemento del sistema periodico e ha numero atomico 92. Anch'esso si attivava, una volta bombardato con neutroni, e produceva più elementi radioattivi. Uno di questi, fino allora sconosciuto, venne indicato con il numero atomico 93.

Era il maggio del 1934. La settimana successiva, esattamente il 4 giugno, domenica dello Statuto, il senatore Corbino annunciò il successo dell'esperimento durante un discorso all'Accademia dei Lincei, alla presenza del re e della regina. Il giorno seguente la stampa parlò di «vittorie fasciste nel campo della cultura», del «contributo altissimo portato da scienziati italiani» alla fisica, a testimonianza del fatto che «ancora una volta, nell'atmosfera del fascismo, l'Italia abbia ripreso in tutti i campi l'antica sua funzione di maestra e precorritrice». Il «New York Times» pubblicò con un titolo sensazionale la notizia: «Un italiano produce il 93° elemento bombardando l'uranio». (Il che non era esatto, come poi si vedrà.)

Ormai era estate. Fermi, che doveva tenere un ciclo di conferenze in Argentina e in Brasile, partì per un viaggio-vacanza che prevedeva sedici giorni di navigazione solo per la traversata dell'oceano. Segrè e Amaldi se ne andarono a Cambridge, portando a Lord Rutherford una relazione dettagliata dell'esperimento. «Il Cavendish Laboratory» ricorda Amaldi «ci apparve la vera capitale mondiale della fisica nucleare. Rutherford dominava con la sua personalità tutto il laboratorio nel quale lavoravano tra gli altri Cockroft, Chadwick, Oliphant... I soli due che lavoravano sulla radioattività artificiale prodotta dai neutroni erano Bjerge e Westcott, mentre Kapitza, in un vicino laboratorio, aveva costruito il suo famoso generatore di campi magnetici intensi...»

Bruno Pontecorvo passò quei mesi d'estate al Forte e sulle Alpi, come di consueto. Al suo rientro a Roma, Amaldi gli propose di lavorare insieme per definire quantitativamente il fenomeno della radioattività indotta da neutroni. E lì trovò, in settembre, Enrico Fermi al suo ritorno dall'America. I due avevano proceduto a una piccola innovazione durante quei mesi: per garantirsi condizioni uniformi e riproducibili, era stata data ai metalli da bombardare la forma di cilindretti cavi della stessa grandezza, dentro i quali veniva infilata la sorgente di neutroni. Il tutto poi veniva messo in una scatola di piombo, che proteggeva l'ambiente dalle radiazioni.

«Quella mattina» è sempre Laura Fermi a raccontare «si stava esaminando l'azione dei neutroni sull'argento. Pontecorvo fu il primo a notare il comportamento strano del cilindretto d'argento: se lo metteva in mezzo alla scatola di piombo, esso si attivava con una certa intensità; se lo metteva in un angolo, l'intensità era leggermente diversa. Né lui né Amaldi ci capivano nulla e andarono a consultare Rasetti e Fermi. Rasetti sghignazzò: "Pazzesco! Questi ragazzi non hanno ancora imparato a far esperimenti puliti!". Nei giorni seguenti nuove meraviglie erano in serbo. L'attività del cilindro sembrava essere influenzata dagli oggetti che lo circondavano. Se il cilindro veniva posato su un tavolo di legno, durante l'irradiazione, l'attività indotta era maggiore; se lo si posava su una lastra di metallo, era minore. Questi esperimenti allora non furono più affidati soltanto ad Amaldi e Pontecorvo, ma anche Rasetti, Fermi e Segrè vi presero parte... Provarono a interporre oggetti diversi tra la sorgente e il materiale da bombardare.»

Bruno Pontecorvo ricorda che venne proposto prima di interporre tra i due oggetti un assorbitore di piombo, poi un assorbitore di paraffina.

«L'esperimento» racconta ancora Laura Fermi «fu compiuto la mattina del 22 ottobre. Presero un blocco di paraffina, vi praticarono una cavità, vi posero la sorgente, irradiarono il cilindro d'argento e lo portarono davanti a un contatore per misurarne l'attività. Il contatore cominciò a ticchettare con rapidità fantastica. Esclamazioni di meraviglia risuonarono per le stanze dell'istituto: Pazzesco! Incredibile! Magia Nera! La paraffina, se in quantità sufficiente, rendeva l'attività indotta nell'argento fin cento volte più intensa.

«Fermi calmò la nostra euforia, dicendo: "E adesso andiamo a mangiare". E così facemmo. Quando dopo colazione quel giorno tornammo all'istituto, Fermi ci spiegò con chiarezza meravigliosa il concetto di rallentamento: i neutroni rallentati per l'incontro con la paraffina avevano maggiori possibilità di incontrare il nucleo dell'elemento e ne stimolavano la radioattività. E aggiunse che eravamo stati degli idioti a scoprire il fenomeno per caso e non averlo previsto.»

Se quella spiegazione era giusta, qualsiasi altra sostanza contenente idrogeno in proporzione elevata avrebbe dovuto produrre lo stesso effetto della paraffina. Perché dunque non provare con l'acqua? Dietro l'istituto, proprio a portata di mano, c'era la fontana del giardino: lì ebbe luogo, quel pomeriggio, l'esperimento decisivo. Sorgente radioattiva e cilindro d'argento vennero immersi nella vasca e l'ipotesi venne confermata: anche l'acqua moltiplicava la radioattività dell'argento. Dunque ogni sostanza contenente idrogeno aveva la facoltà di rallentare i neutroni, e il rallentamento dei neutroni faceva moltiplicare la radioattività dell'elemento bombardato.

«Quella sera stessa, dopo cena» racconta Laura Fermi «si riunirono tutti in casa Amaldi per scrivere una prima relazione in forma di lettera alla direzione della Ricerca scientifica. Era Emilio Segrè che scriveva, sotto dettatura, cercando di dare ascolto ai suggerimenti dell'uno o dell'altro. Poi Ginestra, la moglie di Amaldi, avrebbe copiato il testo a macchina. Erano tutti e cinque così eccitati che la cameriera degli Amaldi, quando finalmente se ne andarono, chiese a Ginestra: "Ma i signorini erano ubriachi stasera?". Era il 22 ottobre del '34.»

Qualche giorno dopo, su proposta e per insistenza di Orso Corbino, che aveva intuito le possibili ampie utilizzazioni industriali della scoperta, i cinque presentarono domanda di brevetto del loro metodo di produrre sostanze radioattive artificiali mediante il bombardamento con neutroni lenti.

«Ricordo ancora» dice Pontecorvo «la fanciullesca e sincera risata di Fermi all'idea che i lavori che stavamo facendo potessero avere qualche applicazione pratica. Le risate di Fermi e di tutti noi vennero interrotte da Corbino che replicò che eravamo giovani e non capivamo niente.»

In realtà fu Corbino ad avere ragione, anche se la questione del brevetto si rivelerà, in seguito, assai più complicata di quanto allora si potesse pensare.

Il gruppo romano aveva fatto una scoperta di importanza storica, ma non si era reso conto del tutto del fenomeno che aveva provocato. Fermi e i suoi avevano davvero prodotto un elemento transuranico, dal numero atomico 93? La prima a metterlo in dubbio fu una scienziata tedesca, Ida Noddack, la quale recensendo su una rivista scientifica tedesca la relazione di Fermi, ne criticò la conclusione, avanzando l'ipotesi che poi si rivelerà esatta: «Si può a ugual diritto supporre che attraverso queste nuove scissioni nucleari per mezzo di neutroni avvengano altre considerevoli reazioni nucleari... È concepibile che nel processo di bombardamento di nuclei pesanti per mezzo di neutroni questi nuclei si disgreghino in più frammenti di una certa grandezza...». La Noddack descrive così il fenomeno che era realmente accaduto e che quattro anni più tardi verrà definito da Lisa Meitner e Otto Frisch, come «fissione».

Fermi rifiutò di prendere sul serio le critiche della Noddack, «anche perché si trattava di una donna, e Fermi da questo punto di vista era piuttosto conservatore» osserva Giulio Cortini. Edoardo Amaldi racconta che la lettura dell'articolo della Noddack provocò discussioni nel gruppo «ma troppo frettolosamente ne liquidammo le conclusioni, proprio perché comportavano l'accettazione di un nuovo tipo di reazione: la fissione, appunto. Ed eravamo assai esitanti ad accettare l'idea di un fenomeno così totalmente nuovo. Sia Fermi che noi fummo, in questa occasione, piuttosto conservatori...».

Sotto i loro occhi si era verificata la prima reazione a catena e loro non l'avevano vista. Nemmeno Fermi, il «Papa», era stato in grado di riconoscerla. Majorana, che pure non era presente all'esperimento, ma che era dotato di capacità di analisi assolutamente fuori del normale, intuì qualcosa che Fermi non era riuscito a vedere? Sentì lo sgomento per il meccanismo che a via Panisperna era stato messo in moto? Fu così angosciato da quello che aveva intravisto che preferì sparire pur di non dare seguito a quelle ricerche? Cosa sarebbe accaduto se Fermi avesse capito la natura del fenomeno che aveva avuto davanti agli occhi e lo avesse messo al servizio della guerra fascista?

«Dio per i suoi intenti imperscrutabili ci rese allora tutti ciechi di fronte al fenomeno della fissione» commentò Emilio Segrè celebrando venti anni dopo Enrico Fermi. «Abbiamo commesso un errore storico» ha detto Edoardo Amaldi. Bruno Pontecorvo scuotendo la testa, dice: «Fummo solo sfortunati».

IV
HÔTEL DES GRANDS HOMMES

Al principio del 1936, il ministero dell'Educazione nazionale offre a Bruno Pontecorvo, il più giovane dei collaboratori di Fermi, una borsa di studio che gli consenta di passare qualche tempo presso un laboratorio di importanza internazionale. L'Italia fascista, nonostante la retorica nazionalista e autarchica e la sprezzante polemica contro le «democrazie demo-pluto-occidentali», non sottovaluta l'importanza degli scambi di esperienze tra gli studiosi italiani e quelli degli altri paesi europei.

Bruno Pontecorvo, a ventitré anni, è considerato un ottimo fisico sperimentale; nel gruppo lo chiamano ancora «il cucciolo», ma ormai proprio un cucciolo non può considerarsi e Fermi desidera che si faccia le ossa, che cresca, che impari. Vada per qualche tempo all'estero, dunque, a capir meglio cosa succede.

Bruno Pontecorvo è ebreo, ma nell'Italia fascista del 1936 essere ebreo non è ancora una colpa né un motivo di discriminazione nel lavoro o negli studi. I rapporti tra le comunità ebraiche e le istituzioni fasciste sono buoni; da poco è partito, per l'Africa orientale, un avvocato ebreo romano che va a prendere contatto con i falascia che vivono nella zona tra Gondar e il lago Tana. Negli stessi mesi, Emilio Segrè, ebreo, ha ottenuto la prestigiosa cattedra di fisica teorica a Palermo. E la moglie di Fermi, Laura, non è forse notoriamente di famiglia israelitica? Questo non ha certo diminuito il prestigio di cui lo scienziato gode negli ambienti politici, in quelli dell'Accademia e dell'università.

Discussero a lungo, Fermi e Pontecorvo, per decidere dove, per il giovane studioso, sarebbe stato meglio andare. Il luogo in assoluto più prestigioso era, all'epoca, il Cavendish Laboratory di Cambridge dove, sotto la direzione di Lord Rutherford, si conducevano da tempo le ricerche più importanti nel campo della fisica nucleare. Era la destinazione preferita anche da Pontecorvo ma Fermi, sempre molto attento e prudente, glielo sconsigliò. Dopo la decisione della Società delle Nazioni di imporre le sanzioni economiche contro l'Italia impegnata nella guerra d'Etiopia, l'Inghilterra veniva indicata dalla propaganda fascista come il principale nemico, contro il quale erano state messe in atto misure di ritorsione, di carattere economico e culturale.

Anthony Eden, ministro degli Esteri di Londra, sospettato a ragione di voler imporre contro l'Italia anche l'embargo sul petrolio, veniva dileggiato quotidianamente nei discorsi ufficiali e su tutti i giornali. Al cinema Eden, a Milano, era stato cambiato nome pensando che l'insegna alludesse non al Paradiso Terrestre ma all'uomo politico inglese. Le abitudini, la storia, la cultura inglese venivano ormai messe al bando. Dunque, l'Inghilterra no. Andare in Inghilterra sarebbe apparso quasi come una provocazione.

Per questo Fermi decise che il suo collaboratore sarebbe andato a Parigi, a lavorare e studiare per qualche tempo al Laboratoire de synthèse atomique diretto da Frédéric Joliot-Curie, un laboratorio che si occupava essenzialmente di acceleratori, settore praticamente ancora sconosciuto in Italia.

«In realtà» dice Pontecorvo «il clima politico in Francia era assai meno favorevole al fascismo di quanto non fosse quello inglese, e da questo punto di vista la nostra scelta non era stata abbastanza meditata. Un errore che dimostra quanto poco nel nostro ambiente noi capissimo di politica. Eden aveva finito con il sembrare anche a noi il non plus ultra dell'antifascismo e invece non era così, era soltanto un buon conservatore... Comunque fu sulla base di questa valutazione del tutto sbagliata che io andai a Parigi. Ma questo errore si rivelò alla fine una straordinaria fortuna, perché qui ho incontrato Joliot-Curie che a ragione posso chiamare, dopo Fermi, il mio secondo maestro.»

Bruno Pontecorvo arrivò alla Gare de Lyon nella tarda primavera del 1936, dopo una notte lunghissima, passata in gran parte in piedi, con la fronte appoggiata al finestrino. Era la prima volta che andava all'estero, ma Parigi gli era in qualche modo familiare: dai romanzi di Balzac e Flaubert, dai racconti di Maupassant, dalle storie della Rivoluzione francese e dalle pagine di Anatole France, aveva imparato a conoscerne e amarne le strade, i monumenti, la storia.

Sotto la pensilina della stazione, sotto quel tetto di volute di ghisa, sulla banchina affollata di gente che trascinava le valigie e parlava ad alta voce, si sentì all'improvviso come disperso. Uscito sulla piazza si guardò attorno, attento ad assorbire ogni particolare. Era una giornata serena e l'immagine dei tetti spioventi di ardesia, delle facciate grigie sotto il cielo limpido, le insegne e i manifesti colorati, il traffico assai più intenso di quello di Roma, tutto questo gli diede una sensazione di allegria.

La borsa di studio era assai modesta, né i genitori ritenevano giusto integrarla con un loro assegno, né Bruno forse lo avrebbe accettato. Nelle stesse condizioni di parsimonia vivevano, del resto, la maggioranza degli studenti e dei borsisti stranieri che alloggiavano in certi alberghi fatiscenti tra Boulevard Saint Michel e il Luxembourg, dove la biancheria veniva cambiata, se andava bene, una volta la settimana e dove c'era un solo gabinetto per piano. Alcuni, per risparmiare, prendevano una stanza in due. Ma Bruno ebbe sempre una camera, per quanto piccola e fredda, tutta per sé (fino a quando non verrà ad abitarvi stabilmente Marianne, la giovane svedese che diverrà sua moglie).

Scelse un albergo che si chiamava hôtel des Grands Hommes, un nome altisonante, giustificato solo dalla sua posizione: si affacciava infatti sul Panthèon. Era esattamente come tutti gli altri alberghi di studenti nelle vicinanze: anche qui cambiavano la biancheria una volta la settimana, ma nella stanza c'era un vero lavabo (sia pure senza acqua calda) e, previo adeguato preavviso e pagamento, si poteva usufruire della stanza da bagno.

«Probabilmente la padrona arrotondava le entrate affittando stanze a ore,» racconta Bruno «o per lo meno me ne venne il sospetto quando incontrai, proprio sull'ingresso, Malraux con una ragazza molto vistosa. Al vederlo sono rimasto emozionato: era una vera celebrità, come scrittore e come comunista. Gli ho chiesto, quasi incredulo: "Ma lei è Malraux...". E lui, compiaciuto, si è guardato intorno, mi ha fatto un gesto con la testa, come a dirmi di sì, naturalmente, ma che in quel momento preferiva non essere disturbato.»

La mattina, uscendo dall'albergo, il giovane fisico girava subito a destra e, percorso un tratto della Rue de l'Ulm, arrivava a un grande edificio di mattoni rossastri di Rue Lhemond: lì aveva sede il Laboratorio di fisica. Quasi di fronte al laboratorio, si levava, bianco, squadrato e modernissimo il Collège de France dove Joliot-Curie aveva la cattedra.

Frédéric Joliot, che aveva assunto anche il cognome Curie dopo aver sposato Irène, la figlia di Marie e Pierre Curie, era stato prima avviato agli studi di fisica e poi segnalato a Marie Curie da Paul Langevin, grande scopritore di talenti. Irène, di qualche anno più anziana di Frédéric, e scientificamente più matura, lo conobbe nel laboratorio della madre. I due si piacquero subito nonostante le differenze di carattere e temperamento: irrequieto, comunicativo, un vero e proprio fuoco d'artificio lui e lei riservata, silenziosa, metodica. Li univa la passione per la ricerca e per la natura. Tutti e due amavano le lunghe marce in montagna, il nuoto e lo sci. Frédéric adorava anche la pesca, che Irène invece detestava. Bruno Pontecorvo ricorda che un giorno Irène sfidò il marito davanti a un gruppo di amici: «Ci sono uomini che portano gelosamente con sé la fotografia della moglie. Ebbene, chiedete a Fred di farvi vedere la foto che tiene nel portafoglio». Si scoprì così che il giovane marito conservava non la foto di Irène ma quella di un gigantesco luccio la cui cattura l'aveva riempito di gioia e di orgoglio. (Lo stesso Bruno conserva tra le sue cose più care una fotografia in cui appare quasi abbracciato a una sogliola di tre chili e mezzo, frutto di una pesca subacquea nel mar Nero.)

Quando Pontecorvo arriva a Parigi, i due, lui trentacinque anni e lei trentotto, sono già circondati da un'aureola di celebrità: la loro scoperta sulla radioattività artificiale gli ha meritato il Nobel e il loro laboratorio è uno dei luoghi di ricerca più famosi, a livello mondiale, per la fisica nucleare.

La famiglia Curie era coinvolgente. Frédéric era pieno di entusiasmo, persino fanciullesco alle volte, generoso e disponibile. Per aiutare un suo allievo, che aveva dovuto emigrare dall'Ungheria ormai in mano ai fascisti di Horthy, Frédéric aveva deciso di imparare la lotta giapponese, l'unica cosa che il giovane ungherese potesse insegnare guadagnando così qualche franco.

«Ma, per dargli una mano, il professore avrebbe voluto che tutti noi imparassimo lotta giapponese. Io non trovai proprio il tempo, ma molti suoi collaboratori finirono col dire di sì e così il giovanotto poté campare per qualche tempo di queste lezioni.»

Bruno Pontecorvo frequentava non solo il laboratorio ma anche la casa di Frédéric e Irène. D'inverno andavano insieme a sciare a Courchevel, sulle Alpi, dove Bruno diede qualche lezione di sci alla piccola Hélène. D'estate andava a trovarli ad Arcouest, in Bretagna, dove la nonna Marie si era fatta costruire, con i soldi del Nobel, una grande casa sul mare, e dove convenivano, per le vacanze, almeno tre generazioni di donne, uomini e ragazzi, tutti appassionati di fisica e della natura.

Ma con i Curie era inevitabile parlare anche di politica e questo stupì non poco Pontecorvo, convinto che la regola di Fermi, «io sono un fisico, non mi interesso di politica», costituisse una regola per tutti coloro che volessero occuparsi seriamente di scienza. I Curie invece questa regola non la rispettavano affatto: tutti e due si vantavano di essere di sinistra, partecipavano ai comizi e alle manifestazioni elettorali e Irène addirittura era ministro per la Ricerca scientifica nel governo di Fronte popolare, prima donna ministro nella storia di Francia.

L'incontro con i Joliot-Curie rappresentò per Bruno una straordinaria sorpresa, la presa di contatto con una diversa concezione dell'esistenza, del lavoro, della ricerca. Attorno al Laboratoire e al Collège circolava un'aria estremamente stimolante, più aperta, ricca e libera di quella che si respirava a Pisa e a Roma.

Allora Parigi poteva apparire davvero, a un giovane dotato di curiosità e di passione, il centro del mondo. La città, la gente, il clima politico e sociale lo colpirono come una rivelazione. All'improvviso Pisa, Roma, l'Italia, tutto quello che aveva amato e apprezzato, gli sembrarono terribilmente provinciali. A Roma, ma anche a Pisa, il tono della città era dato dall'ufficialità, dal personale politico e dalle élite culturali che ci vivevano, mentre qui a Parigi il tono era dato dalla gente che ci viveva, come se ne fosse stata padrona.

«Mi colpì molto la generale promiscuità, la presenza di tanta gente di colore, il gran numero di ragazze che frequentavano l'università, il loro atteggiamento così disinvolto. Ma soprattutto mi colpirono gli operai. A Parigi c'erano gli operai, si riconoscevano fisicamente e frequentavano gli stessi locali dove andavamo noi, studenti e intellettuali. Mangiavano al nostro fianco, tranquillamente. A Roma credo di non aver mai visto un operaio. A Pisa ne avevo conosciuti, perché ogni tanto Danilo veniva a casa a discutere con mio padre. Ma certo non avevo mai mangiato alla stessa tavola con loro.»

La scoperta di questa dimensione dell'esistenza fu, per il giovane intellettuale italiano ignaro di politica e di problemi sociali, una vera e propria rivelazione. All'improvviso gli si apriva di fronte un mondo sconosciuto del quale avrebbe voluto sapere e capire di più.

Quando finiva di lavorare all'istituto, scendeva giù per Rue Soufflot, sempre affollata di studenti, professori, artigiani e vecchi signori che sostavano per ore davanti alle bancarelle di libri usati. Alle spalle aveva la mole solenne del Panthèon, davanti, se il cielo era abbastanza chiaro, la punta della Tour Eiffel.

Se era solo si infilava, a caso, in un qualunque bistrot. Cercava un tavolino all'aperto. Alle volte prendeva posto a fianco di un estraneo, qualcuno che continuava lentamente a masticare un sandwich o una omelette in attesa di riprendere il lavoro. Erano studenti e professori ma anche bidelli, disoccupati, operai dell'edilizia con le tute sporche di calce e un berretto a visiera in testa. Questa vicinanza, nei tavoli accostati, nelle verande sui marciapiedi, le voci alte e i bicchieri di vino consumati al banco, e le uova sode, i filoni di pane sottile pieni di formaggio e prosciutto cotto disegnavano i contorni di un mondo popolare, semplice e schietto che non aveva mai conosciuto prima.

Non solo Frédéric Joliot e sua moglie, ma la maggioranza dei professori e degli studenti si proclamavano di sinistra, o addirittura comunisti. A Bruno Pontecorvo che non si era mai occupato di politica in Italia, la politica veniva incontro non come intrigo diplomatico o gioco intellettuale, ma come vigorosa passione, un intreccio di sentimenti e ragione, una risposta da offrire alle esigenze vere di quegli operai o quei disoccupati che stavano lì, seduti vicino a lui, in qualche bistrot del Quartiere latino, davanti al loro bicchiere di vino e al loro uovo sodo.

Fare qualcosa per gli altri: questo era la politica. O così gli apparve a Parigi in quegli anni.

Il paese stava vivendo, in quei mesi, una delle sue più affascinanti avventure. Alle elezioni di maggio aveva vinto il Fronte popolare, una formazione politica nella quale si erano presentati insieme socialisti, radicali e comunisti: aveva ottenuto oltre cinque milioni e mezzo di voti contro poco più dei quattro milioni che erano andati alle destre.

Capo della coalizione, e poi capo del governo, fu Léon Blum, magro, alto, le spalle un po' curve, il baffo triste e gli occhiali tondi da intellettuale, un socialista che aveva studiato Stendhal e Proust più di Marx o di Lenin. Era un uomo elegante, colto, sensibile, un politico prudente, molto amato dalla gente, un moderato, contro il quale si scatenò la violenza, verbale e fisica, dei reazionari francesi.

La vittoria della sinistra venne seguita da agitazioni operaie, occupazioni di fabbriche, scioperi che avevano in realtà un carattere festoso più che minatorio. Simone Weil annotava l'atmosfera di quelle occupazioni, «la gioia di percorrere liberamente i capannoni, di fare crocchio, di mangiare insieme un boccone». Gli operai furono i primi protagonisti di quella fase della battaglia politica e le prime misure adottate dal governo del Fronte risposero alle loro attese: la settimana di 40 ore, le ferie pagate, il prolungamento dell'obbligo scolastico. La borghesia era terrorizzata e scandalizzata: quando mai, prima di allora, si erano visti gli operai andare in vacanza?

Léon Blum era ebreo. Paradossalmente è proprio qui, nella Parigi del Fronte popolare, che Bruno Pontecorvo percepisce, per la prima volta, che essere ebreo può fare qualche differenza. Nella prima seduta della nuova Camera, Blum è stato aggredito da un deputato dell'estrema destra. «Quando penso,» ha gridato «quando penso che questo antico paese gallo-romano sta per essere, per la prima volta, governato da un ebreo...»

Quel discorso ha avuto il valore di un'indicazione. «Ebreo! Ebreo!» gridavano ora in piazza contro il presidente del Consiglio gli uomini della destra, tentando di impedirgli di parlare mentre i giornali umoristici pubblicavano vignette che ne esasperavano i tratti, lo disegnavano con un naso grottescamente aquilino.

La politica aveva dunque anche il suo risvolto feroce. La stessa stampa di destra che metteva alla gogna Léon Blum condusse per mesi una spietata campagna contro il ministro degli Interni, Robert Salengro, accusandolo di aver disertato durante la guerra del '14-18. Non era vero, come dimostrarono, documenti alla mano di fronte al Parlamento, lo stesso Salengro e Blum. Assolto dalla maggioranza dei deputati, ma perseguitato da una campagna di calunnie e diffamazione, Salengro alla fine del 1936 si toglierà la vita.

Questo era dunque la politica: la difesa elementare degli interessi della povera gente, ma anche la violenza di una contrapposizione senza esclusione di colpi. Ed era una battaglia alla quale partecipavano i migliori intellettuali di Francia, scrittori e scienziati, poeti e pittori. Sembrava che una febbre avesse preso il paese. Era impossibile non farsene contagiare.

Avrebbe potuto essere, per Bruno, una febbre passeggera e invece gli entrò nelle ossa e nel sangue, ne modificò il carattere, le amicizie, il destino. Bruno avrebbe potuto essere uno dei tanti antifascisti che sottoscrivevano per i volontari della guerra di Spagna o per la Lega contro l'antisemitismo e che partecipavano di tanto in tanto ad alcune manifestazioni di sinistra se, dopo pochi mesi dal suo arrivo a Parigi, non fosse venuto a cercarlo suo cugino, Emilio Sereni.

Dopo aver scontato cinque dei quindici anni di carcere che gli erano stati inflitti per attività sovversive, Mimmo era riuscito a espatriare con la moglie Xenia e la prima figlia, Lea Ottobrina (chiamata così in onore della rivoluzione socialista d'ottobre, ma l'impiegato dell'anagrafe a Roma aveva trascritto quel nome convinto che si trattasse di un modo di ricordare il 28 ottobre, la rivoluzione fascista). Xenia era una donna piccola e magra, la fronte alta, il mento aguzzo, un amore sconfinato per il marito e una passione politica ereditata dal padre, Leo Silberberg, un socialrivoluzionario russo che era stato impiccato nel 1905.

Nella capitale francese si erano rifugiati, nel corso degli anni, antifascisti di tutti i gruppi politici, da Nenni a Rosselli, da Lussu a Nitti, da Amendola a Saragat. Parigi era già stata, anche negli anni precedenti, luogo di raccolta dei fuorusciti; adesso, grazie anche alla vittoria del Fronte popolare, questo suo carattere di grande centro internazionale dell'antifascismo veniva ancora accentuato. Qui si mettevano a punto le grandi iniziative unitarie, qui si preparava la stampa clandestina, da qui partivano, con i loro documenti falsi e le valigie a doppio fondo, gli attivisti che avrebbero dovuto promuovere in Italia la crescita del movimento di opposizione a Mussolini. I comunisti erano di gran lunga i più attivi, i più combattivi, i più appassionati in quest'opera di organizzazione e di proselitismo.

Emilio Sereni era passato dal sionismo al comunismo con la stessa furibonda determinazione. Dotato di grande cultura (aveva studiato e imparato rapidamente l'ebraico, quando aveva deciso di andare in Palestina) e di grande fascino intellettuale, aveva scelto di dedicare la sua vita al partito, era insomma quello che allora si chiamava un «rivoluzionario professionale».

Aveva giusto trent'anni e Bruno ventitré. Bruno non aveva mai letto un testo marxista, Mimmo aveva già studiato a fondo tutti gli scritti di Lenin che era riuscito a trovare e il primo volume del *Capitale* di Marx, che aveva rielaborato e distribuito ciclostilato tra gli operai di Napoli.

«Mio cugino Emilio mi ha dato per la prima volta delle cose da leggere...» racconta Bruno Pontecorvo. «Delle cose intendo che non fossero libri di fisica o di letteratura. O i giornali quotidiani. Fino a quando ho incontrato Mimmo, tennis e fisica erano stati i miei interessi prevalenti. A Parigi avevo cominciato ad andare a qualche manifestazione, in questo ero stato influenzato anche da Joliot-Curie e dal clima complessivo della città. Ma in testa a tutto comunque restavano la fisica e il tennis. Con Sereni tutto è cambiato. Ho cominciato a vedere cose che prima non vedevo, e soprattutto mi sono convinto che ognuno di noi doveva fare qualcosa per cambiare il mondo... Ho cominciato a guardare con interesse prima e con entusiasmo poi a quello che accadeva in Urss, dove il proletariato era al potere e dove si andava costruendo l'uomo nuovo.»

Mimmo traduce la iniziale e generosa disponibilità di Bruno verso i diseredati in un impegno di vita, gli fa conoscere gli emigrati comunisti, modesti ma entusiasti militanti di base che operano nelle organizzazioni degli immigrati e nel soccorso rosso, gente che è disposta in ogni momento, se il partito lo chiede, a rientrare in Italia per riprendere i contatti con i nuclei clandestini. Partono, questi militanti, con la loro brava valigia a doppio fondo che contiene volantini o una matrice dell'«Unità» da riprodurre in qualche tipografia alle porte di Milano, di Torino o di Roma, ben consapevoli del pericolo dell'arresto e della condanna.

Tra loro sente parlare per la prima volta di Gramsci, il fondatore del partito che morirà in carcere nel 1937, e conosce, con Sereni, altri dirigenti comunisti destinati ad avere un ruolo importante nell'Italia del dopoguerra: Giuseppe Dozza, che sarà nel 1945 il primo sindaco comunista di Bologna; Luigi Longo, che dirigerà la guerra partigiana in Italia; Celeste Negarville, che sarà sottosegretario agli Esteri nel primo governo democratico italiano, dopo la Liberazione.

Dopo le ore di studio e di lavoro interviene a riunioni, incontri, manifestazioni che si svolgono quasi quotidianamente. Con un gruppo di emigrati politici italiani Bruno partecipa, nell'autunno del 1936, a un grande comizio di Maurice Thorez, il capo dei comunisti francesi. Di quella manifestazione ricorda la grande folla entusiasta raccolta attorno allo sventolio delle bandiere rosse, le canzoni, i bambini sulle spalle degli operai con il pugno alzato, le ragazze che arrivavano tutte assieme, allegre, in bicicletta, un fazzoletto rosso al collo. E lo colpì la presenza di tanti intellettuali, confusi tra la folla e che gli venivano indicati a dito: ecco Luis Aragon con Elsa Triolet, ecco Julien Benda e Jean Giono, ecco Roger Martin du Gard e il giovanissimo Paul Nizan, una delle promesse del partito. Ed ecco Thorez sul palco, con la sua faccia rossastra da contadino, grosso, semplice e malvestito ma capace di sollevare, parlando, ondate di entusiasmo.

A luglio, in Spagna, il generale Franco ha dato il via al pronunciamento di un gruppo di generali contro il governo repubblicano spagnolo. I comunisti chiedono che il governo del Fronte popolare si schieri a fianco del governo legittimo, inviando gli aiuti richiesti, in uomini e armi. Ma Léon Blum esita. Maurice Thorez ne critica le incertezze, i dubbi, la prudenza. Come si può lasciare sola la Spagna, non ascoltare il grido disperato d'aiuto lanciato dalla Pasionaria a tutti i democratici d'Europa?

La guerra di Spagna rappresenta, per il giovane fisico italiano, come per tanti intellettuali della sua generazione, il vero punto di svolta, la vicenda nel corso della quale la romantica adesione alla causa dei deboli, dei poveri, degli oppressi si trasforma nella decisione di schierarsi, senza più esitazioni, da una parte.

«Alla guerra civile spagnola dobbiamo la rivelazione di un mondo, la rivelazione "del" mondo, diciamo del mondo umano... La prima rivelazione ci venne dal fatto che García Lorca era stato fucilato dai franchisti, che Dos Passos, Hemingway e Chaplin stavano dalla parte della Repubblica...» così annotava Sciascia, segnalando il primo corposo passaggio di intellettuali italiani all'antifascismo.

«Qui ho cominciato a capire nella pratica cosa era il fascismo e cosa era il socialismo» dice Pontecorvo «o almeno ho creduto di capirlo. La Spagna, la guerra di Spagna ha deciso per me da che parte stare, per tutta la vita.»

Sereni lo aiuta a capire. Anche tra coloro che si dicono a sinistra, anche tra i socialisti, ci sono coloro che esitano, che possono tradire. Mussolini e Hitler stanno mandando rifornimenti e volontari in Spagna, perché dunque Léon Blum si è schierato per il «non intervento»? Le accuse che gli rivolgono i comunisti Thorez e Duclos, e la maggior parte degli intellettuali francesi, da Bernanos a Picasso, sono più che giustificate.

Parigi è il grande crocevia, di chi parte e di chi ritorna dalla Spagna. A Parigi si organizza il reclutamento, sfidando il divieto del governo, si raccoglie danaro per le armi e per i combattenti, si organizzano comizi di solidarietà. Bruno si butta di slancio, con passione e generosità in questa azione politica. Ha pochissimo tempo per sé, la mattina sta al laboratorio, il pomeriggio lo passa da una riunione all'altra, dall'uno all'altro comitato.

Dopo avere scoperto da solo, a Parigi, il fascino della democrazia, scopre adesso, con i comunisti, i limiti della stessa democrazia. Il governo del Fronte popolare è pur sempre un governo che non ha il coraggio di schierarsi contro Franco e contro le quattrocento famiglie che detengono la maggior parte della ricchezza del paese, contro i grandi finanzieri e gli speculatori. Per questo il governo del socialista Blum dà il via alla svalutazione e rifiuta di imporre, come avevano proposto i comunisti, una tassa progressiva sul patrimonio: insomma, alle strette, è sempre la povera gente che paga. Democrazia sì, ma gli interessi di classe vanno salvaguardati...

Bruno apprende la lezione. Che senso ha la libertà di voto se la gente muore di fame? Che senso ha la libertà di stampa per coloro che non hanno il danaro necessario per pubblicare un giornale?

Ogni giorno di più egli si sente vicino agli sfruttati e lontano dagli amici cui pure lo lega una comunanza di lavoro: da Sergio De Benedetti che, originario di Padova, lavorava adesso all'Istituto del radio, a Salvador Luria che, arrivato anch'egli dall'Italia dopo la promulgazione delle leggi razziali, portava avanti le sue ricerche sui virus all'Istituto Pasteur. Li vede, certo, li incontra, ci discute. Ma i suoi veri amici ormai sono i comunisti. Ogni minuto libero va impegnato in un'attività che sia utile al partito, ai lavoratori, al socialismo. Bruno non ha ambizioni politiche, fa quello che può, o ciò che gli viene richiesto, con modestia, con dedizione, con semplicità.

« Me lo ricordo, durante alcune manifestazioni, reggere la grande bandiera rossa, dentro la quale i presenti buttavano i pochi franchi che avevano in tasca, magari rinunciando alla cena, pur di sostenere i reduci della guerra di Spagna » racconta Tullia Calabi (poi sposata a Bruno Zevi), anche lei emigrata in quegli anni a Parigi.

La storia della guerra di Spagna, quella dei fronti popolari e dell'antifascismo all'estero, non è quel trionfo della fraternità e dell'unità antifascista che viene conservato nella memoria e nei racconti dei superstiti, anche di Bruno Pontecorvo. O, per lo meno, non fu soltanto questo, fu anche una storia di scontri, di lotte intestine, di reciproche accuse, calunnie e colpi feroci assestati e sofferti. Il tutto reso più drammatico dai cedimenti delle diplomazie dei paesi occidentali alle pretese di Hitler, mentre sull'altro versante Stalin liquidava con implacabile ferocia i suoi oppositori. E, sullo sfondo, si addensavano i pericoli dello scoppio di una nuova guerra mondiale.

L'emozione e la partecipazione alle vicende della guerra civile spagnola fecero premio su tutto, appannavano e rendevano lontane, quasi trascurabili, le tragedie che si andavano svolgendo, negli stessi anni, in Urss. A Mosca alla fine dell'agosto del 1936 venivano processati e condannati a morte Zinovev, Kamenev e altri dirigenti del partito bolscevico, tutti accusati di collusioni con Trockij, tutti rei confessi. L'anno dopo fu la volta di Radek e Bucharin e infine dei militari, Tuchacevskj e Jakir.

Si resta turbati oggi per la scarsa eco che questa tragedia ebbe nella coscienza di tanti antifascisti e ancor più per il consenso che raccolse tra i militanti comunisti. È fin troppo facile trovarne una spiegazione nel legame di ferro e di fede con l'Urss, un legame che trasformava ogni partito nel reparto di un grande esercito che, a Mosca, aveva il suo stato maggiore. E dopotutto era vero che l'Urss era il solo paese che aiutava davvero la Repubblica spagnola a resistere, e tutto il resto, i processi e le condanne e la liquidazione del movimento anarchico in Catalogna passavano inevitabilmente in secondo piano.

«Il proletariato che ha vinto è sempre meno forte della borghesia che è stata abbattuta... Con questa affermazione di Lenin riuscivamo a giustificare i processi e le condanne. Il paese del socialismo era un paese accerchiato e doveva difendersi anche dai nemici interni. La sua sconfitta sarebbe stata la vittoria di Hitler e di Mussolini, la sconfitta del proletariato di tutto il mondo...»

Queste le spiegazioni che, ripetute in mille modi diversi, convinsero facilmente Bruno Pontecorvo e milioni di altri.

«E, del resto, perché non avremmo dovuto credere alle confessioni? Ci avevano creduto molti osservatori stranieri, ci aveva creduto l'ambasciatore americano che aveva assistito ai processi. Nessuno allora poteva pensare che gli imputati fossero stati sottoposti a tortura o strumenti di pressione psicologica che non si potevano nemmeno immaginare.»

Attorno a questi processi si va elaborando più o meno coscientemente, tra i comunisti, la tesi della necessità del Terrore giacobino come passaggio inevitabile per salvare la patria del socialismo.

Bruno Pontecorvo usa oggi queste parole con imbarazzo e un fuggevole lampo negli occhi, che può essere inquieta autocritica. Ma non ce ne sono altre per spiegare quanto è successo.

« E alla fine, » conclude « venimmo sconfitti in Spagna. Ero molto legato a Francesco Scotti, un uomo affascinante, semplice e coraggioso, ma anche divertente, allegro. Era arrivato a Parigi come studente di medicina. Poi era partito per la Spagna, come commissario delle Brigate garibaldine. Tornò agli inizi del 1939 con il grado di generale, coperto di stracci e divorato dalla scabbia. »

V
LA DIASPORA

«Anche allora siamo stati sconfitti...»

Bruno Pontecorvo si abbraccia le ginocchia con le mani strettamente intrecciate per controllare il tremito che sta arrivando, e mi guarda. Siamo a casa della sorella Laura, a Borgo Pio, a poche decine di metri da San Pietro. È una casa con mobili vecchi, divani di velluto consumato, librerie con gli sportelli di vetro, come usava una volta nelle case dei professori, fino a quando anche questi non hanno deciso di arredare le proprie case secondo la moda. Da una finestra si vedono i torrioni di Castel Sant'Angelo.

«Anche allora siamo stati sconfitti...» Così Bruno ricorda gli anni dell'amarezza che fecero seguito alla sconfitta del Fronte popolare della Repubblica spagnola. Fu amaro veder ritornare i volontari di Spagna coperti di stracci di ferite e di scabbia, vedere il generale Franco che si insediava a Madrid da vincitore. Fu amaro vedere sconfitte le speranze sollevate dalla vittoria del Fronte popolare, vedere Léon Blum uscire di scena e passare la mano a Daladier. Fu amaro vedere Hitler annettersi, senza colpo ferire, l'Austria e poi i Sudeti.

Ma l'ultima parola forse non è stata ancora detta, l'ultimo atto non è stato ancora giocato, c'è ancora qualcosa che deve accadere, che certamente accadrà.

Torneremo in Spagna, si raccontano nelle loro lunghe serate i reduci, riporteremo le nostre bandiere a Barcellona, Bilbao, Guadalajara. I combattenti sperano sempre che ci sia un'altra puntata della storia, un'altra battaglia da combattere e vincere.

La sconfitta inasprisce gli animi, alimenta il desiderio della rivincita, sposta in avanti il traguardo e le speranze, scoraggia molti, ma rende più rigide le convinzioni di altri. Per adesso, in questo infausto 1938, la sinistra perde tutte le sue battaglie, in Francia come in Spagna come nel resto d'Europa. Alla fine dell'anno Hitler pretende di annettersi una regione della Cecoslovacchia, i Sudeti. Per un momento si spera che le democrazie occidentali si oppongano, che fermino l'arroganza nazista. E invece no. Daladier e Chamberlain corrono a Monaco, per concordare la spartizione della Cecoslovacchia. Hitler e Mussolini, così come Daladier e Chamberlain, vengono salutati al loro ritorno dagli applausi di quanti pensano che in questo modo sia stata salvata la pace. È un'illusione, Hitler è riuscito a prendere tempo. Lo scoppio della guerra è solo rinviato.

In quel periodo, Bruno intensifica le sue ricerche all'Institut du Radium e al Collège. Aveva pensato anche di concorrere per un incarico di assistente di fisica sperimentale in Italia. Aveva fatto la sua brava domanda al ministero allegando curricula e certificati, poi ci aveva rinunciato.

«Lavoravo» racconta «quasi da solo, a ricerche di isomeria nucleare. Disponevo, certo, dei consigli di Joliot, ma per la prima volta mi muovevo sulla base di alcune mie idee teoriche. Per le ricerche sull'isomeria ho vinto il premio Curie-Carnegie. Poi ho tentato di cercare e in effetti ho trovato nel radio e in altri casi dei nuclei radioattivi di tipo nuovo, nel senso che essi decadono emettendo una linea monocromatica di elettroni, anziché il solito spettro continuo beta.»

Pontecorvo si muove ormai in modo autonomo e spera di poter presto sottoporre a Fermi i risultati delle sue ricerche. Nell'ottobre del 1938 partecipa a Copenaghen a una conferenza di scienziati nucleari alla quale è presente anche Gian Carlo Wick, da qualche mese trasferitosi lì grazie a una borsa di studio.

«Non vedevo Bruno da oltre un anno» racconta Wick. «Egli arrivò accompagnato da una ragazza svedese molto graziosa.

Questa volta, contrariamente a quello che accadeva a Roma, discutemmo a lungo di politica e fui stupito del suo cambiamento. Adesso appariva molto appassionato alle vicende internazionali. Naturalmente parlammo anche dell'accordo di Monaco, che era stato appena firmato. Io ero convinto che l'accordo fosse un errore, un pessimo affare per le democrazie occidentali, un segno spaventoso di debolezza della Francia e dell'Inghilterra, che davano in pasto i Sudeti a Hitler e non avrebbero nonostante ciò evitato la guerra. Fin qui eravamo d'accordo, ma egli aggiunse, con una certa durezza, qualcosa che mi colpì: "La prossima volta l'Urss farà quello che è più utile o comodo a lei. E nessuno potrà criticarla". L'anno dopo, in occasione del patto russo-tedesco, mi ricordai di queste parole di Bruno. E devo riconoscere che non aveva tutti i torti. Ci salutammo con calore, lui tornava a Parigi, io andavo a Stoccolma con Bohr. C'era in giro un'aria molto pesante. Tutti sentivamo che la guerra era vicina.»

La giovane donna che aveva accompagnato Bruno a Copenaghen era Marianne Nordblom, arrivata dalla Svezia a Parigi per studiare lingua e letteratura francese. I due si erano conosciuti a Montparnasse, in un dancing che si chiamava la Bohème. Bruno fu colpito dalla sua grazia esile, dalla sua dolcezza e dai suoi lunghi, attenti silenzi. Gli sembrò molto bisognosa di protezione, quasi una bambina. Si convinse di poter trasferire su di lei una parte della sua vitalità, di poterle dare, con il tempo, forza e sicurezza. Il loro primo figlio, Gil, nacque a Parigi nel luglio del 1938: Bruno aveva venticinque anni e lei qualcuno di meno. I tempi erano incerti, non c'era né tempo né voglia né danaro per organizzare una tranquilla vita domestica e quindi Bruno e Marianne continuarono a vivere nell'hôtel des Grands Hommes con il bambino.

Abbiamo una affettuosa descrizione dei due in una lettera che Ermelinda Pontecorvo, una delle tante zie di Bruno, manda ai parenti emigrati in Palestina.

«...Edward mi ha dato ottime notizie di tutti i nostri. Mi ha dato anche ottime notizie di Bruno e mi ha detto che la moglie è bionda come l'oro, bianca come il latte (i paragoni sono miei perché egli adoperò solo i superlativi) e che fa un bellissimo contrasto con il nerume di lui. Aggiunse che è carina, simpatica, colta, di ottima famiglia... e chi più ne ha, più ne metta.»

In Italia erano già state promulgate nell'autunno del 1938 le leggi razziali. A luglio il cosiddetto «Manifesto degli scienziati» pretendeva di dare una base scientifica all'antisemitismo, pochi mesi dopo venivano adottate le prime misure di discriminazione: via gli ebrei dalle scuole, dalle professioni, dagli uffici. Vietati i matrimoni misti. Vietato agli ebrei possedere aziende con più di cento dipendenti. Vietato possedere più di cinquanta ettari di terra. Quel Buffarini Guidi che all'incirca vent'anni prima aveva sfidato a duello l'industriale Massimo Pontecorvo, quando questi si era rifiutato di dargli i nomi degli operai che avevano organizzato lo sciopero, ricopriva adesso la carica di ministro degli Interni. Fu suo il primo telegramma inviato a tutti i prefetti del regno con il quale si ricordava che «l'appartenenza alla razza italiana era requisito essenziale e inderogabile per poter ricoprire cariche pubbliche».

Gli ebrei – erano poco più di cinquantamila – apparvero increduli, disorientati e smarriti. Quelli che erano in condizione di farlo si prepararono a partire o, almeno, a far partire i figli. Tra questi ci furono i Pontecorvo. I tre maschi più grandi erano già all'estero: Guido il biologo a Edimburgo, Paolo l'ingegnere in America, Bruno il fisico a Parigi. Giuliana, sposata con Duccio Tabet, si accingeva a partire per la Svizzera. Erano ancora a Pisa le due ragazze, Anna e Laura e i due maschi più piccoli, Gillo di diciotto e Giovanni di dodici anni.

Massimo Pontecorvo aveva già ceduto qualche anno prima l'azienda al conte Marzotto – un industriale veneto che si avviava a conquistare una posizione di quasi monopolio nel settore tessile – e quando tutti i ragazzi si fossero sistemati si proponeva di trasferirsi a Milano dove la mamma avrebbe potuto ritrovare se non le abitudini almeno le amiche della giovinezza.

Mademoiselle Gaveron viveva ancora con i Pontecorvo, sebbene le nuove disposizioni vietassero alle famiglie ebree di avere degli ariani tra il personale dipendente. Tra qualche tempo, scoppiata la guerra, la signorina Gaveron li lascerà e dovranno andarsene anche la cuoca e la cameriera.

Guido da Edimburgo, Polì dall'America e Bruno da Parigi sollecitano i genitori a organizzare al più presto le partenze dei fratelli più giovani. Nelle grandi capitali europee si ha una visione più precisa e drammatica della situazione, mentre gli italiani sperano sempre che le cose si risolvano per il meglio.

Laura, Anna e Giovanni raggiungono quindi l'Inghilterra nei primi mesi del 1939. Giovanni, il più piccolo, sembra il più turbato al momento del distacco. Laura e Anna vivono questo loro primo viaggio all'estero come un'avventura. Laura, che ha diciassette anni, si trasferisce a Birmingham, presso una famiglia le cui due figlie avevano studiato italiano. «Andai lì come ospite» racconta «ma impegnandomi a parlare italiano con le due ragazze. Io venni iscritta alla Birmingham High School for Girls, la stessa scuola frequentata dalle figlie dei miei ospiti. La mia prima reazione fu di sorpresa. Nel liceo di Pisa si studiava insieme, uomini e donne. Quella invece era una scuola per sole ragazze e vestivamo tutte in divisa con la gonna con la pettorina, la camicetta bianca, e le calze lunghe di cotone. Ridevo, ogni tanto, pensando a cosa avrebbero detto i miei compagni di Pisa vedendomi conciata così.» Anche Anna e Giovanni vengono ospitati da famiglie di Londra, che ne garantiscono gli studi. Crescono come inglesi, sono del tutto assimilati e oggi parlano con qualche difficoltà l'italiano.

La diaspora divide e ricongiunge.

«Avevo diciotto anni e non mi piacevano gli studi regolari anche se, prima delle leggi razziali, mi ero iscritto alla facoltà di chimica, più che altro per fare un piacere ai miei genitori» racconta Gillo. «L'unica cosa che sapevo fare abbastanza bene era giocare a tennis, grazie anche all'insegnamento di Bruno, e nell'ultimo torneo giocato in Italia avevo avuto la soddisfazione di battere in finale Cuccelli che era allora campione d'Italia. Quell'anno – era l'estate del 1938 se non sbaglio – ero stato in Costa Azzurra per i tornei di Nizza, Cannes e Montecarlo. Poi mi ero fermato lì dando lezioni private, e tra i miei allievi avevo avuto anche, per un paio di settimane, re Gustavo di Svezia. Insomma mi ero guadagnato un po' di soldi e, finita la stagione, anziché tornare subito in Italia mi fermai a Parigi.»

Quando Gillo arriva a Parigi desidera solo protrarre la sua vacanza e, forse, studiare per qualche tempo musica. Non ha nessuna intenzione di lasciare definitivamente l'Italia dove, è convinto, non ci saranno problemi gravi per gli ebrei. E invece, anche per Gillo questo soggiorno parigino sarà decisivo per la sua formazione politica e le sue scelte personali.

«Fu in quel periodo che cominciai a divorare cinema. Andavamo tutti insieme e tutte le sere in un piccolo locale del Quartiere latino e poi, di notte, continuavamo a passeggiare e a discutere in modo furibondo. Si discuteva di tutto: di musica, di cinema, anche di politica. Bruno, che nel frattempo aveva sposato una bellissima ragazza svedese, mi aveva dato subito da leggere un libro intitolato *Le precis du marxisme* di René Vallon. Scherzando, dicevo che era una specie di vademecum, che avrebbe potuto utilmente essere intitolato "Tutti marxisti in quindici giorni". Io comunque lo diventai, o credo di esserlo diventato. Bruno, che era stato il mio maestro in tante cose, lo fu anche in questo. Ricordo ancora quel periodo, con entusiasmo, la prima volta che ho sentito suonare l'*Internazionale* con le bandiere rosse al vento, i saluti con il pugno chiuso, una specie di ubriacatura sentimentale e politica. Bruno di tutti noi era il più entusiasta. Tutto era molto bello.»

«È vero» conferma Tullia Calabi. «Bruno portava nelle sue convinzioni politiche un fervore autentico, quasi religioso. Io non lo capivo: non ero allora e non sono mai stata comunista, non ho mai subito il fascino dell'Urss al quale pure erano sensibili tanti intellettuali dell'epoca, anche tra i più grandi... Gli facevo delle obiezioni, discutevamo insieme. Soprattutto della Russia, di Stalin, dei processi, di Trockij. Molte cose ormai si sapevano. Ma lui non si spostava di un millimetro dai suoi convincimenti. Tuttavia, pure in questa fede cieca nel comunismo e nell'Urss, egli portava qualcosa di lieto, di giocoso, un dato estremamente raro nei comunisti, specie allora. Non era mai fazioso e non ha mai tentato, come dire?, di convertirmi. Era uno che rispettava le idee degli altri, anche quando non le condivideva. E questo tra i comunisti era rarissimo. E credo che non mi abbia mai considerata una nemica. In quei tempi, i comunisti ti consideravano un nemico solo perché non eri dei loro... E in quel caso potevano essere molto duri, molto sprezzanti, molto nemici. Bruno no.»

Al di là della solidarietà e del comune impegno antifascista, infatti, polemiche violente tra comunisti ed esponenti di altri gruppi politici erano all'ordine del giorno a Parigi ma della stessa durezza i comunisti davano prova nelle loro controversie interne. Chi fosse sospettato, ad esempio, di avere qualche simpatia trotzkista, o chi avesse frequentato simpatizzanti di Trockij, o chi avesse parenti sospettati di simpatie trotzkiste, veniva immediatamente messo sotto accusa e, se le sue spiegazioni non erano convincenti, messo al bando per sempre.

Lo stesso Emilio Sereni, pur noto per il suo rigore morale e politico, a un certo punto venne considerato non del tutto sicuro dal suo partito e sottoposto a duri interrogatori a causa dei suoi complessi legami familiari. La moglie aveva la colpa di essere figlia di un socialrivoluzionario esponente di un gruppo politico contro il quale i bolscevichi avevano condotto una lotta spietata. Ma non basta: il cugino di Sereni, Eugenio Colorni, socialista, aveva sposato Ursula Hirschmann, sorella di un socialdemocratico tedesco che negli ambienti comunisti veniva definito «una canaglia trotzkista». Come fidarsi dunque del tutto di Sereni?

È difficile sapere quanto di questi contrasti, polemiche e sospetti trasparisse all'esterno. Bruno Pontecorvo non ha mai fatto parte della ristretta cerchia dei militanti e dirigenti ammessa alla conoscenza delle cose più segrete: tuttavia non è credibile che di tutto questo egli non abbia saputo mai nulla.

È possibile piuttosto che egli abbia vissuto anche queste vicende come un altro segno della durezza della lotta in corso tra fascismo e antifascismo, tra borghesia e proletariato, tra socialismo e capitalismo. È possibile che egli abbia accettato e condiviso, con serenità, le spiegazioni che a questo proposito fornivano i comunisti più disciplinati e orientati: non spettava ai singoli, ma al partito che, solo, ne aveva gli strumenti, decidere dov'era il bene e dove il male, dove il giusto e dove l'errore.

Ai singoli comunisti non spettava che seguire le direttive, applicarle disciplinatamente, anche quando non ne avessero inteso tutto il senso, anche, e soprattutto, quando avessero avuto riserve su alcune decisioni. Proprio nell'azione concreta, nella prassi, si sarebbe verificata la validità della direttiva, si sarebbero superate incertezze e dubbi. E, del resto, chi esprimeva questi dubbi? Solo alcuni intellettuali di origine piccolo-borghese impastati della cultura del passato. Ma un buon comunista, insegnavano i dirigenti, proprio di questo doveva essere capace: di liberarsi dalla sua residua mentalità di classe e di assumere come propri i convincimenti e le esigenze della classe operaia, convincimenti ed esigenze che, come aveva insegnato Lenin, venivano compiutamente espressi ed elaborati organicamente dal partito.

Questa Chiesa, laica e spietata, chiede a tutti, dirigenti e gregari, sacerdoti e semplici fedeli, di rinunciare alle proprie ambizioni, ai propri dubbi, ai propri sogni, alle proprie debolezze: il nemico non consente cedimenti e per batterlo è necessario il massimo di unità. Il partito è lo strumento d'acciaio forgiato per sconfiggere il nemico. L'acciaio è il simbolo della forza del partito. Stalin ha scritto e proclamato che i comunisti sono uomini fatti di una tempra speciale. E Stalin non significa forse proprio acciaio?

Bruno non si contrappose mai, per quanto sappiamo, alle scelte del partito, ma chi lo avesse tentato sarebbe comunque rimasto sconfitto.

Ci provò Aldo Natoli, che era stato compagno di tennis di Bruno Pontecorvo ed Enrico Fermi a Roma. Dopo essersi laureato brillantemente in medicina, Aldo Natoli aveva ottenuto una borsa di studio per l'Istituto sul cancro di Parigi dove avrebbe dovuto continuare le sue ricerche sulla leucemia. Quando arrivò a Parigi, aveva venticinque anni e i suoi interessi oscillavano tra la ricerca scientifica e la politica. Alla fine sarà questa a prendere il sopravvento.

«Ricordo il periodo parigino con grande nostalgia,» racconta Natoli «non tanto per gli studi, che erano molto importanti, quanto piuttosto per i rapporti con militanti e dirigenti del Partito comunista. Alcuni erano uomini davvero fuori del comune. Con Bruno Pontecorvo, che avevo già conosciuto a Roma, con Luria, con De Benedetti, con Tullia Calabi, con Bruno Corbi, andavamo spesso a mangiare insieme in Rue de Brésil, una traversa di Rue Soufflot, a pochi passi dal Panthèon e dal Luxembourg. Tutta la nostra vita si svolgeva lì, nel quartiere dove c'erano l'università, la scuola di medicina, i nostri piccoli alberghi, i nostri bistrot, e dove ci raggiungevano i dirigenti comunisti che abitavano altrove, ma di cui noi non conoscevamo l'indirizzo...»

Aldo Natoli e Bruno Corbi erano, tra questi giovani intellettuali comunisti, i più animati da spirito critico nei confronti dell'Urss; tuttavia anch'essi dovettero piegarsi alle esigenze dell'unità e del centralismo democratico.

«Per una notte intera discutemmo con Berti, che era allora la massima autorità del partito italiano a Parigi, con Negarville e con Grieco. Noi esponemmo per ore, con calore, tutti i nostri dubbi sui processi di Mosca, sulle confessioni di quei dirigenti e sulla loro messa a morte. Avevamo letto il *Breve corso di storia del Pcb*, un testo che allora era considerato decisivo per la formazione di un comunista, ma non riuscivamo ad accettarlo. Era, secondo noi, un testo grossolano, dogmatico, che riduceva tutta la storia dei comunisti russi a una serie di intrighi e di provocazioni. E che dire della parte cosiddetta teorica, il famoso quarto capitolo dedicato al materialismo storico e dialettico? Un banale catechismo. Dicemmo tutte queste cose molto semplicemente, ma ci rendemmo conto, mentre parlavamo, di star dicendo delle vere e proprie eresie.

«Discutemmo per una notte intera. Fu una notte terribile.

Capii allora che non avevo alternativa: se volevo fare qualcosa nel partito, se volevo fare qualcosa contro il fascismo dovevo tacere. Ma anche questo non era sufficiente. Dovevo dimenticare e rimuovere tutti i miei dubbi. Questa era la condizione per stare nel partito. E questo partito era l'unico che combatteva seriamente in modo conseguente contro il fascismo. Le discussioni, pensai, avremmo potuto affrontarle dopo. C'era già stato il XVIII congresso del Pcb, il congresso che aveva registrato i grandi successi dell'Urss in campo economico. Ma io ricordavo soprattutto una dichiarazione di Stalin che diceva qualcosa come "la seconda guerra mondiale è cominciata". L'alternativa dopotutto era questa: o combattere contro il fascismo stando dentro il partito o restare fuori del partito e rinunciare alla lotta. Bruno Corbi e io scegliemmo di rimanere, di cancellare i nostri dubbi, di accettare tutto: i processi di Mosca, la banalità del catechismo. Tornai a Roma in agosto, e alla fine del mese quando il nostro gruppo fu investito dal dibattito, furibondo, sul patto russo-tedesco, io mi schierai decisamente dalla parte dell'Urss.

«Il processo di rimozione funziona così: prima neghi i tuoi dubbi, le tue incertezze, le tue critiche perché c'è l'accerchiamento o il pericolo del tradimento, poi quando sei messo di fronte alle obiezioni dell'avversario o del compagno incerto neghi la realtà, i dubbi che erano i tuoi e difendi posizioni che poco prima ti sembravano indifendibili. Il meccanismo ti ha preso e ti muovi secondo un'altra logica. Comunque per me la discussione finì rapidamente perché venni arrestato...»

Mentre Aldo Natoli sta ormai scegliendo, definitivamente, l'impegno politico come scelta di vita (non tornerà mai più alle sue ricerche sulla leucemia), Salvador Luria continua, ma senza grande successo, i suoi esperimenti sui batteri e i batteriofagi (non immagina che avrà molti anni più tardi per questo un premio Nobel) e Bruno Pontecorvo, in stretto contatto con A. Lazard, riesce finalmente a produrre isomeri betastabili.

«Ci riuscimmo» racconta «irradiando i nuclei stabili con uno spettro continuo di raggi X di alta energia. A Joliot piacque molto questo effetto al quale diede il nome di fosforescenza nucleare. Io mandai il lavoro sulla fosforescenza a Fermi. E lui, che non era certo un tipo da sperticarsi in lodi, mi rispose subito congratulandosi con me per l'ottimo risultato della ricerca. Credo di avere ancora, ma non so dove, quella lettera. La cosa mi fece un piacere enorme perché io ero convinto che Fermi, che a Roma mi chiamava spesso il gran campione, mi stimasse solo come giocatore di tennis...»

Il 23 agosto del 1939 a Mosca venne firmato il patto di non aggressione russo-tedesco. I due firmatari erano von Ribbentrop da una parte e Molotov dall'altra. L'annuncio colse l'opinione pubblica di sorpresa. I comunisti che avevano fatto dell'antifascismo e dell'antinazismo la loro bussola, ricevettero la notizia come un imprevedibile, dolorosissimo colpo allo stomaco. L'unica spiegazione possibile, decorosa, accettabile era quella che faceva riferimento al realismo politico, alla necessità per l'Urss di prendere tempo e di mettersi al riparo dalla inevitabile, prevedibile aggressione nazista.

Bruno lo aveva quasi preannunciato al suo amico Gian Carlo Wick, l'anno prima, commentando insieme l'accordo di Monaco che consegnava i Sudeti a Hitler. «La prossima volta» aveva detto «l'Urss farà quello che sarà più utile o comodo a lei, e nessuno potrà criticarla.»

La decisione di Stalin non era inspiegabile sul piano diplomatico. Le proposte sovietiche di un patto di mutua assistenza alla Gran Bretagna e alla Francia erano state nel corso dei mesi precedenti eluse e deluse. Le potenze occidentali non sembravano affatto ansiose di concludere l'accordo, mandavano a Mosca delegazioni di secondo grado e del tutto prive di poteri. L'Urss, convinta non a torto di poter essere il primo obiettivo dell'aggressione hitleriana e di doverla reggere da sola senza una sufficiente preparazione e senza un adeguato sistema di alleanze, preferì prendere tempo e stipulare un accordo con Hitler.

«Mi sedetti per terra a ringhiare come un orso braccato. Ero del tutto sciuoccata, gemevo e supplicavo: di' che non è vero» racconta Peggy Dennis, moglie del segretario dei comunisti americani. A Parigi lo scrittore Paul Nizan e un terzo dei deputati comunisti francesi diedero le dimissioni. Paul Langevin, Frédéric e Irène Joliot-Curie firmarono un manifesto contro la «doppiezza» nelle relazioni internazionali.

Un dibattito aspro squassò anche gli ambienti dell'emigrazione antifascista: i socialisti, gli uomini di Giustizia e Libertà, i repubblicani troncarono i rapporti con i comunisti. Leo Valiani si ritirò dal partito ma non rese pubblica la decisione perché non volle godere dei privilegi che le autorità francesi concedevano a chi abiurava. Qualche dubbio venne espresso a Parigi da Giuseppe Di Vittorio (o almeno così si mormorava negli ambienti degli emigrati), Umberto Terracini e Camilla Ravera, al confino, si pronunciarono contro il patto e per questo vennero espulsi dal partito.

Nelle riunioni di base, dove c'erano insieme operai e intellettuali, si manifestava una spaccatura netta: gli operai sembravano capire e accettare meglio le ragioni del realismo politico e della ragion di Stato, gli intellettuali restavano abbarbicati, dolorosamente, alle loro scelte ideali.

Ancora una volta è nel dibattito con Sereni che Bruno rafforza i suoi convincimenti. Anche nei momenti di incertezza, di fronte a scelte che possono apparire incomprensibili, gli spiega il cugino, bisogna affidarsi al partito. Un solo dubbio può incrinare il fronte di combattimento, che deve essere sempre più unito e compatto. Per Bruno tutto è chiaro. Anzi, giudica il patto come un gesto di grande lungimiranza politica.

«No, non ho avuto nessun dubbio. Attorno a me qualcuno, lo stesso Joliot, ebbe qualcosa che assomigliava da vicino a una vera e propria crisi di coscienza. Ti confesso che non lo capivo e non lo giustificavo. E cos'altro avrebbe dovuto fare l'Urss dal momento che Francia e Inghilterra avevano lasciato liquidare la Repubblica spagnola, avevano consentito alla Germania di annettersi un pezzo di Cecoslovacchia e si apprestavano adesso a dare il disco verde a Hitler perché aggredisse l'Urss? Il paese del socialismo aveva bisogno di tempo per resistere all'aggressione e vincere. Il patto era una mossa tattica, molto accorta. Questo pensavo allora. Senza quel patto la Germania sarebbe entrata subito in Urss e oggi forse tutta l'Europa, dall'Urss all'Italia alla Francia sarebbe sotto il nazismo... All'epoca, del resto, nessuno sapeva nulla dei cosiddetti protocolli segreti e della concordata spartizione della Polonia.

« Ricordo però di aver letto in quei giorni sulla stampa francese e a proposito del patto, un discorso di Molotov che giudicai per lo meno eccessivo. Non ricordo le parole precise, ma dissi: "Molotov sta dicendo qualcosa di più di quello che sarebbe opportuno". Ma, sulla sostanza del patto, ero d'accordo. E mi sembrò giusto esprimere con un atto politico, con un gesto personale, questo mio stato d'animo. Nel momento in cui alcuni entravano in crisi, nel momento in cui i comunisti erano così isolati, calunniati, insultati, ebbene io scelsi proprio quel momento per aderire al partito. Al partito italiano, intendo. Naturalmente allora non c'erano tessere e cose di questo genere, ma io lo feci. Lo dissi a Luigi Longo, che conoscevo da tempo e che mi stava descrivendo con preoccupazione la situazione che ci attendeva. Ormai la guerra era questione di giorni, i dirigenti del partito e i singoli militanti sarebbero stati in difficoltà. E così, proprio per questo, mi sono iscritto. Due giorni dopo infatti Luigi Longo venne arrestato: ti rendi conto dell'enormità della situazione? Scoppiava la guerra e i comunisti, quelli che erano stati contro il fascismo in modo più serio e coerente, proprio loro venivano mandati nei campi... »

Se dunque la sua memoria non lo tradisce, egli deve avere parlato con Longo il 29 o il 30 agosto, poiché nella notte tra il 31 agosto e il 1° settembre Luigi Longo, benché perfettamente legale in Francia, venne arrestato, rinchiuso per quasi un mese alla Santé e poi avviato al campo del Vernet riservato ai repubblicani spagnoli e agli stranieri « sospetti ».

Nella notte tra l'1 e il 2 settembre le truppe tedesche entravano in Polonia. In pochi giorni arrivavano a Varsavia. La Seconda guerra dunque era cominciata.

L'Urss, potenza neutrale, si spartì la Polonia con la Germania e poi, di fronte al rifiuto finlandese di concessioni territoriali, invase la piccola repubblica confinante. Fu un altro shock per una parte dell'antifascismo europeo. Ma Bruno Pontecorvo, anche di fronte alla guerra di Finlandia, non modificò i suoi convincimenti.

«Ti ho già detto che avevo giudicato in modo positivo il Patto Molotov-Ribbentrop. La guerra di Finlandia mi confermava nell'idea che l'Urss cercava di prepararsi al conflitto garantendosi una posizione più sicura alle porte di Leningrado. Sai, a un certo punto, tutti i ragionamenti sembrano tenere. Aggiungi che con la guerra di Finlandia si ebbe un vero bombardamento propagandistico contro l'Urss, molto rozzo. Si scriveva e si raccontava, per esempio, degli ufficiali russi che in Finlandia avevano visto per la prima volta un orologio... Questo tipo di propaganda aveva su di me, ma anche su altri, un effetto contrario: ci spingeva a schierarci. Aggiungi che tutta la situazione era incredibile, la guerra in Francia era una cosa ridicola e le potenze occidentali non sembravano così ansiose di battere Hitler. E intanto venivano messi fuori legge i comunisti... No, nel nostro istituto non successe niente. Joliot rimase al suo posto. Io... non so chi sapesse che ero iscritto al partito.»

La vita è cambiata. Un inverno cupo, dal punto di vista personale e politico, quello tra il 1939 e il 1940. Non ci si incontra più nei bistrot, nelle riunioni, nelle manifestazioni. I comunisti, in Francia sono fuori legge. L'Urss per adesso è neutrale. L'Italia per adesso ha dichiarato lo stato di non belligeranza. I coniugi Pontecorvo continuano a vivere, con il bambino di diciotto mesi, nell'hôtel des Grands Hommes.

Parigi è piena di profughi di tutte le nazionalità, gente fuggita dalla Germania di Hitler, dall'Italia di Mussolini, dall'Ungheria delle Croci frecciate. In maggioranza si tratta di intellettuali, ma ci sono anche operai, muratori, commercianti. In maggioranza ebrei, ma non solo, ci sono anche cattolici e protestanti. In maggioranza comunisti, ma non solo, ci sono anche socialdemocratici e liberali. Dopo l'inverno, la primavera segna, in tutta Europa, una ripresa delle operazioni. È solo allora che la Francia si sente, veramente, in pericolo.

Gli stranieri sono le prime vittime di questo nuovo clima: il 5 maggio del 1940 viene fatto obbligo a tutti gli uomini e a tutte le donne, provenienti dalla Germania, dalla Saar e da Danzica di presentarsi per essere smistati nei campi d'internamento. Gli uomini verranno concentrati allo stadio Buffalo, le donne al Vélodrome d'hiver, lo stadio dove si erano svolte negli anni precedenti le grandi manifestazioni unitarie del Fronte popolare.

Sono passati solo quattro anni dalla vittoria del Fronte del 1936. Come cambia presto pagina la Storia! I profughi, tutti coloro che negli anni precedenti erano riusciti a fuggire dalla Germania, ma che non avevano potuto o voluto rifugiarsi al di là dell'Atlantico, diventavano ora, per dirla con Hannah Arendt, «un nuovo genere di esseri umani, quelli che sono stati messi nei campi di concentramento dai loro nemici e nei campi di internamento dai loro amici».

Se questo, come è evidente, sarà il destino di tutti gli italiani quando Mussolini entrerà in guerra, bisogna ormai non perdere tempo, accelerare i preparativi per la partenza. Alla fine di maggio Bruno Pontecorvo ha un ultimo colloquio con Frédéric Joliot-Curie. Lo trova teso, pallidissimo. Egli è francese e resterà a Parigi, ma a Bruno dà un consiglio diverso: «È bene che voi andiate. Io rimango. Ed è bene che facciate presto, molto presto».

Giuliana e Duccio, da circa un anno a Tolosa, avevano detto a Bruno, a Gillo e a Mimmo Sereni che quando ne avessero avuto bisogno avrebbero potuto considerare quella la loro casa. Il momento era venuto. Ma l'attacco a Parigi, lo sfondamento delle linee di resistenza francesi fu così rapido che, nonostante tutto, il momento della fuga necessaria li trovò ancora impreparati. Gillo Pontecorvo ricorda perfettamente il grido di qualcuno che, dalla strada, annunciava: «I tedeschi sono a Pontoise...». A Pontoise, quindi a pochi chilometri dalla città. Ora, con qualunque mezzo occorre fuggire.

Decine e decine di migliaia di parigini fuggono dalla città, dando l'assalto ai treni o con le macchine, con i camion, con le biciclette.

«Il partito» ha raccontato la moglie di Sereni «decise che anche Mimmo partisse per Tolosa dove si doveva organizzare il lavoro tra gli emigrati italiani e insieme assicurare i collegamenti clandestini con l'Italia. Ma ormai era il 12 giugno e non c'era più nessun mezzo di trasporto verso il Sud della Francia; da tutta la zona parigina la gente in massa si avviava a piedi portando valigie e bambini, spingendo carretti improvvisati con sopra vecchi e ammalati. Mimmo e Dozza riuscirono a trovare due vecchie biciclette, si presero una coperta per uno, un sacco da montagna e sul fare del giorno partirono per Tolosa dove avremmo dovuto cercare di arrivare anche noi, cioè io con le due bambine e la moglie di Dozza con la sua bambina dell'età di Lea...»

Anche la famiglia Pontecorvo, come la famiglia Sereni, si divide. Marianne con il bambino riesce a salire su un treno, carico di famiglie intere che piangono e gridano, e di bagagli. La mattina del 13 giugno gli uomini inforcano le biciclette e prendono la strada del Sud: c'è Bruno Pontecorvo, Salvador Luria, De Benedetti. Gillo e la giovane moglie francese hanno comperato una bicicletta a due posti, un tandem, e pedalano con energia. Sono i più giovani, non hanno figli, amano la vita provvisoria e non hanno paura.

«Nonostante tutto c'era anche una certa spensieratezza» racconta Gillo che aveva allora vent'anni. Prima di uscire da Parigi ci fermammo da chez Marthe in Rue Muftar a mangiare dei dolci. Bruno prese due crème de marron, Luria si scandalizzava della nostra incoscienza, ci faceva fretta. A settanta chilometri da Parigi ci fermammo per la notte in una pensioncina. La mattina, quando mi svegliai, uscii sul terrazzino che dava sulla piazza suonando un pifferetto di canna che portavo sempre con me. Solo allora mi accorsi che sulla piazza c'erano i carri armati tedeschi. Io pensai che forse era meglio tornare a Parigi, Henriette voleva proseguire verso il Sud. E così facemmo.»

Le strade erano ancora più affollate del giorno prima, sembrava ormai di essere all'uscita dallo stadio. La gente in fuga e quella che, ferma sul ciglio della strada aspettava qualche mezzo di trasporto di fortuna, si indignava a vedere passare Gillo ed Henriette in calzoncini corti, sul tandem e con le racchette. Con disprezzo gridavano: «Eccoli lì, i borghesi, se ne vanno in vacanza...».

A un certo punto Salvador Luria lasciò i Pontecorvo per tentare un'altra strada, con un diverso gruppo di profughi. Tutti si diedero appuntamento a Tolosa, da Duccio e Giuliana. I Pontecorvo ci arrivarono dopo una decina di giorni; Sereni ci impiegò qualche giorno di più. Per prudenza aveva percorso strade secondarie, più faticose ma più sicure.

Tolosa era gremita. In tutte le case qualcuno aveva ospitato parenti, amici o sconosciuti che venivano da Parigi. Ognuno era dominato dall'ossessione dei visti, dalla paura di non ottenerli in tempo. I permessi di immigrazione per l'America erano rilasciati dall'Emergency Rescue Committee, con criteri molto rigidi, ma i visti d'uscita erano rilasciati dal governo di Vichy, secondo modalità imperscrutabili. E inoltre bisognava fare i conti con i governi spagnolo e portoghese cui spettava di concedere i permessi di transito per coloro che si sarebbero imbarcati a Lisbona. Tutto era caotico, imprevedibile, drammatico.

Duccio e Giuliana, che vivevano in una casa abbastanza grande con i loro due primi figli, ospitarono Bruno e Marianne, che era arrivata prima di lui con il bambino, poi Gillo ed Henriette, infine Mimmo e il suo amico Dozza, in attesa che arrivassero le mogli e i figli.

Qui i destini del gruppo si separano. Sereni e Dozza prendono in subaffitto un orto a Cabirol, si trasformano assieme alle mogli in agricoltori e intanto tentano di organizzare un certo lavoro clandestino tra gli emigrati. Bruno Pontecorvo e Duccio Tabet con le rispettive famiglie prendono un treno per la Spagna, obiettivo Portogallo. Bruno aveva un visto regolare per l'America e un contratto di lavoro con una grande società petrolifera. Salvador Luria raggiunge Marsiglia alla ricerca di un permesso di immigrazione, che otterrà qualche settimana dopo.

Tullia Calabi con tutta la sua famiglia parte da Marsiglia, per nave: è l'ultimo viaggio dell'*Ile de France*. Walter Benjamin, privo del visto di uscita francese, tenta di passare la frontiera per la Spagna attraverso i Pirenei. Respinto alla dogana e terrorizzato dalla prospettiva di cadere nelle mani dei nazisti, si toglie la vita poche ore dopo. Rudolf Hilferding, già ministro della Repubblica di Weimar, aspettava a Marsiglia il visto d'uscita francese. Invano Arthur Koestler lo sollecita a uscire sotto falso nome o clandestinamente attraverso i Pirenei. «Io mi fido» proclama Hilferding «della parola d'onore che mi ha dato il generale Pétain.» Dopo pochi mesi viene consegnato ai tedeschi e ucciso in un campo di concentramento.

VI
LO STRANIERO NEMICO

Ogni partenza, ogni separazione, in quegli anni può essere per sempre. Nessuno sa, quando ci si saluta, se come e quando sarà possibile rivedersi: il destino di ognuno non dipende solo dalle sue scelte, ma assai di più dalle vicende drammatiche del mondo. I Pontecorvo, educati a un grande controllo dei sentimenti, si salutano con affetto e con pudore. Nessuno piange, nemmeno i bambini che affrontano, con l'innocenza dell'età, un nuovo avventuroso viaggio.

Gillo rimane in Francia, con Henriette. Ha vent'anni e un passaporto italiano. La guerra tra la Francia e l'Italia è già finita. Nel Sud della Francia, a Saint-Tropez e dintorni, ha trovato rifugio uno strano mondo di intellettuali, francesi e stranieri, che vivono di espedienti, di ricordi e di progetti un po' fantasiosi per l'avvenire. Gillo si guadagna da vivere dando lezioni di tennis e facendo pesca subacquea. Era cominciato il tesseramento e dunque i pesci servivano come merce di scambio per il droghiere, il macellaio, il tabaccaio. In quest'angolo di mondo si può vivere anche dimenticando che esiste la guerra.

«Ma qui mi scoprì, un paio di anni dopo, Giorgio Amendola alla disperata ricerca di qualcuno che potesse andare in Italia e riprendere alcuni contatti. Molti bravi compagni avevano tentato l'impresa ma, appena passato il confine, erano stati arrestati. Tanto valeva provare con me, che avevo l'aria di un giovanotto sportivo e un po' playboy. Amendola e Negarville passarono un paio di giorni chiusi in camera con me per spiegarmi la linea politica del partito e quello che avrei dovuto rispondere a eventuali critiche e obiezioni. Mi ricordo la diffidenza di La Malfa, quando lo incontrai a Milano. La mia parola d'ordine era: "Vengo da parte dell'uomo che mangia le mele per la strada". E poi cominciammo a parlare della necessità dell'unità tra partiti antifascisti e così via. Io ripetevo quello che mi avevano insegnato Amendola e Negarville, con una certa efficacia, spero, se i rapporti tra i comunisti e gli uomini di terza forza poterono andare avanti...»

Un altro pezzo della famiglia, Bruno con Marianne e Gil, Duccio con Giuliana e i due bambini Paola ed Eugenio, partono per il Portogallo da dove si imbarcheranno per l'America.

Giuliana era incinta. Piccola, robusta e piena di allegria, resisteva bene ai disagi. Non così Marianne afflitta da una nuova, dolorosissima gravidanza.

«Sul treno che attraversava la Spagna non fece che vomitare» racconta Giuliana. «Mi faceva molta pena, così pallida e piegata su se stessa. Stava un po' meglio solo quando riusciva a mettersi sdraiata. Ma i vagoni erano affollati all'inverosimile, faceva caldo, mancava l'acqua. Spesso perdeva i sensi. Bruno non sapeva come aiutarla. Per un lungo tratto riuscimmo a farla dormire, sdraiata sul pavimento del corridoio.»

Il treno proveniente da Tolosa attraversò la frontiera con il Portogallo il 24 luglio del 1940 e finalmente rovesciò il suo carico di profughi, di ebrei, di antifascisti a Lisbona, l'unico porto dal quale si potessero raggiungere gli Stati Uniti lasciandosi alle spalle un'Europa ormai preda dei nazisti, che avevano issato la bandiera con la croce uncinata sulla Torre Eiffel.

Lisbona era l'ultimo rifugio. Vi approdavano, a migliaia, segnati dalla stanchezza e dalla paura, dall'incertezza e dall'ansia, ebrei e comunisti, intellettuali e operai, gente la più diversa: c'era chi aveva abbandonato case lussuose, uffici importanti, giardini ben curati, chi invece aveva lasciato dietro di sé case fatiscenti in quartieri miserabili e aveva ottenuto un visto o un passaporto vendendo l'ultimo gioiello di casa o la biancheria.

La città era assolata, pigra, colorata di oleandri e di pini, odorosa di caffè, attraversata dal vento di mare carico di profumi e di salmastro.

« Marianne, nonostante la magrezza infantile e il pallore da malata, era molto bella con i suoi lunghi capelli biondi e leggeri e i grandi occhi grigi spaventati. Mandammo lei » racconta Giuliana « a chiedere una stanza in un albergo. Avvolta in una specie di accappatoio, bianca come un cencio, aveva un'aria molto distinta e quindi ci affittarono le camere. Qualche giorno prima di salire sulla nave Marianne abortì. »

Da Lisbona, Bruno scrive il 30 luglio alla zia Alfonsa, madre di Emilio Sereni, in Palestina. Le dà notizie del figlio e della nuora.

« Quanto al modo di comunicare tra voi e Mimmo, non so se Mimmo troverà una maniera più spiccia; ma in ogni caso io starò in rapporto con lui dall'America e vi trasmetterò le sue notizie. Io manco di notizie dei miei da molto tempo... Qui a Lisbona, oltre a Marianne, Gil e me, ci sono Duccio, Giuliana e i bambini. Essi sono diretti in Venezuela dove Duccio ha una sistemazione: sperano di partire in agosto. Io e Marianne andiamo in Usa dove io ho un posto a Tulsa. Io spero di partire la prossima settimana... Il mio indirizzo in Usa non lo conosco ma mi si può sempre raggiungere scrivendomi presso Fubini Ghiron, 503 W 121 Street, New York City... »

Contrariamente a quanto Bruno prevedeva, le due famiglie partirono insieme con una nave portoghese, la *Quanza*. La traversata, nonostante il tempo buono, fu terribile. I Pontecorvo avevano le cabine in basso, dove il caldo era insopportabile. Marianne e Giuliana soffrivano il mal di mare. Nelle cabine migliori, sul ponte, viaggiavano gli emigrati più ricchi e tra questi i Bata, gli industriali delle scarpe che dopo l'occupazione tedesca di Praga si erano rifugiati in Francia.

« Un giorno » racconta Giuliana « una signora molto distinta che faceva parte del gruppo dei Bata, mossa a compassione, venne a prendere Paola ed Eugenio per portarli di sopra a respirare un po' d'aria buona e a guardare il mare seduti comodamente su una sedia a sdraio. Paola, che era una bambina molto giudiziosa e responsabile, portò con sé il cuginetto

Gil, biondo e pallido come la madre, sempre madido di sudore. »
La traversata durò circa due settimane. La *Quanza* arrivò nel porto di New York il 20 agosto del 1940. L'umidità appannava il profilo dell'isola e la statua della Libertà.
Qui fu inevitabile una seconda separazione. La richiesta di lavoro che Duccio Tabet attendeva, e che sola gli avrebbe dato il diritto al visto e al permesso di soggiorno, non era arrivata. Bruno, Marianne e Gil, i cui documenti erano in ordine, lasciarono la nave. Agli altri non fu concesso sbarcare.
« Il caldo, il caldo, mi sembra di ricordare solo il caldo di quelle settimane. Un caldo insopportabile » racconta ancora Giuliana. « E io ero incinta. Non avevo sofferto molto durante la traversata, ma adesso cominciavo a sentirmi allo stremo. C'erano molte famiglie, le più disgraziate o le più sfortunate, nella nostra condizione, senza permesso di lavoro e visto. Il comandante non sapeva dove sbarcarci. Arrivammo fino in Messico, ma anche lì ci rifiutarono il permesso di scendere e in più ci venne tolta l'aria condizionata. Ci salvò un'organizzazione che, presieduta da Eleonor Roosevelt, si occupava dei casi intricati come il nostro. Insomma venimmo autorizzati a sbarcare in terra americana con un visto "bonafide political refugee". Quando finalmente scendemmo, a Norfolk, in Virginia, avrei baciato la terra. Lì venimmo subito assistiti da un'organizzazione ebraica e ospitati per qualche tempo in casa di un ricchissimo correligionario. Noi, pur essendo ebrei, non ci sentivamo tali, ma a quella organizzazione io devo molta riconoscenza. Ci salvò, letteralmente, da un disastro. La mia gravidanza stava arrivando a termine e io avevo bisogno di un minimo di sicurezza. Finalmente riuscimmo a trasferirci a New York, dove avevamo alcuni amici disposti ad aiutarci: lì nascerà la mia terza figlia, Marinella. »
La vita fu molto dura per i Tabet a New York. Giuliana fu la prima a trovare lavoro, come operaia in una fabbrica di armi, mentre il marito Duccio si occupava della casa e dei bambini. Giuliana lavorava dalle dieci di sera alle sei di mattina, quando arrivava a casa aveva bisogno soprattutto di dormire. Ma nel pomeriggio trovava ancora la voglia e il tempo di fre-

quentare un circolo di italiani antifascisti intitolato la Mazzini Society, dove si incontravano, pur se animati da reciproche diffidenze, comunisti, socialisti, anarchici e liberali. Tra i dirigenti del circolo ci furono Randolfo Pacciardi, reduce dalla Spagna, Max Ascoli, Alberto Tarchiani. Lì si preparava anche un giornale, l'«Unità del Popolo», diretto alla comunità di Little Italy, nella quale prevalevano i sentimenti di ammirazione per Mussolini e il fascismo.

«Il razzismo, allora, a New York, era spaventoso» ricorda Giuliana. «Una volta un'operaia mi avvertì di non sedermi alla mensa vicino a una ragazza "perché era ebrea". Un po' risentita le risposi che anch'io ero ebrea. Ma come, replicò quella, lei non è italiana? Insomma c'erano insieme razzismo e ignoranza... Credo che di tutto questo abbia sofferto molto anche Paola, che allora aveva otto anni e che, quando Duccio finalmente trovò un lavoro, si dovette far carico di tutte le faccende domestiche. Era lei che andava a prendere a scuola il fratellino Eugenio portando con sé anche Marinella. Una volta la vidi tornare a casa con i due bambini per mano, tenendo la borsa della spesa tra i denti, come un cane. A ripensarci oggi, mi chiedo se ho fatto davvero bene a vivere così, se non sarebbe stato più giusto rinunciare alla mia attività politica e occuparmi di più dei bambini... Me lo chiedo, ma non so darmi una risposta. Allora pensavo che fosse giusto così: la politica e il partito stavano prima di tutto, anche prima dei figli. I bambini crescevano, così, educati a certe idee e di questo non mi pento. Una volta Paola chiese al fratellino notizie della scuola e lui rispose che c'erano troppi negri. Lo aveva sentito dire dagli altri bambini, naturalmente, ma Paola lo picchiò forte, spiegando che doveva imparare a non essere razzista. Bruno, quando gli raccontammo questo episodio, disse ridendo che Paola aveva ragione, che il razzismo va combattuto anche in famiglia. Bruno stava, allora, a Tulsa. Guadagnava molto bene, credo, e quando veniva a New York era una festa: comperava un mucchio di dischi, faceva regali a tutti i nipoti e di tanto in tanto se li prendeva e se li portava a Tulsa, a giocare con Gil. Era, come sempre, allegro, generoso, divertente. I miei figlioli lo adoravano.»

Bruno Pontecorvo, con regolare permesso di soggiorno e contratto, viveva e lavorava per la Wells Survey Inc. a Tulsa, nell'Oklahoma. La cittadina non gli dispiaceva, scherzava sul fatto che Tulsa è quasi lo stesso nome di Tolosa, l'ultima città della Francia dove aveva vissuto, e questo gli sembrava di buon auspicio. Ma Bruno era una di quelle persone che vengono stimolate da ogni cambiamento e che si adattano rapidamente a luoghi, lavori, persone diverse. Marianne, invece, avrebbe amato una vita più tranquilla. Dopo una prima fase di difficoltà, tuttavia anche Marianne sembrò ambientarsi volentieri a Tulsa, una comunità di gente semplice, affettuosa, cordiale.

Il piccolo Gil, due anni, figlio di un italiano e di una svedese, nato a Parigi, ebreo, profugo, rappresentò per i piccoli americani di Tulsa una commovente novità. Il giornale locale mandò un cronista a raccontare il suo primo giorno all'asilo. La sua fotografia apparve sulla prima pagina del «Corriere di Tulsa», a fianco di una bambina bionda e con i boccoli sciolti sulle spalle, una bambina che assomigliava come una goccia d'acqua a Shirley Temple e che gli indicava sul libro di scuola le prime parole d'inglese. (Oggi quel ritaglio di giornale, ormai spiegazzato e ingiallito, è ancora infilato nella specchiera di casa Pontecorvo a Dubna.)

Mentre Bruno e Marianne prendevano possesso della loro casa, mentre Gil cominciava a balbettare le sue prime parole d'inglese, dietro di loro la Francia e l'Europa affondavano nel buio e nella barbarie. Parigi era ormai occupata dai nazisti, Hitler passava sotto l'Arco di Trionfo, gli inglesi subivano pesanti sconfitte in Africa, Mussolini, grazie all'umiliante ma decisivo sostegno dell'alleato tedesco, vinceva la resistenza della Grecia. E l'Urss era sempre e ancora neutrale.

I Pontecorvo che vivono in America hanno pochissime notizie della famiglia: il padre e la madre sono nascosti da qualche parte in Italia, Gillo è in Francia, Anna, Laura, Giovanni e Guido sono in Inghilterra, sottoposta continuamente ai bombardamenti tedeschi. Per gli americani la guerra che si svolge in Europa a migliaia di chilometri di distanza è lontanissima, non solo dal punto di vista geografico. La maggioranza della gente non se ne occupa, solo in alcuni circoli di intellettuali, generalmente orientati a sinistra, il problema è sentito come drammatico. Ma a Tulsa, pochi seguono con attenzione o passione le vicende della guerra in Europa.

«E tuttavia ho un buon ricordo del mio periodo americano, dell'Oklahoma e dei campi petroliferi sui quali lavoravo. Certo, non era il lavoro di ricerca che avrei preferito, ma era un buon lavoro che mi diede anche notevoli soddisfazioni. Ho messo a punto lì la prima applicazione importante del neutrone, il cosiddetto carotaggio neutronico dei pozzi di petrolio, un sistema che continua a essere usato ancora oggi, a cinquant'anni di distanza. Avrei potuto essere miliardario se avessi brevettato la mia scoperta. Invece non ne feci niente e oggi il brevetto appartiene alla società per cui lavoravo. Si vede proprio che io non ho nessun senso pratico...

«Poco dopo il mio arrivo avanzai richiesta di naturalizzazione. Nessuno poteva sapere quando sarebbe finita la guerra in Europa e pensavo che avrei vissuto a lungo a Tulsa. Ma nel frattempo ero ancora uno straniero e, con l'entrata in guerra dell'America, mi trovai a essere classificato come *enemy alien*, uno straniero nemico. In Inghilterra gli stranieri nemici vennero deportati in campi di concentramento nell'isola di Man o in Canada. In America no. Nella mia condizione si trovavano molti emigrati tedeschi e italiani, gente che era fuggita dai loro paesi e dai loro regimi, ma che ancora non godeva qui della pienezza di diritti. Era una condizione che poteva esporti a qualche difficoltà.

«Un giorno, ad esempio, mentre ero alla guida di un camion carico di strumenti di geofisica, ho fatto un sorpasso irregolare o quasi, comunque non del tutto regolare. Venni inseguito e raggiunto da una pattuglia di polizia, una scena un po' da film... Quando venni raggiunto e cominciai a spiegare cosa trasportavo, quelli si resero subito conto che non ero americano ed esclamarono: ah, *enemy alien*. Io feci di sì con la testa e, istintivamente, misi la mano nella tasca posteriore dei pantaloni per tirar fuori un documento. Non lo avessi mai fatto! All'improvviso mi saltarono addosso e mi immobilizzarono. Ho rischiato di essere ammazzato sul posto, mi spie-

garono, perché temevano che mettessi mano a una pistola...»
Ma a parte questo incidente la vita dei Pontecorvo trascorreva, a Tulsa, molto tranquilla, persino agiata. La stanza dell'hôtel des Grands Hommes, con il gabinetto nel corridoio e un bagno in comune, è ormai alle loro spalle. La casa che hanno affittato è una villa tipicamente americana, con il giardino attorno, un soggiorno molto ampio, una bella cucina e, al piano di sopra, le camere da letto per Bruno, Marianne e Gil. E la camera degli ospiti, a disposizione dei cuginetti di New York, quando arrivavano anche loro a Tulsa. Per alcuni periodi Marianne rimaneva sola. A volte infatti Bruno, assieme alla sua squadra di tecnici, ingegneri e ricercatori, si trasferiva sui campi. E restava lì per qualche settimana, in albergo.

«Mi colpì molto il fatto che gli autisti che guidavano i camion sui campi finito il loro turno di lavoro, che durava alcuni giorni, prendessero l'aereo per tornare a casa. Il camion rimaneva sui campi, affidato ad altri autisti. Era un tipo di vita che non conoscevo. Così mi colpì molto il fatto che tanti operai disponessero di una macchina personale, che oggi sembra del tutto normale anche in Italia, ma allora non era così. E non è così oggi, nemmeno in Urss. Si tratta di particolari, ma allora mi avevano stupito molto.»

Altrettanto lo colpì il paesaggio dell'Oklahoma, una natura così diversa da quella italiana o francese, gli spazi immensi, i campi di petrolio a perdita d'occhio, sui quali di notte brucia il gas sulle torri, come fiaccole al vento.

«Una volta, mentre passeggiavo lungo campi petroliferi infiniti e quasi deserti, incontrai un autocarro che si fermò improvvisamente in un nugolo di polvere. L'autista mi domandò: "Non ha mica visto il neutrone?". Cercava un altro autocarro, quello con le apparecchiature destinate al carotaggio neutronico. Il mio metodo di esplorazione, che utilizzava appunto una sorgente di neutroni, era diventato per quell'operaio semplicemente "il neutrone".

«Allora non esistevano ancora né le centrali nucleari, né i rompighiaccio, né i reattori atomici e, per quello che io ne sapevo, non erano ancora iniziate le ricerche per l'utilizzazione delle reazioni termonucleari. In breve l'era atomica non era ancora cominciata. Ma il neutrone, una particella a me cara, che nel mio animo collegavo alle ricerche di Fermi e nostre, era già entrato nella vita degli uomini, almeno nelle regioni petrolifere: ecco una cosa che un po' mi stupì e un po' mi rese orgoglioso. Quando rividi Fermi glielo raccontai ed egli osservò che presto i neutroni e le altre particelle elementari sarebbero divenuti popolari dovunque. Il dramma della nostra epoca sta proprio nell'avveramento di quella profezia.»

Enrico Fermi era arrivato negli Usa il 2 gennaio del 1939, diciotto mesi prima di Pontecorvo ma in condizioni del tutto diverse. Questi ci era sbarcato, con la sua famiglia, come un profugo, sia pure dotato di un visto e di un contratto di lavoro. Fermi ci era sbarcato come un eroe o quasi, dopo aver vinto e ritirato a Stoccolma il premio Nobel. Aveva deciso di lasciare l'Italia quando, nell'autunno del 1938, erano state promulgate le leggi razziali che, pur se non colpivano direttamente lo scienziato, «ariano» anche se sposato con un'ebrea, preannunciavano un adeguarsi del regime fascista al modello tedesco. E questo spinse Fermi a prendere la decisione di emigrare.

Solo qualche mese prima, ignara di quanto si stava preparando, la famiglia Fermi aveva cambiato casa e si era trasferita in un appartamento molto grande ed elegante ai Parioli, il quartiere più esclusivo di Roma, a pochi passi da piazza Ungheria. Enrico Fermi, professore all'università, accademico d'Italia, membro del Consiglio di amministrazione dell'Eiar e consulente della società Magneti Marelli, faceva ormai parte a pieno titolo della migliore società romana e italiana. «L'appartamento di via Belluno» racconta la moglie Laura «non mi sembrava più all'altezza della situazione...» Del nuovo appartamento, dove si trasferisce nella primavera del 1938, la famiglia Fermi godrà ben poco. (Ma Laura ricorderà sempre con nostalgia quella stanza da bagno tutta di marmo verde.)

Da tempo numerose università americane offrivano a Enrico Fermi di tenere dei corsi, ma egli aveva sempre rifiutato giudicando l'impegno troppo gravoso e incompatibile con gli incarichi e le ricerche di Roma. Ma una volta promulgate le leggi razziali, Fermi esaminò con più attenzione la cartelletta con le proposte e richieste d'oltre Oceano. Una gli sembrò particolarmente interessante: la Columbia University di New York gli chiedeva di tenere, proprio quell'anno accademico, un corso di sei mesi. Decise di accettare ma si convenne, di fronte alle autorità italiane che, finito il corso, sarebbe tornato in Italia. Nessuno doveva sospettare che l'accademico Enrico Fermi, vero e proprio orgoglio dell'Italia fascista, si accingeva ad abbandonare il suo paese.

Le disposizioni valutarie dell'epoca erano molto severe. I Fermi lasciando l'Italia non potevano portare con sé più di mille lire a testa: una cifra ridicola per chi pensava a un trasferimento definitivo. L'assegnazione del Nobel rese tutto più facile, dal punto di vista economico come dal punto di vista organizzativo.

Tutto fu molto regolare, molto ufficiale e persino solenne. Enrico e Laura Fermi con i loro due bambini, Nella e Giulio, e la bambinaia lasciarono Roma in treno il 6 dicembre del 1938, salutati con deferenza alla stazione dal personale del treno. Sistemarono i bagagli nell'apposito vagone, presero posto nei loro eleganti scompartimenti-letto, si affacciarono per un ultimo saluto agli amici che li avevano accompagnati fin lì e quarantotto ore dopo erano a Stoccolma.

I premi Nobel di quell'anno, a Enrico Fermi per la fisica e a Pearl Buck per la letteratura, vennero consegnati come di regola dal re di Svezia, Gustavo V. Lo scienziato italiano ricevette con un inchino il suo astuccio, con la medaglia, il diploma e una busta. «Dev'essere la busta la cosa più importante» commentò in albergo la piccola Nella. Lo era in effetti, perché conteneva una somma che risolveva ogni problema economico per la famiglia che, alla vigilia di Natale, si imbarcò sul piroscafo *Franconia*. Dieci giorni dopo, il 2 gennaio, alla vista della statua della Libertà, all'ingresso del porto di New York, Fermi disse alla moglie: «Abbiamo fondato il ramo americano della famiglia Fermi».

Per quasi tre anni i Fermi rimasero a New York: avevano comperato una bella casa in un sobborgo del New Jersey, Leonia, dove già abitava Harold Hurey, il chimico che aveva ricevuto il premio Nobel nel 1934. Laura si occupava dell'educazione dei figli e delle faccende domestiche, Fermi faceva ricerche con il ciclotrone della Columbia University.

Per quasi due anni Enrico Fermi, Herbert Anderson e Leo Szilard lavorano attorno a un'ipotesi affascinante: la reazione a catena dell'uranio potrebbe essere utilizzata come una straordinaria fonte di energia. «Questo nuovo fenomeno porterebbe anche alla costruzione di bombe ed è pensabile, benché assai meno certo, che consenta di produrre bombe di tipo nuovo dotate di enorme potenza»: questo il passaggio essenziale di una lettera inviata da Albert Einstein a Roosevelt nell'autunno del 1939, su sollecitazione di Fermi e di Szilard.

Ma per tutto il 1940 e il 1941 non succede niente. L'insistenza degli scienziati, la maggior parte dei quali di origine europea e tedesca, il loro sforzo di farsi ascoltare dalle autorità politiche e militari americane, resta senza esito. Per l'America la guerra è lontana. Riguarda l'Europa.

Tutto cambia quando, il 6 dicembre del 1941, i giapponesi aggrediscono la flotta Usa a Pearl Harbor. Adesso la guerra riguarda direttamente anche l'America. E l'ipotesi, che sembrava visionaria, di costruire sulla base di una reazione a catena una nuova arma di straordinaria potenza viene esaminata con occhi attenti e comincia a trasformarsi in progetto concreto.

La maggior parte degli scienziati che furono aggregati al progetto erano *enemy aliens*, stranieri nemici. Questa era anche, dal punto di vista burocratico, la condizione di Enrico Fermi. Come straniero nemico era soggetto a una serie di restrizioni tra cui l'obbligo di chiedere, con almeno una settimana di anticipo, il permesso di lasciare la sua abitazione. Il tutto era abbastanza assurdo e infatti Fermi venne prima dotato di un permesso permanente per andare da New York a Chicago, dove erano stati avviati i primi esperimenti, poi fu trasferito lì con la famiglia. Quando, alla fine del 1942 sotto la sua direzione la prima pila atomica venne messa in funzione, apparve chiaro che sarebbe stato possibile anche costruire una bomba atomica.

Adesso bisognava passare alla fase operativa. E non era senza difficoltà. Per realizzare questo obiettivo, che richiedeva un impegno eccezionale dal punto di vista finanziario, scientifico e organizzativo, ci vorranno quasi tre anni. Una vera e propria cittadina verrà costruita per ospitare le centinaia di famiglie di scienziati, tecnici, impiegati, militari che dovranno lavorare alla bomba e vigilare sul suo segreto. Questa cittadina non aveva nome. Si chiamava, in codice, Sito Y. Ecco come lo descrive Laura Fermi, che vi arrivò nell'estate del 1944, qualche settimana dopo aver ottenuto la cittadinanza americana.

« Il Sito Y » racconta « era un posto in mezzo a una regione strana e selvaggia nella quale erano già spariti molti dei nostri amici, e gli europei vi si sentivano a disagio perché vivere entro un'area cintata faceva loro pensare ai campi di concentramento... Al Sito Y mi sarei certamente trovata bene, al dire di un giovane fisico che masticava una pipa con aria pensierosa. Era il direttore dei laboratori di questo misterioso luogo e ci raccontò quanto gli era permesso di rivelare. Si chiamava Robert Oppenheimer... La città di Santa Fe distava oltre settanta chilometri, e la ferrovia più vicina passava a cento chilometri... La valle del Rio Grande a nord di Santa Fe è un ampio bacino che fu un lago in tempi remoti. Il fondo del bacino è brullo e riarso: sabbia, cactus, qualche pinastro e spazio immenso, trasparente senza nebbia o umidità...

« Il reparto speciale del Genio aveva cominciato a costruire edifici sulla mesa nel gennaio del 1943. Costruì abitazioni. Costruì laboratori seguendo indicazioni vaghe di scienziati che non potevano spiegare il genere di lavoro che vi avrebbero svolto. Via via che il Genio completava i fabbricati richiesti, gli scienziati ne esigevano altri, e altri ancora. Sorse così una città a 2200 metri sul mare. In quella città si raccolsero scienziati provenienti da tutte le parti degli Stati Uniti e dall'Inghilterra; e sparirono dal mondo. Per due anni e mezzo la città non venne segnata sulle carte geografiche, non ebbe riconoscimento ufficiale, non fece parte amministrativa del Nuovo Messico, i suoi abitanti non ebbero il diritto di voto. Quella città veniva chiamata Los Alamos dagli abitanti, Sito Y dalle poche persone al di fuori di essa che ne conoscevano l'esistenza, Casella Postale 1663 di Santa Fe da corrispondenti e amici dei residenti... »

Ogni famiglia ebbe un appartamento, più o meno grande a seconda del numero dei suoi componenti. Erano abitazioni estremamente modeste, quasi spartane, concepite come poteva concepirle un militare. La cittadina, infatti, se così vogliamo chiamarla, era in realtà un grande accampamento militare, organizzato, gestito e controllato da militari. Tutti gli oggetti, dalle lenzuola alle stoviglie, erano marcati Used (United States Engineer Detachment), il reparto del genio che amministrava la città.

Le donne, se volevano, potevano svolgere un lavoro part-time in qualche ufficio, come dattilografe o segretarie, a seconda delle competenze. La vita trascorreva, per le donne e i bambini, molto lentamente. Era persino un po' noiosa. Di sera si organizzavano giochi e partite a carte, qualche piccolo ricevimento. Talvolta si preparavano picnic e gite nei dintorni.

Laura Fermi ricorda, in particolare, una gita al Canyon di Frijoles, per visitare le rovine del più antico pueblo indiano della regione e alcune abitazioni trogloditiche. La strada, dicono, è piena di curve pericolose, a strapiombo. Laura preferisce non guidare. Genia, la moglie di Rudolf Peierls, un altro dei tanti scienziati tedeschi che ormai vive al Sito Y, la rassicura, che venga pure, ci sarà un altro, un suo amico, che potrà guidare al suo posto.

«Trovai al volante della nostra automobile un giovane magro, piuttosto attraente, con un piccolo viso rotondo e capelli neri che mi guardò timidamente attraverso spesse lenti da miope. Dimostrava una trentina d'anni. Cercai di far conversazione con lui e gli rivolsi varie domande. Egli rispondeva parcamente, come se il parlare gli costasse fatica. Forse era assorto dalla guida. Non guidava bene e faceva serpeggiare l'automobile a scatti per la strada stretta. Forse era nervoso... Non avevo capito il suo nome quando mi era stato presentato. Gli chiesi perciò di ripeterlo al momento di salutarci, di ritorno da Frijoles. Si chiamava Klaus Fuchs.»

Le misure di sicurezza, a Los Alamos, erano severissime. Il generale Groves, un vero e proprio maniaco della vigilanza, aveva voluto che almeno una mezza dozzina dei suoi più preziosi e vulnerabili pupilli venissero protetti da speciali guardie militari in borghese. Fermi era tra quelli che dovevano essere guardati a vista.

Tra gli italiani c'erano anche Emilio Segrè, che aveva fatto parte del gruppo di via Panisperna (aveva trentanove anni e i capelli cominciavano a essere brizzolati sulle tempie), Bruno Rossi, un fisico che aveva prima insegnato a Firenze e poi a Padova e che aveva lasciato l'Italia nel '38, un uomo molto tranquillo che si era fatta una fama internazionale nel campo dei raggi cosmici. C'era anche, con l'incarico di direttore della divisione di fisica teorica, Hans Bethe, il primo straniero che aveva lavorato all'Istituto di fisica di Roma nel 1931 con Fermi e che nel '33 aveva lasciato la Germania. E c'era Edward Teller, un fisico di origine ungherese che aveva conosciuto Fermi a Roma e aveva giocato con lui interminabili partite a ping pong e al quale Fermi si sentiva molto legato. Il più vecchio (aveva ormai quasi sessant'anni) era Nicholas Baker, generalmente chiamato «zio Nick». Tutti conoscevano il suo vero nome anche se era assolutamente proibito pronunciarlo ad alta voce: era Niels Bohr, uno dei più grandi fisici del secolo che, come tanti altri, aveva abbandonato l'Europa per raggiungere l'America. Ma nessuno doveva sapere che era lì.

Il «Papa» di via Panisperna, ormai cittadino americano, era dunque uno degli uomini chiave, forse il più importante di quello che è passato alla storia con il nome di Progetto Manhattan. Gli esperimenti ora non si facevano più correndo come disperati per i corridoi dell'Istituto di fisica, cercando di calcolare con rudimentali contatori Geiger il livello di radioattività provocato né, per provocare il rallentamento dei neutroni, si ricorreva all'acqua della vasca del giardino. Ma lì tutto era cominciato.

Ettore Majorana, che forse aveva intravisto le conseguenze drammatiche di quella scoperta, era sparito. Probabilmente si era suicidato. Franco Rasetti, al quale pure era stato offerto un lavoro negli Usa, aveva rifiutato per ripugnanza morale di fronte alla prospettiva di costruire l'atomica. Aveva accettato invece un più modesto incarico all'Università Laval del Quebec, dove passava il suo tempo tra il lavoro scientifico e la ricerca di fossili del triassico. Edoardo Amaldi era venuto in

America nel 1939 per studiare la possibilità di realizzare un ciclotrone da installare all'Esposizione universale di Roma programmata per il 1942. In quella occasione aveva ricevuto alcune offerte di lavoro, ma era tornato in Italia, unico superstite del gruppo di via Panisperna, convinto di dover difendere il lavoro già fatto, per evitare che il patrimonio della giovane scuola italiana di fisica andasse disperso. Aveva solo trentun anni. Ne aveva qualcuno di meno Gian Carlo Wick che lo stesso Amaldi riuscirà a far trasferire da Padova alla cattedra di fisica teorica di Roma.

Bruno, da Tulsa, continuava ad avere rapporti con il suo maestro e, finché questi era rimasto a New York, era andato a trovarlo sottoponendogli anche qualche problema. Ma, a un certo punto, Fermi era sparito: prima a Chicago e poi nel misterioso Sito Y. Chiunque facesse parte, in quell'epoca, della comunità scientifica, e Bruno Pontecorvo era tra questi, sapeva, sia pure in modo approssimativo, che da qualche parte si stava lavorando a un gigantesco progetto che avrebbe condotto alla costruzione di un'arma straordinaria, una bomba azionata a energia atomica. Chiunque facesse parte della comunità scientifica, in America, in Europa, in Germania o in Urss, sapeva che dal punto di vista teorico era possibile progettare questa bomba: altro il discorso sulla sua concreta fattibilità, per la quale era necessario mobilitare finanziamenti e tecnologie di eccezionale portata. Dunque, anche Pontecorvo sapeva, con un margine sufficiente di approssimazione, a cosa stava lavorando Enrico Fermi. Tuttavia il suo maestro, l'uomo al quale egli professava e professa tuttora una devozione così totale, non gli chiese mai di aggregarsi a quel progetto, il più importante del secolo dal punto di vista scientifico e tecnologico. Perché questa proposta non giunse?

È legittimo pensare che Pontecorvo, a Tulsa, si sia posto questo interrogativo più di una volta. Ed è facile immaginare che la mancanza di questa richiesta sia stata per lui una ragione grande di amarezza.

«E allora, perché Fermi non ti ha chiamato a Los Alamos?» Bruno Pontecorvo ha esitato qualche istante di fronte alla domanda così diretta, poi mi ha risposto: «Per ragioni di sicurezza, penso. Anche allora, anche nel periodo della guerra e quando dunque erano alleati con l'Urss, gli americani non amavano gli uomini di sinistra. Groves ha utilizzato Oppenheimer ma lo ha sempre avuto in sospetto, perché da giovane aveva appartenuto a organizzazioni più o meno vicine ai comunisti. E, comunque, sottoposto a durissimi interrogatori, Oppenheimer fin dal 1943 aveva fatto i nomi di alcuni comunisti che aveva conosciuto. Ma pensa a un uomo come Joliot: Groves certamente non lo avrebbe voluto a Los Alamos. E, probabilmente, non si fidava di me anche perché avevo lavorato per alcuni anni nel suo laboratorio».

La nuova arma, più potente di tutte quelle finora conosciute, si sarebbe avvalsa del principio della fissione, realizzata per la prima volta da Fermi dieci anni prima, a via Panisperna, bombardando l'uranio con neutroni rallentati. Ma la strada era lunga e piena di difficoltà.

«Solo Fermi poteva realizzarla ed egli fu all'altezza del compito che gli era stato affidato.»

Da questo progetto ambizioso e terribile Pontecorvo era stato escluso. A lui non restavano che i campi di petrolio, i successi ottenuti con il carotaggio neutronico, le proposte sia pure interessanti sul piano economico, che continuavano ad arrivargli da molte aziende. Ma era incerto. Non sapeva se e cosa accettare. Sul piano scientifico, tutto gli sembrava ed era al di sotto delle sue ambizioni e delle sue capacità.

Fino a quando a metà circa del 1943, da parte dell'Anglo Canadian Joint, l'agenzia attraverso la quale l'Inghilterra portava avanti le sue ricerche nel settore della fisica nucleare, non gli giunse una nuova proposta di lavoro.

«Non ricordo chi mi ha contattato per primo proponendomi di andare a lavorare in Canada: forse fu Auger o forse Placek. Dal punto di vista della ricerca si trattava di un progetto molto più interessante, anche se meno retribuito rispetto alle proposte che mi stavano arrivando, e insomma finii con l'accettare e non me ne sono certo pentito. Il periodo canadese fu molto bello, molto utile, molto stimolante dal punto di vista scientifico.»

La proposta in effetti era interessante. Le ricerche sull'energia atomica e il suo eventuale uso militare erano cominciate, in Inghilterra, con un certo anticipo rispetto agli Usa. Si spiega, del resto, perché l'Inghilterra era sulla prima linea del fronte, direttamente esposta all'attacco tedesco e quindi preoccupata di mettere a punto le armi per la propria difesa. Risale ai primi mesi del 1939 un intervento di Winston Churchill, allora semplice deputato, con cui si segnalavano al ministro dell'Aeronautica voci ricorrenti in ambienti diplomatici secondo cui la Germania stava mettendo a punto un «esplosivo atomico». Con lo scoppio della guerra e l'assunzione da parte di Churchill dell'incarico di primo ministro, venne istituito uno speciale comitato, supersegreto, per studiare la possibilità di mettere a punto una bomba all'uranio. A questo progetto, chiamato in codice Tube Alloys, lavoravano insieme un gruppo di militari e di scienziati inglesi, alcuni fisici francesi che avevano abbandonato il loro paese nel momento dell'occupazione tedesca e fisici tedeschi fuggiti dalla Germania hitleriana.

Nella primavera del 1940, Rudolf Peierls e Otto Frisch, due fisici dell'Università di Birmingham, di origine tedesca, erano giunti alla conclusione che sarebbe stato sufficiente un blocco di cinque chilogrammi di uranio 235 per determinare una reazione atomica e un'esplosione pari a migliaia di tonnellate di dinamite. Tutto questo sulla carta, naturalmente. Si trattava ora di portare avanti le ricerche e di rendere l'operazione realizzabile, cosa tutt'altro che facile in un paese come l'Inghilterra sottoposto a quotidiani bombardamenti e pericolo d'invasione. Si decise così di trasferire una parte delle ricerche in Canada, «dominion» di Londra, che offriva condizioni ideali di lavoro, sia perché al riparo dal conflitto sia perché dotato di riserve di uranio.

Qualche notizia su queste ricerche e ipotesi di lavoro venne subito fornita agli americani, poi con la loro entrata in guerra le informazioni vennero intensificate e, nonostante qualche reciproca diffidenza, si giunse anche a un'iniziale collaborazione con il gruppo impegnato nel Progetto Manhattan.

Quando si trasferì in Canada, Pontecorvo era ancora uno straniero nemico, ma aveva già avanzato domanda di cittadinanza americana. Prima di essere aggregato agli studi di Montreal, egli verrà sottoposto a un'attenta verifica della sua «affidabilità» da parte dei servizi segreti inglesi come avveniva per tutti coloro che lavoravano attorno a questioni che potessero, anche indirettamente, avere importanza militare. Questo controllo era tanto più minuzioso nei confronti degli scienziati che non erano inglesi di nascita, ma naturalizzati o ancora nella condizione di straniero nemico. Tra questi, solo per citarne alcuni, c'erano Frisch, Peierls, Goldschmidt, Ozerov, Volkov. E adesso arrivava anche Pontecorvo.

«Credo che a Montreal prima e poi a Chalk River lavorassero alcune centinaia tra scienziati, ricercatori e tecnici, animati da un grande spirito di solidarietà. Di questi un buon numero erano stranieri. Personalmente mi legai di grande amicizia con Ted Hinks, un meraviglioso fisico, dotato tra l'altro – il che non guasta! – di uno spiccato senso dell'humour.

«Avevo cominciato allora a occuparmi della fisica dei raggi cosmici, dopo aver letto e studiato una ricerca di Heisenberg. I raggi cosmici, per dirla molto semplicemente, sono composti da particelle di altissime energie, molto maggiori di quelle ottenute dai nostri acceleratori. Queste particelle rappresentano l'unico esempio di materia che ci arriva al di fuori del sistema solare e, quindi, dalla composizione dei raggi cosmici si possono ottenere informazioni sugli acceleratori cosmici, cioè sui meccanismi di accelerazione di queste particelle. Proprio con Ted Hinks cominciammo alcuni esperimenti abbastanza complessi per quei tempi. Lavoravamo in un laboratorio di fisica dei reattori e perciò sentivamo un certo senso di colpa occupandoci di raggi cosmici. Il nostro capo, Sargent, era ben disposto verso la nostra attività, ma non posso dimenticare come con Ted consumavamo malvolentieri i mezzi del laboratorio e come fummo felici quando Ted inventò l'amplificatore di soglia che ci permise di economizzare molti contatori. È anche vero che tutte le ricerche da noi fatte per tre anni sui raggi cosmici sono costate certamente meno di quello che costa oggi una sola giornata di lavoro di un acceleratore moderno... Nel corso di questi esperimenti ottenemmo alcuni risultati cui pervennero anche altri ricercatori indipendentemente da noi. Ma un risultato fu ottenuto solo dal nostro gruppo e ci richiese il massimo degli sforzi e dell'inventiva, anche se, sulla base delle conoscenze attuali può sembrare il meno significativo: cos'altro infatti, se non un elettrone, può essere la particella carica del decadimento del muone?»

In Canada la vita è piacevole. Il paesaggio è affascinante: anche in una grande città come Montreal è possibile un rapporto stretto con la natura, grazie alle lunghe passeggiate sul Mont Royal, il pattinaggio sul lago dei Castori e lo sci che, in pieno inverno, diventa un mezzo di trasporto anche in città. Ma poco a nord c'è il mondo sconosciuto, ancora quasi inesplorato, delle foreste e delle montagne, delle centinaia di laghi limpidi come cristallo, dei ghiacciai. Questo rapporto con la natura, questo misurare le proprie forze in una sfida costante con se stessi, piace molto a Pontecorvo. E gli piace portare con sé, nelle passeggiate più facili, a piedi o con gli sci di fondo, Gil che ha solo cinque anni, ma cammina volentieri, silenzioso, al suo fianco, lo zaino in spalla, un bambino metodico e tenace.

A Montreal come a Chalk River dove, dopo qualche tempo, si trasferiscono, la vita è quella abituale delle comunità di scienziati, un po' chiuse, ma nelle quali si stabiliscono, grazie a un vivace scambio di opinioni, rapporti che non sono soltanto professionali ma anche, in parte almeno, di amicizia.

«A Chalk River i fisici che non avevano famiglia o che non avevano ancora trovato una sistemazione in casa, vivevano in albergo. E c'era una regola abbastanza curiosa: le donne potevano andare nelle stanze degli uomini, ma non viceversa. All'inizio molti di noi vivevano in albergo, ma poi attorno al centro di ricerca venne costruita una vera e propria cittadina che assomigliava molto, per alcuni aspetti, a Dubna, la cosiddetta "città della scienza" che venne costruita a Mosca e nella quale ho vissuto per molti anni e dove vivo ancora...»

Anche qui, nelle ore libere dal lavoro, c'è il tennis a impegnare Pontecorvo: campi di terra battuta a Chalk River e campi d'erba a Montreal, dove un anno vince il campionato locale di singolo. Nel doppio, ha come compagni fissi il professor Seligman e la moglie.

«Vivevamo in una casa non troppo grande ma molto comoda. E lì nacquero prima Tito nel marzo del '44 e poi Antonio, nel luglio del '45. Marianne aveva alcune stranezze. Delle volte avevamo un appuntamento per andare a cena da amici e poi all'improvviso diceva: "No, io non vengo". Io mi arrabbiavo, le dicevo: "Ma sei matta...". Ma lo dicevo così, come si dice normalmente. Non immaginavo che alcune sue ombrosità, quelle che a me sembravano stranezze, fossero invece il segno di un vero disagio, di una malattia nervosa, che si manifesterà drammaticamente molto più tardi.»

Bruno si fa subito benvolere da tutti, è un ottimo giocatore di tennis, buon conversatore, allegro. Non ricevono molto in casa ma frequentano volentieri gli amici. Le stranezze di Marianne, il suo riserbo, certi suoi lunghi silenzi vengono spiegati in modo molto semplice: Bruno era molto corteggiato e corteggiava molto e ciò non poteva certo far piacere alla moglie.

Una volta Marianne, scoperta una relazione che sembrava particolarmente importante, ritirò tutti i suoi soldi dalla banca (avevano depositato 1800 dollari), prese i tre bambini e se ne andò senza lasciare indirizzo. Si misero di mezzo tutti gli amici, in primo luogo i Seligman che riuscirono a trovarla e la convinsero a tornare a casa.

È in Canada, e forse a seguito di questa avventura, che a Bruno venne affibbiato il soprannome di Ramon Novarro, un attore cinematografico protagonista di travolgenti storie d'amore, che aveva con lui una sia pur vaga somiglianza: gli stessi occhi profondi, gli stessi capelli neri ben ravviati, la stessa eleganza latina. Ma Bruno è anche uno scienziato molto stimato e questo pare che aumenti il suo fascino.

«Ho lavorato per anni alla progettazione e alla messa in esercizio di un reattore nucleare a uranio ordinario e acqua pesante, che doveva essere, all'epoca, il reattore di ricerche a maggiore intensità esistente. Io dirigevo gli aspetti fisici del progetto. Ma in Canada, ho anche cominciato le mie ricerche di fisica delle particelle elementari che poi ho continuato per tutta la vita...»

I neutrini sono i più piccoli, i più deboli, i più abbondanti e i più sfuggenti elementi dell'universo. Arrivano dallo spazio. Migliaia di miliardi ogni secondo attraversano il nostro corpo, ogni oggetto, il nucleo della Terra ed escono dall'altro lato come se nel mezzo non esistesse nulla: infatti non interagiscono con gli altri elementi della materia. Totalmente fuori della nostra esperienza comune, i neutrini fanno parte della famiglia delle particelle elementari e di quella dei costituenti ultimi. Privi di carica elettrica e probabilmente senza massa, i neutrini si muovono sempre alla velocità della luce, ignorano tutte le forze fondamentali e sentono solo la forza debole. I neutrini possono venir creati artificialmente nei reattori nucleari e negli acceleratori di particelle, (ma occorrono per questo acceleratori e reattori di incredibili dimensioni e potenza) ma quelli che ci arrivano dallo spazio, dai processi di fusione termonucleare che avvengono all'interno delle stelle e nelle esplosioni stellari sono forse i più affascinanti: una gran parte arriva dal Big Bang, sono stati emessi cioè pochi istanti dopo l'inizio dell'universo, qualcosa come quindici miliardi di anni fa. Studiarli significa quindi studiare e capire la nascita dell'universo. Tra la fisica delle particelle elementari e la cosmologia, tra l'infinitamente grande e l'infinitamente piccolo c'è un legame stretto.

«Erano ricerche affascinanti, estremamente più complesse di quelle che facevamo a via Panisperna... Ma anche le ricerche canadesi erano ben poca cosa, come costi e complicazione, rispetto alle ricerche di oggi sulle particelle elementari. La fisica diventa sempre più complessa e più costosa. Eppure fu lì, in Canada che ho portato avanti un lavoro interessante, ed è lì che ho intuito la simmetria muone-elettrone, che ha avuto qualche importanza, penso, per la elaborazione successiva della universalità delle interazioni deboli.»

Anche se la ricerca gli dà ora maggiori soddisfazioni, anche se ha stabilito rapporti di amicizia con numerosi colleghi, anche qui in Canada, tuttavia, Pontecorvo soffre di solitudine. È una solitudine politica, l'impossibilità di comunicare agli altri le sue preoccupazioni, le sue speranze, le sue paure. A metà del 1943, più o meno quando egli è arrivato a Montreal, è stato rovesciato a Roma, da una congiura di palazzo, il regime di Benito Mussolini. Questa per lui è una grande notizia, ma conta pochissimo per i suoi amici. E nessuno è in grado di capire e condividere i suoi sentimenti nei confronti dell'Urss, quell'insieme di passione, speranza, depressione che si accompagna alle vicende di quella guerra lontana. Ma in Canada più liberamente e facilmente di quanto accadesse a Tulsa, egli manifesta i suoi sentimenti di antifascista, di uomo di sinistra.

«Quando, nel 1944, mi è nato un secondo figlio, l'ho voluto chiamare Tito e questa scelta non era certo senza significato. Ho chiamato mio figlio Tito in onore del comunista che aveva organizzato e diretto la guerra di liberazione della Jugoslavia. Tito in realtà ha anche un secondo nome, che è Niels in onore di Niels Bohr, il grande fisico danese. A Montreal come a Chalk River non ho mai percepito, tra i ricercatori, quel furibondo antisovietismo che si sentiva in America. C'era, dal punto di vista politico, un clima più tranquillo, meno esasperato. Con le mie idee, io stavo meglio in Canada...»

E qui gli arriva, nell'agosto del 1945, la notizia che la prima bomba atomica è stata lanciata su Hiroshima. La nostra coscienza di oggi fa giudicare quell'esplosione come un vero e proprio crimine contro l'umanità. Ma, sorprendentemente, non è questo il giudizio di Pontecorvo, che in quella esplosione riconosce invece, con una punta di orgoglio intellettuale, il trionfo della scienza, il massimo della potenza espressa dalla fisica moderna.

«Fu questa» precisa «la reazione di tutti noi. Non ne fummo sorpresi. Ci era già noto il risultato positivo di Alamogordo, un test, una prova. E ci aspettavamo per molto presto il lancio della bomba vera. L'obiettivo ormai, dopo la caduta della Germania, non poteva essere che il Giappone. Nessuno di noi naturalmente aveva contatti diretti con gli scienziati del gruppo che lavorava sul cosiddetto Progetto Manhattan, ma qualcosa sapevamo; non tutto era avvolto nel mistero per persone, come me, che pure non si erano mai occupate di bombe».

Può sembrare una dichiarazione reticente ma probabilmente non lo è, nel senso che è vero che dal punto di vista scientifico tutti si aspettavano che ciò avvenisse. Ma è certamente una dichiarazione fredda sul piano umano, quasi che egli volesse ignorare del tutto o avesse dimenticato il prezzo che, in vite umane, venne pagato per questo successo della scienza.

Non molto diversa fu la reazione di Edoardo Amaldi resa molti anni dopo quando già egli faceva parte di un'Associazione degli scienziati per il disarmo: «Ricordo benissimo» scrive Amaldi «che, quando la mattina del 7 agosto venimmo a sapere dalla radio e dalla stampa quotidiana che il giorno prima una bomba atomica era stata sganciata da un aereo statunitense sulla città giapponese di Hiroshima e che questa era stata praticamente annientata, fummo tutti profondamente colpiti e rattristati ma non meravigliati. I commenti con Wick, Ferretti, Bernardini e altri erano più o meno del tipo: "È accaduto ciò che in fondo ci aspettavamo". Si vede che i valori di certi parametri relativi al fenomeno della fissione dell'uranio erano tali da rendere possibile l'utilizzazione dell'energia nucleare non solo a scopi civili, ma anche a scopi militari».

In ambedue i casi, in Pontecorvo come in Amaldi, è il fisico che parla, quasi inebriato dai successi della sua scienza. L'uomo, con le sue sensibilità, i suoi dubbi, i suoi interrogativi morali, resta muto. Prevale la passione per la ricerca, la curiosità per i molti problemi ai quali si era dovuta dare una risposta nel passaggio dalla teoria alla pratica: come si era riusciti a produrre uranio 235 a sufficienza? come era stata definita la sezione d'urto? quale sistema era stato adottato per provocare l'esplosione? e ancora, ancora... i problemi che nel Sito Y erano stati risolti erano innumerevoli, quando se ne sarebbe davvero venuti a conoscenza?

Ai primi di settembre del 1945, esattamente un mese dopo l'esplosione di Hiroshima, un certo Guzenko, ufficiale addetto al reparto decrittazione dell'ambasciata russa in Canada, fugge portando con sé le prove che i sovietici hanno organizzato una rete di spionaggio attorno alle ricerche atomiche in Canada. Della rete facevano parte alcuni modesti impiegati, un paio di dirigenti del Partito comunista canadese e ben quattro componenti del Research Council. Di questi, tre vengono immediatamente identificati, con il nome di codice e il nome vero. Il quarto (nome di codice Alek) è direttamente coinvolto negli studi e nella preparazione della bomba e Guzenko non ne sa quasi nulla. I servizi segreti inglesi, e quelli americani, si mobilitano per identificarlo, e ci riusciranno: si tratta di uno scienziato di origine inglese, Alan Nunn May, che era arrivato nel gennaio del '45 a Montreal, per lavorare nel gruppo di ricerca diretto da Lord Cockroft.

Alan Nunn May, che da qualche settimana è tornato a Londra, viene tallonato per alcuni mesi nella speranza di scoprire con lui altri membri della rete di spionaggio. Alla fine, nel marzo del 1946, viene arrestato. Secondo Lord Cockroft, per l'incarico ricoperto, Alan Nunn May sapeva praticamente tutto delle ricerche in corso e durante il processo ammise la sua colpa, se colpa si poteva chiamare l'aver fatto conoscere ai sovietici, fin nei dettagli, la tecnica secondo la quale si era verificata l'esplosione di Hiroshima. Nunn May sarà condannato per questo a dieci anni di carcere e ne sconterà sei, (è stato rilasciato per buona condotta nel 1952, nel 1962 si è trasferito nel Ghana per insegnare fisica in quella università). Tutti gli scienziati di un certo livello e anche Pontecorvo naturalmente lo conoscevano: sembrava un tipo molto simpatico, cordiale, ma assolutamente non interessato alla politica. Il suo coinvolgimento in una rete di spionaggio fu una sorpresa per tutti.

Lo scoppio del caso Guzenko rese da un giorno all'altro più aspri i rapporti tra americani e sovietici, e più sospettosi i servizi segreti occidentali, che moltiplicarono i controlli su quanti lavoravano a Chalk River e a Montreal. Si riaprirono tutti i dossier, si esaminarono al microscopio le vite di tutti, si sottoposero gli interessati a nuovi stringenti interrogatori. Anche questa volta lo screening liberò da ogni sospetto Pontecorvo, che nel gennaio del 1946 era passato alle dirette dipendenze del ministero degli Approvvigionamenti, da cui dipendono le ricerche nucleari.

«Continuavo a occuparmi di neutrini. Allora, nel 1946, i neutrini erano generalmente considerati come particelle non rilevabili e molti rispettabili fisici erano del parere che lo stesso problema della rivelazione di neutrini liberi fosse privo di senso. In quel tempo gli scintillatori che verranno utilizzati in seguito non erano ancora stati inventati e a me venne in mente che il problema potesse essere risolto con metodi radiochimici, attraverso l'utilizzazione del cloro. Il metodo che chiamai Cloro Argon avrebbe funzionato molto brillantemente e viene ancora utilizzato. A Wolfang Pauli, che incontrai nel 1947 nel mio primo viaggio in Europa dopo la guerra, l'idea piacque molto: secondo lui poteva funzionare. Fermi, con il quale ne discussi a Chicago, non mi sembrò entusiasta dell'uso di questo metodo per il neutrino, mentre gli piacquero molto i miei contatori proporzionali. Ora, rivedendo il passato, capisco bene la reazione di Fermi. Mi sembra sia stato Segrè a dire che Don Chisciotte non era certo l'eroe di Fermi. Egli non poteva guardare con simpatia ad un esperimento che fu portato a termine brillantemente grazie agli sforzi di Davis, ma solo molti anni dopo essere stato concepito...»

La guerra è finita. È costata milioni di morti, ha raso al suolo intere città, ma gli Alleati hanno trionfato contro i paesi del fascismo: la Germania, il Giappone, l'Italia. A questa vittoria l'Urss ha pagato un tributo di quasi venti milioni di morti.

La guerra è finita. Ma non è finita la rincorsa all'atomica. L'America ha già sperimentato la sua su Hiroshima, non intende sospendere le ricerche, ma soprattutto non intende scambiare con nessuno i segreti atomici. Così decide il Congresso, nell'agosto del 1946, approvando la Legge Mc Mahon. Questa decisione ferisce in modo particolare l'Inghilterra che, nonostante avesse definito, negli anni precedenti, precisi accordi di collaborazione con gli Usa, veniva ora costretta a ripercorrere con le sole sue forze la strada per divenire una potenza nucleare, senza di che – su questo conservatori e laburisti erano perfettamente d'accordo – il paese sarebbe stato ridotto a potenza di secondo o terzo rango.

Per trattare su un piano di uguaglianza con gli Usa e su un piano di forza con l'Urss, Londra dovrà quindi avere la «sua» atomica.

La decisione viene presa ai primi del 1947. Sarà il ministero degli Approvvigionamenti a presiedere ai lavori, mentre alla testa dell'organismo che si sarebbe occupato delle ricerche dal punto di vista scientifico e tecnologico viene chiamato Lord Cockroft, lo scienziato che già aveva diretto le ricerche del gruppo anglocanadese durante la guerra.

Fu Lord Cockroft a chiamare Bruno Pontecorvo nel nuovo centro. Lo scienziato aveva ottenuto nel marzo del 1948 la cittadinanza inglese. Quando arriva a Londra dunque non è più uno «straniero nemico».

VII
ULTIMO INDIRIZZO CONOSCIUTO

La località nella quale il centro di ricerche nucleari inglesi avrebbe dovuto sorgere venne scelto nel 1946. Fu Lord John Cockroft a esaminare varie proposte e poi a decidere.

« Ci trovammo ad Harwell in una ventosa giornata del febbraio del '46 per una visita di sfuggita, provenienti dal Canada » racconta lo stesso Cockroft. « Ci fu un grande scambio di radiogrammi transatlantici con i tecnici del nostro centro canadese prima di scegliere la località in cui dovevamo stabilire il nostro vivere quotidiano. Bisognava cominciare subito e l'unica soluzione era far arrivare pezzo per pezzo le case prefabbricate e montarle nel luogo più adatto, aggiungendovi nel tempo stesso i vari servizi e le fognature in modo da evitare le lamentele. Ne è venuta fuori una plaga chiusa dentro un alto recinto metallico, sulla quale si ergono ciminiere di mattoni, fabbricati massicci, file di case prefabbricate e centinaia di autobus in sosta su un'immensa distesa asfaltata battuta dal vento... »

Lord Cockroft ammette che « qualche particolare avrebbe potuto esser disposto meglio se avessimo avuto più tempo. In una notte di luna, » aggiunge « i tetti di paglia e di coppi, gli olmi, i granai e le fattorie del villaggio vecchio, in confronto con il bagliore elettrico e il lampeggiare sinistro delle officine dello stabilimento, formano un eloquente contrasto tra passato e presente ».

Harwell, la località scelta per l'installazione del nuovo centro, era un vecchio villaggio nelle vicinanze di Oxford con una chiesa del Trecento, dove si racconta che san Giorgio abbia ucciso il drago.

Un luogo tutt'altro che gradevole, stando alla descrizione che ne fanno lo stesso Cockroft e tutti coloro che lo videro in quegli anni.

«C'è qualcosa di minaccioso e repellente nell'aria stessa» racconta Alan Moorehead, il giornalista che ha condotto la prima inchiesta sulla fuga di Pontecorvo. «Si sale ad Harwell da Oxford per una normale strada di campagna e quel che subito si offre allo sguardo è un recinto metallico al quale sono attaccati dei cartelli indicatori. Una copia dell'Official Secret Acts è ben visibile sul cancello centrale, accanto al quale si apre il corpo di guardia della polizia. C'è molta polizia ad Harwell.»

Il primo villaggio di abitazioni prefabbricate in alluminio era disposto a ferro di cavallo su un pendio. Sembrava una conigliera gigante e le abitazioni erano modestissime. Ma, per fortuna, non era obbligatorio abitare lì. E infatti la maggioranza degli scienziati e dei tecnici che erano stati chiamati ad Harwell preferirono andare ad abitare in qualche località vicina, piccoli villaggi verdeggianti, vecchiotti e tranquilli, posti in un raggio di pochi chilometri dal centro di ricerche.

Così fece anche Bruno Pontecorvo, che stabilì la sua residenza ad Abington, a pochi passi dalla casa di un vecchio amico, il professor Seligman, con il quale aveva già lavorato in Canada e con la cui famiglia anche Marianne aveva stabilito affettuosi rapporti.

Era l'inizio del 1949. Bruno, Marianne e i bambini (rispettivamente di undici, cinque e quattro anni) presero possesso di una casetta come mille altre, con il piccolo prato davanti ben curato, la siepe tagliata con attenzione e qualche cespuglio di piccole rose arrampicato sul cancello. La casa dei Pontecorvo tuttavia si distingueva da tutte le altre perché il prato non era ben curato, la siepe non era tagliata con attenzione e non c'era nessun cespuglio di rose vicino al cancello. Il giardino dei Pontecorvo era una piccola foresta, invasa da erbacce e cespugli e da un paio di oche affamate e starnazzanti.

Altri quattro Pontecorvo, Guido, Anna, Laura e Giovanni, vivevano allora a Londra. Nessuno di loro apprezzava il giardino di Abington, e tanto meno le oche che Marianne allevava per il divertimento dei bambini.

Proprio le oche, quelle innocenti e rumorose oche, costituirono dopo la sparizione di Bruno Pontecorvo e della sua famiglia una traccia, per quanto labile, per gli investigatori. Quando infatti agenti dei servizi segreti si diedero a interrogare tutti i conoscenti dei Pontecorvo per ottenere qualche informazione sulle cause della loro improvvisa scomparsa e sulla loro possibile destinazione, si incontrarono con una vicina di casa che aveva avuto in consegna da Marianne le due oche con questa raccomandazione: «Prendetevene cura, per favore. Non so esattamente quando torneremo... Caso mai, ammazzatele». Tutto qui. Ma è difficile pensare che con questa frase Marianne preannunciasse la sua fuga.

Quando qualcuno sparisce improvvisamente, o muore, c'è sempre un amico, un parente, un vicino che ricorda un episodio, un atteggiamento, una parola che forse avrebbero potuto farci prevedere l'evento. Così accadde quando, ai primi di ottobre, la polizia e i servizi segreti cominciarono a indagare sulla misteriosa sparizione del fisico e della sua famiglia.

La signora Seligman, che aveva organizzato per i Pontecorvo una serata d'addio prima della loro partenza per le vacanze italiane, ricordò che Marianne appariva particolarmente triste, quella sera. Sembrava appartarsi e si nascondeva leggendo una copia di «Vogue». Quando la signora Seligman le si era avvicinata, si era accorta che la giovane donna aveva le lacrime agli occhi. Non vi aveva dato molta importanza, perché tutti sapevano, nella piccola comunità, che Marianne era spesso depressa. Una partenza è sempre occasione di malinconia, aveva pensato la signora Seligman e aveva dimenticato l'episodio. Sollecitato a riferire anche il più piccolo particolare, il professor Seligman ricordò di aver giocato a tennis con Bruno, come di consueto, pochi giorni prima della sua partenza. Finita la partita, gettandosi un asciugamano sulle spalle e strofinandosi vigorosamente, Bruno aveva aggiunto: «Be', spero che avremo un'altra occasione di farci una partita!».

E ancora, un'altra vicina testimoniò che Marianne le aveva detto, qualche giorno prima della partenza, che anche se il marito non fosse rientrato ad Abington, lei certamente sarebbe tornata con i bambini. Brandelli di vecchie conversazioni, parole senza importanza, che certo non potevano far presagire una fuga, irrilevanti ai fini delle indagini e che tuttavia andavano tutte puntualmente verbalizzate.

Era passato un mese dalla sparizione dello scienziato con la famiglia quando gli inquirenti forzarono la porta della villetta di Abington. I primi a entrare furono alcuni agenti del servizio segreto. Tutto era perfettamente in ordine. La cassetta delle lettere aveva però rovesciato sul pavimento del piccolo ingresso mucchi di posta inevasa: un biglietto del professor Caldirola di Padova che era venuto, invano, dietro invito di Pontecorvo, ad ascoltare una conferenza ai primi di settembre, alcune lettere dei genitori di Marianne, con le quali si lamentavano di non aver ricevuto ancora notizie dei nipotini, una lettera di Giuliana da Roma («Che devo fare della bicicletta di Gil che avete lasciato qui? rimandarla in Inghilterra o tenerla fino alla prossima estate?») e altre comunicazioni senza importanza.

Gli abiti invernali erano negli armadi, gli scaffali erano colmi di libri, i tavoli erano coperti di carte e riviste, i giocattoli abbandonati nella camera dei bambini. Al lattaio era stato raccomandato di portare, come sempre, il latte, lo yogurt e la panna a partire dal 3 settembre. Dopo qualche giorno, però, il lattaio, vedendo che la merce non veniva ritirata, aveva sospeso le consegne.

La perquisizione fu molto accurata, tutte le carte vennero lette ed esaminate con attenzione, tutti i libri vennero sfogliati, tutte le fotografie vennero riprodotte e sottoposte a controlli, ma nulla fu trovato che potesse essere di qualche utilità alle indagini.

Si accertò che sul conto di Pontecorvo erano ancora depositate 165 sterline nella banca locale e 1714 dollari sulla sua vecchia banca canadese, mentre nell'ufficio postale di Abington c'era una piccola somma, appena 52 sterline, intestata a Marianne.

Alcuni degli inquirenti avanzarono l'ipotesi che lo scienziato fosse stato rapito, altri erano convinti che avesse abbandonato l'Inghilterra volontariamente. Sembrò strano, comunque, che non avesse lasciato un messaggio, una dichiarazione, una spiegazione, assolutamente nulla, dietro di sé.

Bruno Pontecorvo era partito da Roma per Stoccolma il 31 agosto del 1950. Solo dopo un mese qualcuno, ad Harwell, aveva cominciato a preoccuparsi della sua assenza.

Prima di imbarcarsi su quell'aereo, Pontecorvo aveva mandato una lettera alla direzione del Centro di Harwell, spiegando che aveva avuto un guasto alla macchina, che la riparazione avrebbe richiesto alcuni giorni, ma che sperava, nonostante questo imprevisto, di essere di ritorno in tempo per la conferenza già fissata nella settimana tra il 7 e il 13 settembre. Non c'era motivo di dubitare della veridicità di questa comunicazione. La direzione del Centro gli aveva subito risposto, all'indirizzo di Roma della sorella Giuliana, raccomandandogli di passare, sulla via del ritorno, al laboratorio di Chamonix dove un gruppo di scienziati aveva avviato ricerche importanti sui raggi cosmici, problema al quale anch'egli stava lavorando ormai da anni, con risultati assai brillanti.

Pontecorvo non ha mai ricevuto questa lettera e nessuno lo ha visto a Chamonix, né i suoi genitori che vi trascorrevano le vacanze e che lo aspettavano, né i suoi colleghi cui la visita era stata preannunciata da Harwell.

Fu proprio la mancanza di questa visita e di ogni altra comunicazione a mettere in allarme i dirigenti del Centro e a far scattare, alla fine di settembre, le indagini. Per qualche settimana si riuscì a tener segreta la vicenda, poi se ne impadronirono i giornali. E fu lo scandalo.

Se lo scienziato non era stato rapito, se aveva abbandonato volontariamente quello che era ormai il suo paese e se, come era lecito sospettare, era andato in Urss, allora bisognava chiedersi: ma chi era, veramente, Bruno Pontecorvo?

C'era qualcosa di segreto nel suo passato? I servizi di sicurezza non avevano peccato di estrema leggerezza autorizzandolo a lavorare prima a Montreal e poi ad Harwell? A che titolo e come aveva ottenuto la cittadinanza inglese? E chi era, veramente, sua moglie? Era davvero, come appariva, un essere fragile e scarsamente interessato alla politica, o non era invece anche lei una militante comunista forse il vero cervello della fuga?

Il premier Attlee aveva preso, a suo tempo, solenne e pubblico impegno di escludere comunisti e fascisti da incarichi che avessero una qualche connessione con la sicurezza nazionale. E dunque come era stato possibile che Pontecorvo, imparentato con esponenti autorevoli del Partito comunista italiano, avesse ottenuto un incarico ad Harwell?

Le domande, le accuse, i sospetti si moltiplicavano. Questa vicenda, dopo quella di Fuchs, sembrava legittimare tutte le riserve degli americani nei confronti degli alleati inglesi, giudicati inaffidabili, incapaci di garantire, in un settore così delicato, le necessarie regole di segretezza e sicurezza. Per gli inglesi che, pur portando avanti la loro ricerca autonoma, non avevano rinunciato a uno scambio di informazioni e a una collaborazione con gli Usa nel settore della ricerca nucleare, il colpo era gravissimo.

Il ministro degli Approvvigionamenti, George Strauss, dal quale dipendeva il settore della ricerca nucleare, tentò disperatamente di evitare o almeno di rinviare il dibattito in Parlamento. Ma alla fine dovette arrendersi e rispondere alle numerose interrogazioni che gli erano state indirizzate. Lo fece nel corso di due sedute: il 23 ottobre e il 6 novembre.

Nel corso della prima seduta egli si limitò a ricostruire molto succintamente i fatti, ricordando gli incarichi ricoperti da Pontecorvo, cittadino inglese ormai dal marzo del 1948. «Nel corso di questi incarichi,» precisava il ministro «Pontecorvo non ha avuto accesso, altro che in modo assai limitato, a ricerche di carattere segreto. Tuttavia non posso escludere che, ad Harwell o in Canada, egli abbia potuto raccogliere informazioni che potrebbero essere utili a una forza nemica.»

Il governo, già messo sotto accusa pochi mesi prima per

il caso Fuchs, era soprattutto interessato, ora, a rassicurare il Parlamento, la stampa e la pubblica opinione a proposito dell'efficienza dei propri servizi segreti. Il ministro quindi si affannò a ricordare che molte volte, nel corso della sua vita, Bruno Pontecorvo era stato sottoposto a controlli, non solo da parte dei servizi inglesi, ma anche da parte di quelli americani, per accertarne la fedeltà democratica, per accertare cioè se avesse avuto in passato o mantenesse tuttora legami e rapporti con organizzazioni di sinistra e di orientamento comunista.

«Nel corso di questi controlli» affermava il ministro «nulla è mai risultato a suo carico.»

«È vero che nella famiglia Pontecorvo ci sono dei comunisti e che lo stesso scienziato era amico strettissimo di Fuchs?» La domanda dell'onorevole C.S. Taylor aveva tutta l'aria di una rivelazione, e infatti suscitò molta indignazione e sorpresa tra i banchi.

«No, non è esatto che ci fosse tra Fuchs e Pontecorvo una così stretta amicizia» replicò con sicurezza il ministro. E, con una punta di fastidio di fronte all'incalzare delle domande e al nervosismo dell'aula, aggiunse: «Signori, non è possibile a mio avviso accertare, per ognuno di coloro che lavorano in uno stabilimento di ricerca, se abbia amici o parenti in qualche modo collegati a organizzazioni comuniste o fasciste. O meglio, non è possibile farlo senza andare oltre limiti che questa Camera non riterrebbe tollerabili».

Due settimane dopo, il 6 novembre, si tornava a discutere dell'argomento. Il tono era analogo: i parlamentari tentarono ancora di mettere sotto accusa i servizi di sicurezza, e il ministro ne difese l'operato, la correttezza e l'efficienza, rassicurando nel contempo il Parlamento e la pubblica opinione: «Per quanto ne sappiamo non risulta che il professor Pontecorvo abbia portato con sé qualsivoglia documento dell'istituto di ricerca nel quale lavorava e, del resto, per quanto ne sappiamo il professor Pontecorvo non aveva accesso a ricerche di carattere segreto».

Interrogato nuovamente sulle misure di sicurezza adottate nei confronti degli scienziati addetti al settore della ricerca nucleare, il ministro Strauss informava della presenza, ad Harwell, di dodici scienziati naturalizzati: sei tedeschi, tre austriaci, uno svizzero, uno polacco ed uno americano. Si trattava, precisava Strauss, di persone arrivate in Inghilterra come rifugiati, prima e durante la guerra, tutti ripetutamente sottoposti a controllo « in vista di una loro possibile affiliazione al comunismo ». Si trattava, assicurava ancora, di persone fedeli alla Corona e sarebbe stato assai spiacevole se, per colpa di uno di loro che aveva tradito, si fosse gettato il discredito su tutti gli altri che, da anni ormai, lavoravano correttamente e fedelmente per il paese, dando un prezioso contributo alla ricerca in un settore così delicato.

In quanto a Pontecorvo, infine, « mentre non ho prova sicura del luogo dove egli si trova adesso, pure non ho dubbi che egli si trovi in Russia ». E con questa affermazione il dibattito parlamentare si concluse.

Ma lo stesso dibattito proseguiva sulla stampa internazionale e tra gli amici che avevano conosciuto e amato Pontecorvo. Era partito davvero volontariamente? Davvero volontariamente aveva lasciato le sue ricerche, i suoi studi, la sua casa, il suo mondo? O forse qualcosa lo aveva all'improvviso obbligato ad abbandonare tutto? E ancora: Bruno era una spia? un fanatico? un illuso?

I Fermi espressero pubblicamente il loro sincero stupore e il loro rammarico. Tra l'altro, assieme ad Amaldi, Segrè, D'Agostino, Rasetti e Trabacchi, essi furono gravemente danneggiati, sul piano personale, da questa fuga. Proprio alla fine di ottobre infatti, giungeva sul tavolo del magistrato la causa contro il governo americano per aver utilizzato, senza pagare il brevetto, la scoperta di cui il gruppo di via Panisperna era stato l'autore nell'autunno del 1934.

La causa era sponsorizzata da Gabriello Giannini, un vecchio compagno di università di Amaldi e Majorana, che finiti gli studi, si era trasferito in America dove aveva impiantato una importante industria. Egli aveva trovato gli avvocati giusti che chiesero una cifra molto grossa, dieci milioni di dollari, il che, sottratta pure la parte spettante a Giannini e agli avvocati, avrebbe significato per gli autori della scoperta qualcosa come un milione di dollari a testa.

Edoardo Amaldi convenne con la moglie, Ginestra, di rinunciare a quella somma: «La nostra esistenza ne sarebbe rovinata. Finiremmo per cambiar vita e questo non lo vogliamo assolutamente». Decisero quindi di offrirla come contributo per la costruzione di un ciclotrone.

Il progetto non poté avverarsi perché, racconta Amaldi, «Giannini con la fuga di Bruno si trovò in una situazione molto delicata, anche perché la sua industria costruiva strumenti per i cruscotti degli aerei e aveva contratti con le forze armate. Gli avvocati di Washington colsero la palla al balzo, fecero una offerta cento volte più piccola che alla fine fu accettata per chiudere la cosa. Ognuno di noi ebbe la sua parte. Quella di Pontecorvo fu depositata in banca, ritirabile solo di persona». Quei soldi Pontecorvo non li ha mai ritirati, ma, aggiunge Amaldi «uno può dire quello che vuole di Pontecorvo, ma non davvero che gli interessano i quattrini».

Laura Fermi ricorda così i suoi ultimi incontri con Bruno: «Nel corso degli anni non era cambiato, né di aspetto né di carattere. Di bella presenza, simpatico, allegro e spensierato, era sempre il cucciolo che ci era stato amico a Roma. Una volta ci venne a trovare a Chicago prima del nostro trasferimento a Los Alamos. Si era fratturato una gamba, sciando sulle montagne canadesi, ma non se ne curava. Saltellava di qua e di là con le grucce, conservando l'innata eleganza dei movimenti e felice di essere oggetto dell'interesse generale. Sorrideva gaiamente agli amici che si informavano, ansiosi della sua gamba e poi saltellava con rinnovata vivacità... Lo avevamo visto l'ultima volta nel 1949 a Basilea e a Como, in occasione di due congressi internazionali di fisica. A Basilea, Enrico aveva nuotato con lui un paio di chilometri nel Reno. A Como avevano giocato a tennis insieme. E questi sono i nostri ultimi ricordi. Del resto», conclude Laura Fermi, «per quel che ne sapeva Enrico, Pontecorvo non aveva mai avuto accesso a informazioni importanti dal punto di vista militare. Ad Harwell si occupava di raggi cosmici, non di ricerche segrete».

Lo conferma Amaldi: «Quanto al fatto che conoscesse dei segreti atomici, ho molti dubbi. Ad Harwell si faceva del lavoro riservato, ma non segreto e ricerca fondamentale completamente aperta. Dalle conversazioni che avevo avuto con lui in quel periodo era chiaro che si occupava di raggi cosmici e sviluppava certe tecniche di cui era libero di parlare. Non credo avesse informazioni sulle armi atomiche che venivano sviluppate in tutt'altra sede».

Ma su questo vale la pena di lasciare direttamente la parola a Enrico Fermi che così commentò la fuga del suo allievo: «La mia impressione è che se egli è andato in Russia, il suo contributo al lavoro dei sovietici non verrà tanto dalle cose di cui può essere venuto a conoscenza in Canada o ad Harwell, quanto piuttosto dalla sua competenza scientifica in genere».

Come dire che Bruno Pontecorvo andando in Urss non aveva portato con sé né una formula né un segreto, ma soltanto la sua testa, che era la testa di uno scienziato di prim'ordine.

PARTE SECONDA

LE DUE VERITÀ

LA VIRTÙ DEL COMUNISTA
« Chiunque combatta per il comunismo,
dev'essere pronto a combattere
o a non combattere,
a dire la verità o a non dire la verità,
a prestare i suoi servigi o a rifiutarli,
a mantenere le promesse o a
infrangerle,
a esporsi al pericolo o ad evitarlo,
a farsi riconoscere o a mantenere
l'incognito.
Chi combatte per il comunismo,
ha un'unica virtù:
di combattere per il comunismo. »
Bertolt Brecht

Bruno Pontecorvo ha fornito all'Urss, fin dal 1943, appena arrivato a Montreal, dati e informazioni necessari per la costruzione della prima bomba atomica sovietica: lo sostiene Oleg Gordievskij, nella sua Storia segreta del Kgb. *Gordievskij nel momento della sua fuga in Occidente, nel 1985, aveva raggiunto un altissimo grado nel Kgb ed era stato appena nominato « residente » a Londra. Lo scienziato, scrive Gordievskij, offrì spontaneamente alcune informazioni, tanto spontaneamente che l'ambasciata sovietica a Ottawa non prese nemmeno in considerazione la proposta, forse pensando che si trattasse di un imbroglione o di un provocatore. Pontecorvo fece quindi pervenire all'ambasciata un plico di documenti e calcoli segreti. E solo a questo punto, e dopo che questi dati erano stati trasmessi a Mosca, il «residente» canadese, l'uomo cioè dei servizi sovietici, si indusse a prendere contatto con lo scienziato che lavorava nel Centro anglocanadese per l'energia atomica.*

Chi è comunista, chi sceglie di essere comunista, chi decide della sua appartenenza in un momento così drammatico della storia del mondo, negli anni cioè della guerra di Spagna e del patto russo-tedesco, ha deciso per sempre. La fedeltà all'Urss costituisce il centro della sua coscienza, il nucleo irrinunciabile della sua identità. Per quei comunisti, ogni decisione ogni atto della propria vita viene subordinato alla necessità di sostenere l'Urss, il paese del socialismo realizzato, il paese che incarna i loro ideali. Per sostenere e difendere l'Urss, nessun sacrificio è eccessivo. Nessuna fedeltà, al proprio lavoro alla propria famiglia al proprio paese a se stessi, può essere anteposta alla fedeltà per l'Urss.

Questa è la sua morale, non altra. E dunque, perché mai Pontecorvo non avrebbe dovuto trasmettere a Mosca le informazioni di cui era in possesso? Secondo questa ricostruzione Bruno Pontecorvo, comunista dal 1939, facente parte del ristretto gruppo degli scienziati che aveva lavorato prima con Fermi e poi con Joliot-Curie, sarebbe stato per molti anni, ben prima della sua fuga da Londra, un informatore a disposizione dell'Urss.

Gordievskij non è il solo a sostenere questa tesi. Ne è altrettanto sicuro Kirill Chenkin, un personaggio singolare, che dopo aver lavorato tra il 1941 e il 1944 nei servizi segreti sovietici, passò alla sezione francese di Radio Mosca prima di fuggire definitivamente in Occidente. Secondo Chenkin sarebbe stato lo stesso Berija, dal 1946 a capo delle ricerche sull'energia atomica, a decidere della vita e del lavoro di Pontecorvo, a ordinare, pochi mesi dopo lo scandalo Fuchs, che lasciasse il laboratorio di Harwell per trasferirsi in Urss dove avrebbe potuto dare un più importante contributo alle ulteriori ricerche. «Più tardi» insiste lo stesso Chenkin «Krusciov arrivò addirittura a dare in prestito Pontecorvo ai cinesi. Ciò accadde poco prima della rottura tra i due paesi. Per cui Bruno Maximovich fu richiamato senza riuscire a soggiornare a Pechino neppure un anno...»

Quanto sono attendibili queste due fonti? Chenkin, per sua stessa ammissione, riferisce di cose e vicende che non ha conosciuto direttamente. Diverso valore potrebbe avere la tesi di Gordievskij che, pur non avendo gestito personalmente la vicenda Pontecorvo, dichiara di avvalersi di informazioni che vengono dall'interno dell'apparato del Kgb. Se accettiamo questa tesi, per la quale comunque mancano prove decisive d'archivio o testimonianze inoppugnabili, dobbiamo immaginare che Bruno Pontecorvo, escluso dalla équipe di Los Alamos per «motivi di sicurezza», abbia avuto tuttavia accesso, nel laboratorio di Montreal e di Chalk River in Canada, a dati e ricerche che avevano diretta attinenza con la costruzione della bomba, dati e ricerche che, in ogni modo, non misero in condizione l'Inghilterra di far scoppiare la sua bomba fino alla fine del 1952.

Da lì egli avrebbe mandato informazioni preziose a Mosca, non sappiamo quali e quante. Lo scienziato, ripetutamente interrogato su questo punto, nega con molta decisione di aver mai avuto accesso, in Canada, a segreti atomici, tantomeno di aver avuto rapporti con i sovietici.

Nel settembre del 1945, come abbiamo già avuto occasione di ricordare, scoppia in Canada il cosiddetto caso Guzenko. A seguito delle sue rivelazioni tanto clamorose da apparire in un primo momento inverosimili, ma sostenute da documenti autentici che egli ha sottratto dall'ambasciata, viene smantellata la rete di informatori che operava in Canada. Vengono portati di fronte ai giudici e condannati un deputato del Partito comunista canadese, un paio di funzionari ministeriali e uno scienziato di valore, il fisico inglese Alan Nunn May, un uomo modesto, freddo e tranquillo che poi avrebbe dichiarato: «Tutta la storia fu per me estremamente penosa, ma mi ci imbarcai soltanto perché mi sembrava il contributo che potevo dare alla salvezza dell'umanità». L'operazione a carico di Alan Nunn May e dei suoi complici venne condotta con molta attenzione e senza fretta. Sembra inverosimile che il solo Pontecorvo fosse del tutto sconosciuto a Guzenko, incaricato della decrittazione di tutti i messaggi tra il Canada e l'Urss e viceversa. E sembra altrettanto inverosimile che egli sia riuscito a sfuggire all'attenzione dei servizi segreti canadesi, inglesi e americani che, sulla base di quelle carte, procedettero a un attento controllo di tutto il personale, e in particolare di quello straniero, che lavorava nel Comitato anglocanadese.

Non c'è dubbio comunque, ed egli lo ammette tranquillamente, che Pontecorvo conoscesse Nunn May.

Cinque anni dopo, ad Harwell, si verifica una «coincidenza» analoga. Pontecorvo conosceva Klaus Fuchs, arrestato e condannato per spionaggio a favore dell'Urss.

Nel corso di queste indagini, che possiamo immaginare estremamente accurate, i servizi inglesi e americani non trovano nulla a carico di Bruno Pontecorvo. E, nel corso del dibattito parlamentare, il ministro Strauss esclude, come abbiamo già visto, che ad Harwell egli avesse avuto accesso a materiali e ricerche di un qualche interesse militare. Tutto questo farebbe concludere che Pontecorvo non sia mai stato un agente sovietico.

Ma è anche vero che, dopo la scoperta e la condanna di Fuchs, Pontecorvo decide di accettare l'incarico all'Università di Liverpool, che inevitabilmente lo allontanerà dalla ricerca più importante alla quale da anni si era applicato. Lo fa perché, di fronte al dilagare della «caccia alle streghe», intende ricavarsi un angolo di tranquillità? O lo fa perché, dopo la scoperta e la condanna di Fuchs, si sente direttamente in pericolo?

È anche possibile infatti che il ministro Strauss non abbia detto tutta la verità alla Camera dei Comuni. Messo sotto accusa per l'insufficienza dei controlli e la loro superficialità, il ministro potrebbe aver ritenuto più opportuno in quel momento difendere l'onorabilità e l'efficienza degli apparati di sicurezza del paese, anziché perseguire le eventuali responsabilità di uno scienziato ormai approdato in Urss.

Se è vera l'ipotesi di Gordievskij, allora bisogna attribuire a Bruno Pontecorvo un sangue freddo e una capacità di autocontrollo assolutamente eccezionali. Egli assiste, senza emozione, all'arresto e alla condanna di Fuchs. Aspetta istruzioni. E il Kgb decide, dopo alcuni mesi, di metterlo in salvo. In Inghilterra egli può ormai considerarsi in grave pericolo, mentre in Urss potrà essere prezioso per lo sviluppo delle ricerche nucleari, che dopo lo scoppio della prima atomica, continuano a pieno ritmo.

Il «residente» di Londra, quindi, prende contatto con lui e gli dà le indicazioni essenziali per la fuga. Continui pure la sua vita normale a Londra, accetti pure l'incarico accademico a Liverpool, vada pure in vacanza in Italia come ha deciso. A Roma qualcuno *gli darà le ultime istruzioni per la fuga. A Mosca lo attende un importante laboratorio, una comunità di scienziati di altissimo livello. Lì potrà, tranquillamente, continuare i suoi lavori nell'interesse della scienza e dell'intera umanità, nell'interesse stesso della pace, messa in pericolo dal monopolio atomico degli Usa e dalla follia bellicista dei centri imperialisti americani. Bruno Pontecorvo esegue.*

UNA VITA DEVIATA

« Proprio come un fiume
Io fui deviata. Mi deviò la mia era poderosa.
Barattarono la mia vita: essa allora
Percorse un'altra valle, altri paesaggi.
E ignoro le mie rive, o dove siano... »

Anna Achmatova

La vita di Bruno Pontecorvo venne deviata, come quella di tanti altri intellettuali occidentali, prima dall'impegno antifascista e dalla solidarietà con i combattenti di Spagna e poi dalle vicende della «guerra fredda».

Credettero a tutto, ciecamente, uomini come Hemingway e Paul Eluard, come Joliot-Curie e John Steinbeck. Credettero che lì, in Urss, si stava costruendo un mondo nuovo e un uomo nuovo, diversi da tutto ciò che prima si era visto sulla Terra. Credettero all'utopia secondo la quale l'uomo, liberato dalle catene dello sfruttamento, sarebbe emerso innocente e pulito come prima della cacciata dal Paradiso Terrestre. Credettero a tutto intellettuali tra i più raffinati e disincantati del mondo, da Picasso a Carlo Levi, da Bernard Shaw all'ambasciatore americano Davies che, di fronte a realtà documentate sugli orrori della collettivizzazione o dei lager, chiusero gli occhi pensando che fossero menzogne, opera dei fascisti o del diavolo.

Intellettuali e sociologi, studiosi di criminologia e di medicina del lavoro, pedagoghi pittori scrittori e musicisti videro e condannarono i lager nazisti ma non riconobbero quelli staliniani, sui quali pure esisteva una copiosa documentazione. Videro la mostruosità del processo contro Dimitrov accusato dai nazisti dell'incendio del Reichstag, ma non la mostruosità del processo contro Rajk, accusato dai sovietici di essere una spia degli imperialisti e di Tito.

Dall'Urss e dai paesi conquistati dall'Esercito rosso e ridotti al rango di satelliti o colonie giungevano, anche in quegli anni, i lamenti dei disperati e le testimonianze dei profughi. Nessuno di questi ebbe ascolto nelle file della sinistra.

Anche coloro che avevano avuto dei dubbi in alcuni momenti, anche coloro che avevano criticato o condannato il Patto Molotov-Ribbentrop (e noi sappiamo che Pontecorvo non era stato tra questi), anche coloro che si erano indignati di fronte alla spartizione della Polonia e all'invasione della Finlandia, anche questi si ricredettero durante la guerra, quando le armate naziste si infransero contro la resistenza di Mosca e di Stalingrado. Questa resistenza eroica divenne la prova dell'identificazione tra Stalin e il suo popolo, tra il socialismo e l'Unione Sovietica: un blocco compatto, che si ergeva a difesa degli oppressi dei deboli degli sfruttati di tutto il mondo.

L'Urss aveva pagato per la vittoria contro il nazismo un prezzo inverosimile: oltre venti milioni di morti. E questi morti furono il sangue mistico di una credenza politica che si trasformava in religione.

« Mi deviò la mia era poderosa... »

Bruno Pontecorvo non ha mai passato informazioni ai sovietici. Non ne avrebbe nemmeno avuto la possibilità. Non a Chalk River, non a Montreal si conservavano i segreti della bomba atomica, ma solo in quello che Laura Fermi ha descritto come Sito Y, sull'altopiano del Nuovo Messico. E infatti Fuchs riuscirà a trasmettere ai sovietici dati di notevole importanza solo quando, nel 1944, verrà aggregato, come membro della delegazione inglese, alla équipe di Los Alamos, una équipe alla quale Bruno Pontecorvo non sarà mai ammesso per « motivi di sicurezza ».

Pontecorvo era un comunista ingenuo, povera scheggia di un mondo comunista che con lo scoppio della guerra si era dispersa dovunque nel mondo. Comunisti e simpatizzanti, in fuga dall'Europa ormai preda del nazismo, si erano rifugiati in America, in Messico, in Africa settentrionale. In molti di questi luoghi erano riusciti a riannodare contatti, a stabilire solidarietà, ad avviare anche qualche attività di proselitismo e propaganda, sia pure tra polemiche e contrasti con altri gruppi di esuli antifascisti e sotto l'occhio vigile della polizia locale.

Bruno Pontecorvo era finito invece sui campi petroliferi dell'Okla-

homa dove il termine «comunista» non aveva, per nessuno, alcun significato. Solo, completamente solo per anni, aveva continuato a nutrire dentro di sé la sua ingenua fiducia in un mondo di giustizia e di uguaglianza rappresentato dall'Urss, la sua tenace fiducia nella vittoria della patria del socialismo contro la barbarie del nazismo e del fascismo.

Pontecorvo era troppo «scoperto» per venire aggregato alle ricerche più segrete. Né gli americani, né gli inglesi, né i canadesi si fidavano del tutto, fino in fondo, di lui. Certo non c'era nulla di preciso a suo carico. La sua iscrizione al Partito comunista, annunciata a Luigi Longo nell'agosto del 1939, era stata una dichiarazione di disponibilità e fedeltà, di cui non era rimasta traccia scritta in nessun archivio. Ma, d'altra parte, egli non aveva mai nascosto i propri orientamenti politici, che esprimeva, quando gliene veniva data la possibilità, anche in modi fanciulleschi. Un esempio? Al figlio, che nasce in Canada nel 1944, verrà imposto il nome di Tito (in onore del maresciallo jugoslavo) e Niels (in onore di Niels Bohr), come a sottolineare le due fedeltà della sua vita, alla scienza e al socialismo.

Era sempre disponibile, allegro, adorava parlare di politica, anche sui campi da tennis. Nessuno avrebbe potuto sensatamente pensare di servirsi di lui per informazioni. Questa ingenuità è la chiave per comprenderne a pieno la personalità.

«Quando Fuchs venne arrestato, non immaginai nemmeno per un attimo che si trattasse di qualcuno che aveva trasmesso informazioni all'Urss. Non lo avrei condannato certo per questo, intendiamoci. Dopotutto egli ha fatto ciò che riteneva giusto, e a quell'epoca i sovietici erano alleati e non nemici dell'America. Ma questo è un altro discorso. No, voglio dirti che quando venne arrestato, io pensai che si trattasse di una mostruosa provocazione, di un altro atto di quel maccartismo che ormai dall'America stava dilagando ovunque, anche in Inghilterra e in Europa.»

Se dunque il maccartismo è ormai una valanga dalla quale non c'è difesa, se prende di mira tutti coloro che hanno avuto un passato di antifascisti, se mette al bando attori e registi e scrittori, costretti con le minacce a rinnegare parenti amici convinzioni, allora anche lui, Bruno Pontecorvo, potrebbe essere chiamato a rispondere di qualche inverosimile reato. Anche lui è ebreo, come gran parte di questi *intellettuali, anche lui si è adoperato, quando viveva a Parigi, a favore di combattenti di Spagna, anche lui non ha nascosto la sua simpatia per l'Urss, anche lui può essere accusato di essere stato e di essere ancora un comunista. Comunista, quindi al servizio di Mosca.*

La persecuzione maccartista non risparmia ormai nessuno: colpisce tutti, da Joliot-Curie, che è stato allontanato in Francia dal suo incarico di presidente della Commissione per l'energia atomica, a Charlie Chaplin che sarà trascinato davanti alla Commissione per le attività antiamericane, costretto prima a giustificare la sua simpatia per i comunisti e per l'Urss e poi ad abbandonare Hollywood e rifugiarsi in Svizzera.

Ma Pontecorvo non ha bisogno di rifugiarsi in Svizzera, esiste per lui un paese più sicuro più amico più nobile della Svizzera, un paese nel quale si va costruendo una società più giusta.

« Tutti mi chiedono ancora perché sono partito. L'ho già detto ed è la verità. Trovavo scandaloso l'atteggiamento antisovietico che andava prevalendo in tutto l'Occidente. Era una cosa molto pesante e molto ingiusta se si pensa a quello che era stata la guerra, a tutti quei russi, milioni di russi, soldati e civili, uomini e donne che erano morti anche per noi. Se non ci fosse stata la resistenza sul fronte russo, se non ci fosse stata Stalingrado, l'Europa sarebbe stata tutta sotto Hitler. Era un'idea orribile. Oggi il termine antisovietico non significa più nulla. Ma allora, per me era poco meno che una malattia, terribile e vergognosa. Giocò anche, certo, il fatto che io volevo in qualche modo mettermi a disposizione dell'Urss. Solo in quel paese, pensavo, la mia passione scientifica e i miei sentimenti profondi non sarebbero entrati in contrasto. Sapevo che i miei studi sulle particelle elementari erano importanti, desideravo che venissero alla luce lì. Questo era un pensiero nuovo. Non mi giudicare presuntuoso, ma pensavo di poter dare anch'io un contributo a quel paese che tanto amavo, perché potesse avere nuovi successi. Non c'entra niente l'atomica. L'Urss aveva già l'atomica, da oltre un anno. Io volevo lavorare per il progresso e la pace, aiutare. Per questo sono partito... »

E così Bruno chiede, attraverso un dirigente comunista italiano al quale è molto legato, di poter andare a lavorare in Urss. Ancora oggi Pontecorvo rifiuta di fare questo nome, e nulla, naturalmente, esiste a proposito di questa vicenda negli archivi del vecchio Partito comunista. È possibile che sia stato Emilio Sereni, suo cugino e primo educatore politico, ad aiutarlo. La risposta alla sua richiesta è positiva, naturalmente. Gli vengono prospettate ottime condizioni: non avrà nessuna preoccupazione economica, disporrà a suo piacimento di un importante laboratorio, potrà applicarsi alle ricerche che preferisce. Emilio Sereni lo avverte: le condizioni materiali del popolo sovietico sono ancora modeste, non esiste quell'abbondanza di beni di consumo che già c'è in Occidente a pochi anni dalla fine della guerra. Ma questo, per Bruno e Marianne, davvero non è un problema. Anche loro amano l'essenziale, una certa sobrietà e severità nello stile di vita.

Così Bruno parte, con la moglie e i figli, per la sua nuova patria. Non è una spia costretta dagli eventi a tornare alla Casa madre. È uno scienziato che va ad assumere un incarico di grande responsabilità.

« E quando sono arrivato a Mosca mi sono sentito come l'Ebreo che raggiunge la Terra Promessa... »

I
UN OSPITE PRIVILEGIATO

Mosca, Alto Paese, Terra Promessa, dove non scorrono latte e miele ma giustizia e uguaglianza. Mosca, Terra Promessa, dove gli uomini hanno un cuore diverso. Mosca, Terra Promessa, dove tutti gli uomini sono padroni del proprio destino.
La famiglia Pontecorvo arrivò a Mosca una mattina di settembre, protetta da accompagnatori e guardie del corpo. Quando da lontano intravide la stella rossa di rubini brillare sul Cremlino, la stella che non era mai stata spenta, nemmeno quando i tedeschi erano arrivati ai sobborghi della città, allora Bruno capì di essere finalmente arrivato. Aveva nella sua mano, stretta, quella di Gil. Si guardarono, emozionati e complici.
Non era un trasloco, un trasferimento, un cambiamento di residenza di lingua di paese, come altri che si erano verificati nella sua esistenza, nella sua vita di scienziato abbastanza giovane, abbastanza ricco, abbastanza introdotto nella società internazionale degli scienziati.
Non era un normale viaggio, né una fuga (da cosa, poi, avrebbe dovuto fuggire? non aveva nulla da temere e nulla da rimproverarsi). Era una scelta. Aveva voluto, in piena coscienza e libertà, abbandonare un mondo nel quale non si riconosceva più, un mondo di ricchezze di ingiustizie di corruzione e di miseria. Aveva voluto, in piena coscienza e libertà, mettere la sua intelligenza e la sua vita al servizio del socialismo. Una scelta dunque, un abbandono e un approdo.

Un approdo in un altro mondo di cui immaginava le difficoltà e le asprezze, ma anche la libertà, la pulizia, la serenità. Un mondo altro, diverso, nel quale tutti i valori venivano in qualche modo rovesciati e ciò che nel mondo alle sue spalle era consentito e apprezzato (la ricerca affannosa del danaro e del successo, l'individualismo sfrenato, la vendita del proprio corpo e della propria intelligenza), qui era condannato e viceversa. Un mondo altro, diverso, nel quale la ricchezza spirituale, il disinteresse individuale, la generosità e forse persino una certa dose di ingenuità non erano irrisi come un impaccio, ma considerati un valore, i connotati appena visibili di quello che sarebbe stato un giorno l'uomo nuovo.

Era questo in fondo che aveva voluto, sognato e preparato da quando dieci anni prima, una mattina di fine agosto del 1939, aveva detto a se stesso e a Luigi Longo: «Io sono un comunista». Questo aveva voluto, sognato, preparato. E adesso era qui, al servizio di questo mondo nuovo. «Dove andiamo?» chiese Gil. «A casa.»

I Pontecorvo erano arrivati a Stoccolma, da Roma, nella tarda serata del primo settembre. La loro presenza non venne registrata in nessun albergo e i genitori di Marianne, che pure vivevano a poca distanza dall'aeroporto, non seppero mai della presenza a Stoccolma della figlia, del genero e dei tre nipotini. Dovevano passare molti anni prima che potessero incontrarsi.

Il giorno dopo, i Pontecorvo si imbarcarono per Helsinki dove arrivarono alle 11. Bruno riempì il modulo di sbarco: alla voce «motivo del viaggio» indicò «turismo», alla voce «presumibile durata della permanenza a Helsinki» scrisse «una settimana», alla voce «indirizzo» rispose «albergo». Rapidamente vennero sbrigate, al controllo passaporti e alla dogana, le formalità d'uso alle quali questa famiglia vagabonda era ormai abituata.

Da Helsinki non era difficile allora raggiungere l'Urss, evitando i controlli della frontiera. Alla rada, c'era da qualche giorno il *Byelostrov*, una nave sovietica la cui partenza, già fissata per la mattina del 2 settembre, era stata improvvisamente e inspiegabilmente rimandata al pomeriggio. Per molto tempo si è pensato, quindi, che i Pontecorvo fossero partiti con quella nave che li avrebbe sbarcati, dopo tre giorni, a Leningrado.

Un giorno, a Roma, mentre le tre sorelle Pontecorvo, Giuliana Laura e Anna, dipanavano assieme a me il filo dei ricordi familiari, Bruno, all'improvviso, ha deciso di raccontare qualcosa di più su quel viaggio:

«No, non salimmo mai su quella nave. Andammo subito all'ambasciata sovietica. E dopo poche ore partimmo, con due macchine. Nella prima avevano trovato posto Marianne e i bambini, ai quali venne detto che io li avrei raggiunti dopo poco. Io viaggiai da clandestino, in un'altra macchina, chiuso nel bagagliaio. Occupai il tempo del viaggio pensando a cosa avrei detto all'arrivo a Mosca. Mi ero preparato una specie di piccolo discorso, rivolto idealmente ai miei colleghi occidentali, col quale intendevo spiegare le ragioni della mia scelta. Uscii all'aria soltanto dopo aver passato la frontiera.»

Di quel viaggio Marianne ricorda i boschi, boschi per chilometri e chilometri. Bruno ricorda l'emozione provata quando vide la stazione di Vyborg, la stazione nella quale era sceso nell'agosto del 1917 Vladimir Ilic Lenin, uno dei tanti rivoluzionari perseguitati dallo zar e costretto all'esilio, ma il cui ritorno a San Pietroburgo avrebbe cambiato la storia della Russia e la faccia del mondo.

San Pietroburgo si chiamava ormai da tempo Leningrado. E Leningrado era la città dell'emozione e della leggenda. Su quella piazza, proprio davanti alla stazione, in piedi su un carro armato (e così immortalato in tanti monumenti), Lenin aveva detto che il tempo delle incertezze e dei compromessi era finito, che era venuto il tempo dell'assunzione piena di responsabilità da parte dei Soviet degli operai dei contadini e dei soldati. Questa era la città dove si era ammutinata l'*Aurora*, dove gli operai delle officine Putilov avevano dato l'assalto al Palazzo d'Inverno, la città dalla quale era fuggito Kerensky, la città che aveva resistito a un assedio atroce, durato 900 giorni, in cui centinaia di migliaia di sovietici erano morti di stenti e di fame, ma dove erano state fermate e sconfitte le armate di Hitler.

Erano tutti stanchi ed emozionati quando arrivarono a Leningrado, ma avrebbero voluto visitare, sia pure di corsa, la città. Ne vennero sconsigliati, affettuosamente e scherzosamente: ci sarebbe stato appena il tempo di riposare prima di salire su un treno per Mosca. E dopotutto non sarebbero mancate, a Bruno e alla sua famiglia, altre occasioni per conoscere Leningrado e qualsiasi altra città sovietica. In un appartamento anonimo, e controllato dalla polizia, i Pontecorvo consumarono la loro prima cena russa. Poi, dopo una notte nella quale tutti dormirono poco, ripresero il viaggio per Mosca.

«Non avevamo bagaglio, appena l'indispensabile. Ma da Roma avevo portato con me la maschera per la pesca subacquea che Gillo mi aveva regalato al Circeo. Ho fatto bene a portarla, perché lì non l'avrei trovata.»

La coppia che li prese in consegna alla stazione di Leningrado era efficiente e premurosa. L'uomo poteva avere una quarantina d'anni, aveva i capelli corti ed era vestito di chiaro. La donna, giovane e tuttavia materna, aveva offerto un mazzo di fiori a Marianne e dolci ai bambini. Tutti parlavano inglese, tutti erano a loro agio.

Alla stazione di Mosca altri personaggi li accolsero, altrettanto affettuosamente, con altri fiori e dolci. Marianne e i ragazzi, un po' in disparte, tentarono di sbirciare oltre le loro spalle le prime immagini della città. Un giovane alto ed elegante sembrava chiaramente il più autorevole tra coloro che li aspettavano. Chiese se avevano fatto un buon viaggio e se avevano bisogno di qualcosa. A lui Pontecorvo annunciò di voler leggere alla radio un piccolo messaggio, rivolto soprattutto ai suoi colleghi dell'Occidente, per spiegare le ragioni della sua scelta. «Ci sarà tempo per parlarne...» sorrise l'uomo. Bruno acconsentì. Poi salirono su macchine nere, con le tendine grigie abbassate.

Il traffico automobilistico era scarso. Le macchine ufficiali sorpassavano senza difficoltà vecchi autobus, camion scoperti con i militari in piedi, appoggiati gli uni sulle spalle degli altri. Poi, finalmente, la stella rossa e il Cremlino.

Con un tuffo al cuore Bruno riconobbe la Piazza Rossa. Ricordò una fotografia che aveva visto alcuni anni prima: la sfilata, su quella piazza, alla fine della guerra, di migliaia di tedeschi prigionieri, con le bandiere dalle croci uncinate che spazzavano, rovesciate, il suolo. Cosa sarebbe stato il mondo se Hitler avesse vinto? Se Mosca non avesse resistito? Se Stalin non avesse detto le parole giuste al suo popolo?

Dopo avere imboccato una strada molto larga, all'improvviso le macchine si fermarono. Scendendo, Bruno vide davanti a sé una costruzione elegante, di cemento e cristallo. «È il Palazzo del telegrafo» spiegò uno degli accompagnatori, aggiungendo con tono di disapprovazione. «È una costruzione vecchia...» E con un sorriso gli indicò, di fronte, il portone di quella che sarebbe stata la loro casa.

Il palazzo è massiccio, largo e alto: occupa, pensa Marianne, più o meno lo spazio di un blocco newyorkese. Ma lo stile è assai diverso. L'esterno è arricchito da doppie colonne bianche che definiscono le finestre e i balconi, su su fino al decimo piano. Gli ingressi sono numerosi, solenni, di marmo rosa, quali a timpano greco quali ad arco. In alto, sul cornicione dell'ultimo piano dentro una decorazione di falci martelli e spighe è scolpita la data della costruzione: 1947. L'esterno, fino al primo piano, è di bugnato di granito rosa.

Quando Bruno Marianne e i ragazzi sono entrati in quella che sarebbe stata per sempre la loro casa in via Gorkij non potevano sapere che questo era, se si escludono gli edifici pubblici, il palazzo più lussuoso di Mosca. Ben diverso dalla triste e grigia casa sul lungofiume nella quale avevano abitato, negli anni Trenta, gli uomini più importanti del regime, questo palazzo era stato costruito dai prigionieri tedeschi (quegli stessi che avevano trascinato sulla Piazza Rossa le bandiere dalle croci uncinate nel giorno della vittoria) senza badare a spese, tenendo d'occhio certi palazzi borghesi d'inizio secolo di Parigi, Roma o Bruxelles, ma con un maggiore impiego di marmi, decorazioni, fregi e statue. All'interno però esso rispondeva a criteri di solidità, eleganza e spaziosità che tuttora è difficile trovare nelle abitazioni sovietiche. Un uomo, in divisa, controllava davanti all'ascensore i nuovi arrivati.

L'appartamento assegnato ai Pontecorvo era al settimo piano, a destra. La porta d'ingresso era scura, imbottita di cuoio capitonné. Dalle grandi finestre, appena velate da tende bianche, entrava, in quel giorno di settembre, una luce dorata. L'ingresso era ampio, grandi le stanze: tre camere da letto, un soggiorno, una camera da pranzo e uno studio. In fondo al corridoio, a destra, la cucina attrezzata. A Marianne piacquero le pareti tinteggiate di bianco, i soffitti altissimi, con riccioli e volute di stucco, i parquet con un lieve, familiare odore di cera. I mobili erano semplici, gradevoli, di legno chiaro, molto tradizionali.

La tavola era già apparecchiata con una tovaglia bianca inamidata, piatti e tazze di porcellana e bicchieri di cristallo e posate pesanti d'argento e piatti colmi di antipasti: caviale, salmone, gamberi, tartine. Su alzate di porcellana c'erano caramelle, frutta, cioccolatini. Tutto era fresco, pulito, un po' ottocentesco, rassicurante. Anche le camere da letto profumavano di pulito e di antico, con lenzuola ricamate e piumini gonfi e piccoli cuscini e centrini appoggiati su tutte le superfici. Un luogo insomma dove poteva essere molto piacevole restare. Marianne si sentì tranquilla, serena, persino allegra. Mangiarono antipasti e zuppe, bevvero tè e vodka, succhiarono cioccolatini e caramelle e andarono a dormire tranquilli. Il giovane alto, elegante e autorevole che li aveva accolti alla stazione cenò con loro, scherzò con i bambini, chiese a Marianne se la casa le piaceva, se pensava di aver bisogno di qualcosa di speciale. Questa fu la loro prima giornata moscovita.

Di quel giovane ufficiale Bruno Pontecorvo mi ha fornito qualche notizia, ma non il nome. È possibile del resto che nemmeno Pontecorvo lo abbia mai saputo. Ne ha però un ricordo affettuoso. «Mi aiutò molto» ricorda. «Era lui a risolvere i nostri problemi, ed era un uomo tranquillo, intelligente e colto. Per molti anni non ci siamo più incontrati. Poi, in un momento importante della mia vita, in un momento di vera difficoltà, l'ho incontrato di nuovo e di nuovo mi ha aiutato. Non so nemmeno se sia ancora vivo.»

Fu lui, questo giovane ufficiale del Kgb che gli spiegò, il giorno dopo, che era preferibile rimandare a un momento migliore la diffusione del piccolo discorso che Pontecorvo aveva preparato. Bruno fu sorpreso da questo diniego: gli sembrava una buona idea spiegare all'Occidente i motivi della sua fuga. Ma capì che non era il caso di insistere. Fu a lui che Bruno chiese notizie della guerra di Corea, sorpreso che nessuno dei suoi accompagnatori gliene avesse, spontaneamente, parlato. Nel pomeriggio arrivò, con un interprete, una copia della «Pravda». I titoli e le notizie gli apparvero troppo avari per la sua curiosità.

Imparare il russo fu il primo compito a cui si accinse, con buona volontà ed entusiasmo. Innanzitutto l'alfabeto cirillico e poi le prime parole mandate a memoria compitando sul vocabolario: abat-jour, aviatia... parole che ricalcavano il latino, l'italiano e il francese. Naturalmente, il russo non aveva niente a che fare con quei primi vocaboli. Impararlo richiese concentrazione e disciplina. L'insegnante era gentile, paziente e conosceva perfettamente l'inglese. Ma Marianne, dopo poche lezioni, e nonostante le insistenze di lui, rinunciò lamentando che era una lingua troppo difficile, che il suo mal di testa, con lo studio, si accentuava.

«Sono rimasto chiuso in quella casa per due o tre mesi, forse di più. Studiavo il russo: grammatica, declinazioni, coniugazioni e sintassi. Mi sforzavo di leggere il giornale, me lo facevo tradurre regolarmente. Per riposarmi, leggevo Balzac, Maupassant, Flaubert. In casa c'era un'intera collezione di classici francesi, e così passavo il mio tempo, quando non studiavo russo. No, non uscivamo. Ci venne consigliato di rimanere in casa per qualche tempo. Ragioni di vigilanza. In Occidente si parlava di un mio rapimento da parte dei sovietici. La cosa mi divertì molto. Se avessi potuto fare il mio piccolo discorso, l'equivoco si sarebbe chiarito. Ma non ne parlammo più. Nessuno, mi venne detto, doveva sapere che eravamo lì.»

Veniva allora in casa, tutte le mattine, una donna di servizio, grassa, con i capelli ossigenati e piena di buona volontà. Metteva in ordine le camere dei ragazzi e la cucina, poi chiedeva cosa dovesse preparare da mangiare. Marianne lasciava decidere a lei. Ma dopo poche settimane Marianne la trovò insopportabile. Si chiudeva in camera quando lei arrivava, non le rivolgeva la parola. Ne arrivò dunque un'altra, più giovane ed efficiente, ma meno desiderosa di comunicare. Questa non chiedeva cosa fare, decideva da sola. Marianne continuava a chiudersi in camera, non le rivolgeva nemmeno la parola. Ma non conosceva abbastanza il russo per andare a fare la spesa e del resto la regola dello stare in casa, del non uscire, del non farsi vedere, almeno per qualche tempo, valeva, spiegarono, anche per lei.

Alla fine di settembre faceva molto freddo. Non era ancora l'inverno, ma erano necessari indumenti caldi e i Pontecorvo non ne avevano portati. Prima ancora che potessero esprimere il desiderio, qualcuno provvide. Con l'insegnante di russo, arrivò una ragazza con grandi pacchi, che vennero aperti in salotto davanti a Marianne e ai ragazzi. Ne uscirono giacconi foderati di pelliccia, colbacchi, guanti, stivali.

«Il nostro status, se così vogliamo esprimerci, era quello di ospiti privilegiati. Ci sentivamo molto protetti, molto accuditi, molto tranquilli.»

Era passato ormai qualche tempo dal festoso arrivo nella capitale quando, finalmente, Bruno, Marianne e i ragazzi ottennero il permesso di uscire, accompagnati dalle guardie del corpo. Fu una breve passeggiata per via Gorkij, la strada più elegante e affollata di Mosca, su cui si aprivano vetrine di negozi di abbigliamento, di alimentari, di oggetti per la casa. Marianne insistette per entrare in un negozio.

«Non mi ricordo cosa volesse comperare, e se veramente aveva bisogno di comperare qualcosa. Ma ricordo la discussione che ne seguì. Aveva osservato tutto: la scarsità dei prodotti, la malagrazia delle commesse, le lunghe code alla cassa. Scuoteva la testa, imbronciata e scontenta. Gil e io reagimmo con durezza. Sì, anche Gil che aveva allora poco più di dodici anni... Io la rimproveravo ricordandole che a Roma, a Parigi, o Londra i negozi erano meno affollati perché soltanto i ricchi potevano comperare e che le commesse erano costrette a sorridere nonostante i piedi gonfi perché altrimenti sarebbero state licenziate. Qui a Mosca invece, le spiegavo, la merce era forse più mediocre di quella che conoscevamo in Occidente, e peggio confezionata. Ma tutti potevano comperare tutto... Per questo c'erano file e la roba non era mai sufficiente e le commesse erano meno cortesi.»

Marianne non sembrava convinta, ma non amava discutere. Ascoltava in silenzio Bruno che voleva trasmetterle i suoi convincimenti, la sua bella sicurezza.

Dopo alcuni mesi, letta ormai tutta la biblioteca francese che aveva trovato in casa, impadronitosi degli elementi essenziali del russo, Bruno Pontecorvo e la sua famiglia vennero trasferiti in una cittadina a un centinaio di chilometri dalla capitale.

La strada che collega Mosca a Dubna non era ancora asfaltata. Le buche erano ricoperte di un lieve strato di ghiaccio che cedeva facilmente sotto le ruote della macchina che trasportava nella nuova residenza il fisico e la sua famiglia. Fu un trasferimento festoso, dopo le lunghe giornate trascorse a Mosca, chiusi nell'appartamento di via Gorkij. I bambini, ma anche Marianne e Bruno, erano curiosi di tutto. Il bosco di abeti e betulle, in mezzo al quale si svolgeva la strada, era attraversato da ragazzi e ragazze con gli sci ai piedi, lo zaino sulle spalle e i berretti di lana ben calati sulla testa. Scivolavano, silenziosi, tra gli alberi: Marianne ricordava la Svezia, le comitive di cui aveva fatto parte da adolescente. Poi attraversarono villaggi con case di legno, le porte e finestre adorne di cornici intagliate dipinte di verde e celeste, scolorite dalle piogge e dagli anni. Alcune di queste case sembravano abbandonate, sprofondate sul ciglio della strada, la vegetazione correva lungo le porte chiuse e i terrazzini.

Dubna, dove si andava raccogliendo l'aristocrazia della fisica sovietica, era stata fino a pochi anni prima un villaggio contadino dimenticato dentro un'ansa del Volga, ricco di funghi e mirtilli, ideale per il riposo e la vacanza. Di colpo, negli anni del dopoguerra era stato trasformato nel regno della ricerca pura, alla quale si applicavano centinaia di scienziati, ricercatori, tecnici. Ma dell'antico villaggio contadino conservava la dimensione e il fascino, con le sue case piccole in mezzo al bosco, le barche sul fiume, i sentieri tortuosi. Anche i laboratori erano costruzioni modeste, lunghe e basse.

Alla famiglia Pontecorvo venne assegnata una villetta a due piani, a pochi passi dal Volga, con un giardino nel quale crescevano un albero di susine e un pero. Al pianoterra c'erano la cucina e un soggiorno, al piano superiore due ampie camere da letto.

Dopo la clausura di Mosca, questo trasferimento sembrò preludere a una felice vita normale. I bambini scesero dalla macchina gridando contenti, Marianne si guardò intorno soddisfatta prendendo possesso della sua nuova casa. Bruno fu entusiasta delle attrezzature scientifiche del suo laboratorio.

«In Occidente le ricerche di fisica delle particelle non erano segrete, e di conseguenza io credevo di sapere più o meno tutto di questi laboratori e di queste ricerche nel mondo. Invece a Dubna mi trovai di fronte all'acceleratore più grande del mondo, di cui avevo ignorato fino allora l'esistenza. Un laboratorio straordinario, e io ero felice di poterci lavorare.»

Quel primo inverno russo è affascinante, nel suo rigore. Dubna sembra dormire sotto la neve, la casa è calda, raccolta, protetta dai doppi vetri ermeticamente chiusi (tra un vetro e l'altro crescono piantine verdi come in una serra). Le tende sono tutte di pizzo bianco, di gusto ottocentesco, come quelle della casa di Pisa.

C'è una grande pace, una grande tranquillità nella Russia in cui si è calato all'improvviso questo fisico italiano, che ha conosciuto tanto mondo, tanta gente, tante diverse città. L'Urss è come Pontecorvo l'aveva immaginata, come gli era stata descritta. Gli piace la grande semplicità dei costumi, il paesaggio, il Volga ghiacciato, gli piace la minestra di cavoli, lo yogurt denso, il pane nero, il burro leggermente salato.

Il suo sogno si è realizzato.

Quando Bruno Pontecorvo arriva a Mosca, l'Urss ha già la sua bomba atomica. Da un anno. E l'America lo sa.

L'ottimismo presuntuoso e sprezzante di Truman, secondo il quale l'Urss non avrebbe «mai» avuto la bomba, si rivelò del tutto sbagliato. Eppure una serie di dati sui quali gli Usa avevano basato il loro giudizio erano corretti. Ma le conclusioni che ne traevano erano affrettate e fortemente segnate dal disprezzo per la scienza e la tecnica sovietica.

«Gli americani conoscevano perfettamente le difficoltà economiche dell'Urss» spiega Pontecorvo «Erano ritardi e deficienze reali. Ma nelle loro conclusioni si manifestava una sorta di involontario razzismo... Nel mondo occidentale, anche in quello scientifico, si scherzava, pesantemente, sulle insufficienze della tecnologia sovietica. Tutti coloro che tornavano dall'Urss, ad esempio, raccontavano dello stato assolutamente deplorevole delle condutture igieniche: anche nei migliori alberghi i rubinetti dei bagni perdevano acqua, gli scarichi delle toilette non funzionavano. Ma la conclusione che se ne traeva era del tutto arbitraria, del tipo: se non sanno far funzionare i rubinetti, figurati se riescono a fare la bomba... Una barzelletta molto diffusa all'epoca diceva che i russi non avrebbero mai potuto introdurre di nascosto negli Stati Uniti una bomba dentro una valigia, perché una valigia ancora non erano riusciti a costruirla... Ma il cattivo funzionamento dei rubinetti o la scadente qualità delle valigie non erano così direttamente in relazione con la bomba. Forse in un altro tipo di società lo sarebbero stati, ma non in Urss, dove un settore poteva essere straordinariamente avanzato e un altro straordinariamente arretrato. La bomba, dopo quel 6 agosto del 1945, dopo Hiroshima, era diventata la cosa più drammaticamente urgente per l'Urss. Di questo il gruppo dirigente sovietico era ben convinto e quando Stalin diceva: "Questa cosa va fatta", ebbene si faceva, quale che ne potessero essere il costo o lo sforzo. Ma scienziati che non fossero stati accecati dal pregiudizio politico o dalla propaganda dovevano sapere, come sapevo io, che l'Urss disponeva di fisici di grande classe.»

La fisica nucleare era tutt'altro che sconosciuta in Urss. Verso la metà degli anni Trenta, un giovanissimo e promettente scienziato, Igor Kurciatov, tentava all'Istituto fisico tecnico di Karkov i primi esperimenti sul bombardamento degli atomi. Il primo ciclotrone d'Europa, precedente, sia pure di poco, a quello di Joliot-Curie, funzionava all'Istituto del radio di Leningrado dal 1939. Nello stesso anno, quando fisici inglesi tedeschi e francesi riuscivano a formulare una spiegazione teorica della fissione del nucleo di uranio, la stessa spiegazione veniva fornita, in Urss, da Kurciatov e Frenkel. L'anno dopo l'Accademia delle scienze dell'Urss annunciava la formazione di una commissione speciale dell'uranio.

«L'umanità ha appena scoperto una nuova fonte di energia che supererà di milioni di volte tutte le precedenti possibilità...» scriveva l'«Izvestija» nel dicembre del 1940. E proseguiva: «Il potere dell'uomo entra in una nuova era, egli saprà produrre qualsiasi quantità di energia ed impiegarla per il fine che si sarà scelto».

Più o meno contemporaneamente, in tutte le università del mondo, in tutti i laboratori, dovunque ci fossero fisici teorici e sperimentali al lavoro, si stava rincorrendo il progetto che avrebbe consentito di sviluppare quantità inimmaginabili di energia, per usi pacifici o bellici. Ma dovunque attorno a questi lavori scattò il silenzio. I nomi dei più importanti fisici, chimici e matematici erano spariti. Sull'argomento non si pubblicava più nulla. Paradossalmente la stessa mancanza di notizie segnalava, a chi sapesse capire, che qualcosa di molto importante era in corso.

Alla fine del 1940 l'Europa era già in guerra da oltre un anno, la Francia era stata conquistata dalle armate naziste, l'Inghilterra appariva stremata dai bombardamenti. E l'Urss era ancora neutrale.

Ma all'improvviso, nel giugno del 1941, il paese si trovò a fronteggiare l'invasione tedesca.

«L'avanzata del nemico fece volgere il pensiero e le energie di ognuno verso un solo obiettivo: fermare l'invasione» scrive l'accademico Igor Golovin, collega e biografo di Kurciatov. I laboratori di Mosca, Leningrado, Kiev furono abbandonati. Le attrezzature, gli strumenti più preziosi furono spediti al sicuro, all'Est, verso gli Urali. «L'invasione scompaginò la scala delle priorità: prima il radar, poi gli strumenti per la rilevazione delle mine navali e, per la bomba atomica, un misero terzo posto. Kurciatov si trasferì a Kazan, settecento chilometri a est di Mosca, oltre Gorkij, a studiare le difese contro le mine navali.»

Nell'ottobre dello stesso 1941 nel corso di una riunione di scienziati a Mosca, Piotr Kapitza, a chi gli chiedeva cosa potessero fare gli scienziati per aiutare lo sforzo bellico rispondeva: «Recentemente è stata scoperta una nuova possibilità, l'energia nucleare. I calcoli teorici dimostrano, ad esempio, che se una delle bombe attuali può distruggere un intero isolato, una bomba atomica anche di piccole dimensioni potrebbe facilmente annientare una grande capitale con alcuni milioni di abitanti».

Si trattava, però, solo di calcoli teorici. La possibilità di costruire la bomba e farla esplodere era ancora al di là delle capacità dell'Urss. Fu soltanto alla fine del 1943, con un ritardo netto di quasi due anni rispetto agli Usa e con una grave sproporzione di mezzi e forze, che il governo sovietico decise di dare la priorità alle ricerche sulla bomba, scegliendo Kurciatov come responsabile dell'impresa.

Gli scienziati nucleari furono dunque richiamati dal fronte, dalle industrie e dagli istituti di ricerca che erano stati sfollati e Kurciatov organizzò il suo istituto (venne chiamato Installation n. 2). Nel gennaio del 1944, era riuscito a mettere insieme non più di una cinquantina di persone, una ventina dei quali fisici (tra cui il giovanissimo Andrej Sacharov). Kurciatov era convinto che si sarebbe potuto fare di più e meglio se Molotov, dal quale il settore dipendeva, si fosse dimostrato più sensibile alle sue richieste di uomini e mezzi. Probabilmente Molotov non pensava che la bomba fosse realizzabile, e quindi non riteneva utile impegnare in questa ricerca mezzi umani e finanziari eccessivi. Le cose cambiarono quando i sovietici, nel 1944 seppero, grazie a Fuchs, che a Los Alamos l'obiettivo stava per essere raggiunto. Gli sforzi a questo punto vennero intensificati. Ma solo dopo lo scoppio di Hiroshima, Stalin impose un brusco cambio della guardia: la responsabilità politica ed organizzativa dell'operazione venne affidata a Berija e al Commissario per i rifornimenti militari, Vannikov.

La Seconda guerra mondiale era finita, ma adesso cominciava il conflitto per il predominio nel campo dell'armamento atomico. I sovietici misero subito a segno un punto a loro favore quando occuparono Jachimov in Cecoslovacchia, l'unico luogo in Europa centrale in cui si producesse allora l'uranio. Se la Cecoslovacchia aveva l'uranio, i tedeschi avevano ancora, nonostante la sconfitta, laboratori e scienziati di grande valore. Mentre gli americani riuscivano a mettere le mani su Heisenberg e von Braun (che sarà prezioso per la ricerca e lo sviluppo del settore missilistico), i sovietici si impadronivano del laboratorio della Siemens di Berlino, un caposaldo dell'industria bellica tedesca, e degli scienziati che vi lavoravano. Nell'agosto del 1945 dunque, si trasferirono in Urss, più o meno volontariamente e comunque con un regolare contratto di lavoro, il barone Manfred von Ardenne che fino alla fine della guerra era stato proprietario e direttore scientifico a Berlino di un laboratorio privato di fisica degli ioni, Gustav Herz, docente universitario, e Heinz Barwich, studioso della separazione degli isotopi.

Per questi specialisti tedeschi e per le loro famiglie venne organizzato un *abjectum* a pochi chilometri da Suchumi, una delle più belle cittadine del mar Nero. Si trattava di una «città chiusa», un centro autosufficiente, nel quale attorno ai laboratori sorgevano case di abitazione, negozi, scuole, ospedali. Il principio dell'isolamento e dell'autosufficienza, già messo in atto a Los Alamos, veniva adottato ormai in tutte le nuove città della scienza, e a questo principio si adattarono facilmente gli specialisti tedeschi che, trasportati a Suchumi, diedero un contributo rilevante alla realizzazione dell'atomica sovietica. Gli sconfitti lavorarono per i vincitori. Von Ardenne, Herz e Barwich si meritarono per questo numerosi riconoscimenti e il premio Stalin.

Mentre gli scienziati tedeschi lavoravano nel laboratorio di Suchumi, quelli sovietici lavoravano con Kurciatov all'Installation n. 2. Il primo reattore atomico (simile a quello che

Fermi aveva sperimentato a Chicago nel 1942) entrò in funzione il 25 dicembre del 1946 e consentiva a Molotov di annunciare poco dopo: «Il segreto della bomba atomica per noi non esiste più».

Migliaia e migliaia di detenuti vennero prelevati dai lager, per spianare colline, costruire le strade, innalzare edifici nel più breve tempo possibile.

«Avevamo fretta, una fretta maledetta» racconta Golovin «dovevamo finire il nostro lavoro prima che gli americani ci lanciassero la loro bomba sulla testa. C'era penuria di mano d'opera e se Berija ci prometteva per il giorno dopo un po' di gente, ebbene, non chiedevamo chi erano...»

Stalin insisteva perché si facesse presto, sempre più presto. Ma ci vollero ancora alcuni anni per raggiungere l'obiettivo. Finalmente, un giorno, Kurciatov si recò al Cremlino con due collaboratori portando dentro un cofanetto la carica della prima bomba atomica sovietica. Era una sfera di circa dieci centimetri di diametro. Stalin chiese quante cariche fossero pronte.

«Abbiamo solo questa» disse Kurciatov, «tutto il plutonio accumulato sta qui.»

«Così non va» replicò Stalin. «Quando ne avremo almeno una seconda?»

Kurciatov spiegò che ci sarebbero voluti, per preparare un'altra carica, alcuni mesi. Stalin sembrò scontento. Fece notare che gli americani, messi in allarme dalla prima esplosione, avrebbero potuto rispondere lanciando su Mosca una loro bomba. Poi suggerì di dividere in due la carica di plutonio che Kurciatov teneva nel cofanetto. «Magari» suggerì «ci potreste aggiungere un po' di esplosivo chimico. È bene avere due cariche, anche se di minore potenza.»

Kurciatov spiegò che questo non era tecnicamente possibile. Bisognava decidere: o fare subito l'esperimento o aspettare alcuni mesi. Alla fine Stalin si convinse.

Nel maggio del 1949 venne approntato il poligono, nella steppa del Kazakhstan. Al centro si alzava una gigantesca torre di acciaio, sulla quale sarebbe stato montato il dispositivo.

A distanza di alcuni chilometri, a nord e a sud, due osservatori.

L'esperimento ebbe luogo alla presenza di Berija il 29 agosto del 1949. Poche settimane dopo gli americani prendevano coscienza del fatto che anche l'Urss era una potenza atomica.

II
I MONDI SEPARATI

Dubna, la città-laboratorio dotata dell'acceleratore più grande del mondo, era sorta nell'immediato dopoguerra per volontà di Igor Kurciatov come centro destinato alla ricerca pura, non direttamente e immediatamente collegata con obiettivi militari. «Kurciatov» ricorda Pontecorvo «non era soltanto un fisico di gran classe, ma anche un uomo di capacità organizzative fuor del comune. Ed era uno dei pochissimi che in Urss poteva dire tutto quello che pensava, e ottenere tutto quello che voleva.» Immaginata da Kurciatov, la cittadina era stata poi realizzata da Berija, facendo largo uso della manodopera coatta: prigionieri tedeschi e forzati del gulag.

Quando, alla fine del 1950, Bruno Pontecorvo si trasferì a Dubna con la famiglia, attorno alla cittadina c'erano ancora le baracche-dormitorio, e i detenuti, con la testa rapata, erano curvi sui lavori delle strade. Pontecorvo non chiese chi fossero e perché fossero detenuti: sapeva che in tutti i paesi del mondo esistono leggi da rispettare e uomini che non le rispettano e che per questo vengono condannati.

La vita, nella «città della scienza», era organizzata in modo da garantire la massima sicurezza e il massimo benessere. La mensa era ben rifornita, e le famiglie potevano fare i loro acquisti o direttamente nei negozi o per telefono, un'usanza allora (e tuttora) pressoché sconosciuta in Urss.

Gil, Tito e Antonio vennero iscritti alla scuola locale, e Bruno ebbe una giovanissima segretaria, Irina Gregorevna. A distanza di quarant'anni egli ha sempre la villa e la segretaria che gli vennero assegnate allora.

Nel laboratorio di Dubna, Pontecorvo continua a occuparsi della fisica dei neutrini, ma dei suoi lavori non si avrà, per molto tempo, nessuna notizia sulle pubblicazioni internazionali. La cosa non gli dispiace. Pontecorvo non ha mai amato la pubblicità. Ma, per fortuna, a Dubna arrivano le riviste scientifiche inglesi, francesi, americane che si leggono e si commentano, con interesse.

La vita familiare di Bruno Pontecorvo trascorre tranquilla. I bambini non sembrano aver sofferto del distacco dal mondo nel quale erano prima cresciuti. Frequentano la scuola, nell'allegra divisa dei pionieri. Gil è fiero del suo fazzoletto rosso annodato sotto il colletto della camicia. Marianne, come sempre, è silenziosa e un po' lontana. Dimentica spesso nomi, cose e appuntamenti. Come accadeva, del resto, anche in America o in Inghilterra.

Il giardino cresce incolto, com'era incolto il giardino della casa di Abington. Ma qui non ci sono piante di rose e Marianne non alleva oche. Gli alberi danno spontaneamente susine e pere di cui i ragazzi sono ghiotti. Nessuno taglia i cespugli di lamponi. In autunno, i ragazzi vanno a gruppi alla ricerca di funghi che poi verranno marinati o lasciati seccare in lunghe collane, alle finestre. Al piano terra la stanza da pranzo, dai mobili solidi destinati a durare, si va tappezzando di libri. Nel vano sotto la scala che conduce al piano superiore si ammassano in disordine le scarpe da montagna dei ragazzi, gli sci, i pattini, vari attrezzi sportivi.

La dacia di Dubna, con il bosco intorno, il giardino, le doppie finestre, il tetto aguzzo, gli strumenti di lavoro in cantina, la legna da tagliare, gli alberi da potare, non è molto diversa, dopotutto, da quella in cui i Pontecorvo avevano vissuto a Londra, e prima ancora in Canada, case di scienziati nelle quali ci sono sempre troppi libri da mettere negli scaffali, troppe carte da tenere in ordine, troppi dischi.

Marianne non ha mai amato i lavori di casa. Appena arrivata ha infilato nel vetro degli sportelli della credenza le poche fotografie che si è portata dall'Europa: quella della mamma e della nonna, il ritaglio del quotidiano di Tulsa con la fotografia della bambina molto bionda e riccioluta che insegna le prime parole d'inglese a Gil. Più tardi, accanto a queste, verrà infilata anche una fotografia della mamma di Bruno, con un vestito di seta a disegni minuti, un cappello elegante ben calcato sulla fronte, seduta un po' di traverso, un braccio appoggiato alla spalliera della poltrona e la dedica «al mio Brunotto».

Bruno si alterna di tanto in tanto con Marianne in cucina. Ma nessuno in famiglia, né lui né Marianne né i ragazzi danno molta importanza al cibo. Le loro case hanno sempre avuto qualcosa di provvisorio.

Irina Gregorevna, la segretaria, è piccola bionda magra con gli occhi celesti. Ha per il professore, di cui non conosce il nome e la nazionalità, una sconfinata ammirazione e una dedizione totale. «Non sapevo niente di fisica e anzi a scuola ero stata una pessima allieva di matematica. Ma ero molto contenta di lavorare con questo scienziato che aveva lasciato l'Occidente capitalistico per venire ad aiutare il nostro paese.»

Il russo di Pontecorvo era ancora molto incerto e Irina spesso doveva interpretarlo. Ma lui si divertiva quando lei non lo capiva, e spesso scherzava con i suoi errori e gli equivoci che ne potevano derivare. Le dettò un giorno un articolo su Enrico Fermi, dicendo che il grande fisico italiano aveva trascorso i suoi ultimi mesi di vita «senza stufa». La ragazza scriveva, un po' indignata e commossa. Com'era possibile che in un paese come l'America quel grande scienziato fosse rimasto senza stufa? Forse, pensava Irina, in un paese capitalistico non esistono stufe? Solo dopo capì che la cattiva pronuncia di Pontecorvo l'aveva fatta sbagliare: non «senza stufa» ma «senza preoccupazioni» Fermi aveva passato gli ultimi mesi di vita.

La vita che si conduce a Dubna assomiglia, dopotutto, alla vita dei campus americani o inglesi. Ma c'è in più la pressante, continua sorveglianza cui Bruno è sottoposto. Non può uscire di casa, nemmeno per il breve tratto che va dalla villetta al laboratorio, senza essere accompagnato. Tenta una protesta, ma gli viene risposto che lui, proprio lui dovrebbe ben sapere che anche in America, e in genere in Occidente, i fisici addetti a ricerche particolarmente importanti vengono protetti da guardie del corpo. Può darsi che sia vero. Pontecorvo non lo nega, ma le sue ricerche qui a Dubna non hanno nessuna rilevanza a fini militari. E dunque, perché proteggerlo? E da chi, poi, dato che a Dubna non si entra senza permesso e tutta la popolazione è rigorosamente selezionata? Una delle sue guardie del corpo, poi, lo irrita in modo particolare. «Aveva l'abitudine di fischiettare, e la cosa mi dava sui nervi. Mi vergognavo di provare tanta irritazione, perché dopotutto anche lui faceva il suo lavoro. Ma delle volte andavo a casa più presto del necessario proprio per evitare la sua compagnia...»

Accanto al mondo tranquillo, regolare, sereno della ricerca, accanto al mondo di Dubna, degli scienziati, delle loro famiglie, dei loro bambini e delle loro segretarie, c'era il mondo della gente normale e quello dei perseguitati.

In Occidente vivono lontani e separati, il mondo dei ricchi e quello dei poveri; il danaro traccia dovunque confini insuperabili. Ma qui in Urss non il danaro, ma qualcosa d'altro, più importante e duro e definitivo del danaro, determinava la separazione. C'era un mondo, del quale Bruno e la sua famiglia facevano parte, cui era riconosciuto il diritto di avere una casa tutta per sé, libri, riviste, biglietti per il teatro e i concerti e un altro mondo, quello della gente normale, che viveva in coabitazione, cinque metri quadrati a testa e dunque una famiglia di quattro persone in una stanza con la cucina e il bagno in comune, e le liti per una pentola indebitamente usata e la biancheria di ogni famiglia stesa in corridoio e i rumori che vengono dalle stanze vicine quando marito e moglie litigano e i bambini gridano senza ragione. Ma un mondo ignora l'altro, e quindi non c'è né invidia né rimorso.

Altrettanto sconosciuto e ancora più lontano è il mondo di coloro che vengono arrestati, perseguitati, mandati in campo di concentramento, ridotti ai lavori forzati fino allo sfinimento e alla morte. Tra questi c'erano anche scienziati, matematici, ingegneri, fisici, che, quando riuscivano a sfuggire alla detenzione più dura, scontavano la pena in campi speciali, chiamati, nell'argot russo, la *charachka*. Qui le condizioni materiali erano migliori, le razioni più abbondanti e la disciplina meno spietata. In compenso i detenuti erano obbligati a lavorare e produrre nei loro settori specifici: come matematici, ingegneri, fisici.

Da una parte la miseria della coabitazione, lo sterminio dei lager, l'umiliazione e la violenza della *charachka*; dall'altra, l'eleganza della casa di via Gorkij, la tranquillità di Dubna, le passeggiate nei boschi alla ricerca di funghi e mirtilli.

Ma Bruno Pontecorvo, quando è arrivato in Urss, cosa sapeva di quel mondo di costrizione, di sofferenza, di umiliazione?

« Sapevo certamente che il livello medio di vita era più modesto di quello dei paesi occidentali. Sapevo che c'erano stati i grandi processi e le condanne a morte. Sapevo che c'erano detenuti nei campi e nelle carceri. Ma pensavo, come pensavano milioni di comunisti allora, che questo fosse l'inevitabile conseguenza della lotta di classe ancora in corso.

« L'instaurazione del socialismo in un solo paese non abolisce la lotta di classe, la rende caso mai ancora più feroce: lo ha scritto Stalin, lo so, ma non mi sembrava sbagliato. Koestler? Non ho letto *Buio a mezzogiorno*. Voglio dire che non l'ho letto di proposito, volutamente: ero convinto che fosse un provocatore. Kravcenko? Si era consegnato agli occidentali, aveva "scelto la libertà", per usare le sue parole, quando era ancora in corso la guerra; dunque era poco meno che un disertore. Tutti allora avevamo in mente il Terrore. Solo il Terrore giacobino aveva salvato la Rivoluzione francese. Così la durezza di Stalin, la sua spietatezza anche, avevano salvato l'Ottobre e impedito il trionfo del nazismo. Questo pensavo allora. Ho cominciato ad avere dei dubbi solo molto più tardi. Ma anche quando ho cominciato ad avere dei dubbi, dicevo a me stesso: è colpa tua, tu non capisci perché sei un borghese, perché sei un intellettuale.»

Anche Pontecorvo, come tutti i comunisti del suo ceto e della sua generazione, ha sentito la sua origine sociale come una colpa della quale emendarsi. Era necessario assomigliare il più possibile a un operaio o, per meglio dire, all'immagine dell'operaio che veniva proposta come modello, assumendone le caratteristiche: il rispetto per la disciplina, una certa semplicità di pensiero, lo spirito di sacrificio, il rifiuto e il disprezzo per le complicazioni. La tendenza, tipica degli intellettuali, di appassionarsi ai diversi aspetti di un problema e non a uno solo, il desiderio di verificare le ipotesi attraverso l'esperienza personale, l'attitudine al dubbio e allo spirito critico, finivano con l'apparire, agli occhi stessi dell'interessato, un impaccio alla comprensione della realtà e all'impegno rivoluzionario.

Quando si protraeva per anni, questo rifiuto della propria origine sociale e intellettuale poteva assumere, in alcuni, i caratteri di una vera e propria mutilazione e si accompagnava a un acuto senso di colpa. Il proprio sacrificio rischiava allora di non apparire mai sufficiente, e il proprio desiderio di essere accettato come uguale nel partito della classe operaia rischiava di non essere mai del tutto soddisfatto, dando luogo a continue frustrazioni ma anche a un atteggiamento sempre più ortodosso, fino alla faziosità.

Pontecorvo non è soltanto un borghese, non è soltanto un intellettuale, è anche un ebreo.

Il paese nel quale è arrivato è già malato di antisemitismo, sentimento ben radicato nell'animo russo e che, messo a tacere durante gli anni della guerra, torna a manifestarsi, in tutta la sua virulenza, negli ambienti ufficiali e in quelli popolari. Nel 1948, a Minsk, dove la sua compagnia si trovava per mettere in scena *Re Lear*, era stato ucciso Solomon Michoels, grandissimo attore, fondatore del Teatro ebraico di Mosca, presidente durante la guerra del Comitato ebraico antifascista che aveva stabilito importanti collegamenti con le comunità israelitiche di tutto il mondo.

Una sera, dopo la rappresentazione, qualcuno aveva bussato al suo camerino. Egli lo aveva seguito senza alcun sospetto. La mattina dopo il suo corpo era stato ritrovato sul terreno ghiacciato di una strada di periferia, vittima – si disse – di un incidente automobilistico. Poi cominciarono a circolare le voci che parlavano di un assassinio organizzato dalla polizia, voci che verranno confermate molti anni dopo. «Venne ucciso» scriverà Krusciov «come un animale, segretamente. Il tutto fu eseguito con abilità ed efficienza.»

Privo di Michoels, il Comitato antifascista ebraico venne sciolto, il teatro e la casa editrice ebraica vennero chiusi. E cominciarono gli arresti e le sparizioni di intellettuali, attori, poeti, scrittori, che avessero nelle vene sangue ebraico. Ilja Erenburg e Vasilij Grossman, che avevano preparato una ricerca molto dettagliata sui crimini commessi dai nazisti in Urss contro gli ebrei, seppero da un giorno all'altro che il libro già in tipografia non sarebbe stato stampato. Giornalisti, funzionari, diplomatici, docenti universitari vennero allontanati da un giorno all'altro dal loro incarico. Nelle scuole, nelle università, sui posti di lavoro venne reintrodotto il «numero chiuso». Si accentuò sui giornali e alla radio la campagna contro «i cosmopoliti senza patria che si sono infiltrati nelle case editrici, nelle istituzioni scientifiche e nelle università» (dove il termine «cosmopoliti», e tutti lo sapevano, stava per «ebrei»).

«Eppure, se mi avessero chiesto allora, se in Urss c'era antisemitismo, avrei risposto indignato di no, che l'antisemitismo non c'era. Nella scuola gli insegnanti condannavano tutte le forme di razzismo, i ragazzi venivano educati ai sentimenti della solidarietà internazionale» dice Pontecorvo. «E in realtà io non mi sono mai reso conto, allora, che ci fosse un atteggiamento antisemita. Io stesso, nonostante tutto, avevo una scarsa coscienza del mio essere ebreo, ma nessuno a Mosca o a Dubna, si è comportato con me in modo da ricordarmelo. È possibile che tra gli scienziati questo sentimento fosse controllato, o inesistente.»

Bruno è in Urss da poco più di due anni quando, nel gennaio del 1953, scoppia il cosiddetto caso dei «medici assassini», una delle testimonianze più drammatiche e grottesche della paranoia di Stalin e del suo più stretto entourage. Un comunicato ufficiale della Tass, annunciava: «organi della Sicurezza statale hanno smascherato un gruppo terroristico di medici che aveva come scopo di togliere, mediante cure dannose, la vita ai dirigenti attivi dell'Urss... Con la prova di documenti, referti medici, studi e confessioni degli arrestati» proseguiva il comunicato «è stato stabilito che i criminali, nemici segreti del popolo, eseguivano cure sbagliate ai loro pazienti...».

E perché mai questi medici, giunti all'apice della carriera, clinici illustri, docenti universitari, uomini di massima fiducia del potere (senza di che non avrebbero mai avuto accesso a tali pazienti) si sarebbero macchiati di tali delitti? Anche qui era pronta una risposta. «È stato accertato» proseguiva il documento «che tutti questi medici assassini, trasformatisi in mostri del genere umano, erano agenti mercenari dei servizi di spionaggio straniero. La maggioranza dei membri del gruppo erano legati all'organizzazione internazionale ebraico-borghese-nazionalista Joint, creata dal servizio informazioni americano...»

Alcuni degli imputati confessarono, mentre in tutto il paese veniva lanciata una campagna antisemita di rinnovata volgarità e violenza.

Uno dei medici arrestati morì in carcere e gli altri sarebbero tutti stati fucilati se, all'improvviso, il 5 di marzo del 1953 non fosse morto Stalin. Del complotto dei medici assassini non si parlò più e, qualche settimana dopo, un nuovo comunicato della Tass annunciava che era stato tutto un equivoco, un errore, una vergognosa manovra di palazzo. «I medici messi sotto inchiesta sono stati arrestati» diceva il comunicato «senza alcun legittimo motivo... È stato anche accertato che le confessioni degli arrestati sono state ottenute con l'uso di metodi inammissibili e severamente proibiti dalle autorità sovietiche... Tutti gli arrestati sono stati rimessi in libertà.»

Se nessuno tra gli amici dell'Urss in tutto il mondo osò reagire, sollevare dubbi, chiedere spiegazioni, non può stupire il fatto che tra i sovietici la notizia venisse generalmente considerata credibile.

«Anch'io ci ho creduto» ammette oggi Pontecorvo. «Quanto? Un po'. Quasi. Con qualche difficoltà, se vuoi. Certo, non era possibile credere esattamente a quelle parole, a quei termini, a quei toni di elementare propaganda. Ma perché non poteva essere vera la sostanza? Forse non era verosimile che i servizi segreti americani tentassero di uccidere Stalin? Eravamo nel 1953, in piena guerra fredda, e in pieno sforzo di ricostruzione dell'economia sovietica. Uccidere Stalin poteva essere un buon obiettivo... Forse che la storia dei servizi segreti in tutte le epoche e in tutto il mondo non è fatta anche di tentativi di assassinio politico? Era possibile... Così anch'io mi convinsi. Dopo, quando quei medici vennero scarcerati, collocai quell'episodio in un diverso quadro. Pensai cioè che tutta la vicenda andasse considerata come il segno di una lotta politica in corso nello stesso gruppo dirigente. Ma non potevo sapere molto di questa lotta, e certo non potevo immaginare che stesse prendendo le dimensioni che poi sono apparse chiare, prima con l'arresto e la condanna di Berija e poi con il XX Congresso... Ora può sembrare inspiegabile, incredibile, ma io ci ho creduto...»

Ma questi, dopotutto, erano eventi che arrivavano a Dubna come attutiti, che non entravano in relazione con la vita quotidiana di Pontecorvo. Nella comunità scientifica non c'erano distinzioni tra ebrei e non ebrei, tra tedeschi e polacchi, tra russi e mongoli, qui non c'era traccia di razzismo, di antisemitismo, di discriminazione. In questa comunità privilegiata ciò che valeva era il merito, la capacità, la dedizione al lavoro.

Qui si parlava il linguaggio universale delle formule all'interno di un mondo che per la sua stessa importanza era al riparo dalle offese e dagli arbitri. Al riparo anche dalle ideologie. Anche dalla ideologia marxista.

Se infatti il partito aveva preteso, ed era riuscito, a imporre le sue regole a storici, filosofi, poeti, architetti e biologi, l'operazione non riuscì quando, in nome del marxismo e della lotta contro l'idealismo, si tentò, da parte di alcuni filosofi e fisici, di mettere sotto accusa la teoria della relatività e la meccanica quantistica. Una conferenza nazionale era già stata convocata a questo scopo per la primavera del 1949.

Victor Fainberg, un fisico che ha lavorato per qualche tempo con Sacharov alla messa a punto dell'atomica e che venne poi allontanato dall'Installation n. 2 perché sospetto di «cosmopolitismo» (è ebreo e ha sposato la figlia di un vecchio bolscevico scomparso nei lager di Stalin) mi racconta: «Siamo stati anche noi fisici a un pelo dal disastro. Zdanov aveva già attaccato poeti come la Achmatova e musicisti come Shostacovic, accusati di non rispondere alle esigenze di una morale proletaria e socialista. In nome della lotta contro l'idealismo era già stata liquidata la nostra migliore scienza biologica. A un certo punto cominciò la polemica contro Einstein, Bohr, Heisenberg, per le loro teorie che, a detta dei nostri filosofi, mettevano in dubbio i sacri principi del materialismo dialettico. Qualche fisico, e non di secondo piano, si mise subito a disposizione di questa campagna, attaccando personaggi come Kapitza e Ioffe. Noi quindi ci facemmo molto prudenti: a un certo punto l'atmosfera si era fatta molto pesante nei nostri laboratori».

Un altro fisico, che fu uno degli allievi preferiti di Migdal, ammette: «Un qualche ipocrita ossequio alla dottrina marxista bisognava pur pagarlo. E quindi una parte del nostro tempo bisognava dedicarla a ridicoli esercizi di filosofia marxista, seminari nei quali dimostravamo che la teoria dei quanta o la relatività erano incompatibili con Lenin e il marxismo. Anch'io ho prima frequentato e poi tenuto qualcuno di questi seminari. Ma tutti sapevamo che era una commedia da recitare, il prezzo da pagare per poter lavorare e basta».

Con l'avvicinarsi della conferenza già convocata «per battere l'idealismo nel settore della fisica e il cosmopolitismo dei ricercatori», l'atmosfera si fece irrespirabile.

Golovin racconta che nel corso di una seduta del Comitato preparatorio della conferenza, Berjia chiese a Kurciatov se la teoria della relatività e la meccanica quantistica potevano effettivamente essere considerate in contraddizione con il materialismo dialettico e se quindi dovevano essere messe al bando. Kurciatov avrebbe risposto: «Stiamo preparando la bomba sulla base di questi principi. Possiamo anche rinunciarci, ma in questo caso dobbiamo rinunciare alla bomba».

Berija si limitò ad ascoltare, e la conferenza venne disdetta. Nel 1950, quando Pontecorvo arriva in Urss, la polemica ufficiale contro Einstein e Bohr, contro la teoria dei quanta e il principio di indeterminazione si è placata, e i fisici possono vantarsi di aver salvato la fisica dall'arbitrio della politica e della ideologia.

«Il merito maggiore di questo va» dice Pontecorvo «a uomini come Kurciatov, Keldysh, Korolev, quelli che noi chiamiamo i tre K della scienza sovietica. Grandi scienziati e insieme autorevoli membri del partito, personalità influenti che sono riusciti a impedire il disastro che ha avuto luogo invece in biologia o in cibernetica.»

Una sola volta, in questo periodo, Bruno Pontecorvo sentì la sua coscienza entrare in contrasto con un orientamento del partito. Ne fu turbato, ma alla fine accettò la linea che veniva indicata, pensando come sempre che «la colpa era mia se non riuscivo a capire da solo dov'era la verità e dove l'errore».

La guerra di Corea si era conclusa, dopo tre anni, con un bilancio spaventoso: due milioni di morti, la maggioranza dei quali civili. E, alla fine, gli accordi riportarono la situazione al punto di partenza. Nel corso del conflitto Mac Arthur aveva minacciato l'uso dell'atomica contro la Cina, accusata di prestare il suo aiuto ai coreani del Nord. L'evento era stato scongiurato, ma la minaccia atomica continuava a pesare sul mondo.

Stalin era morto, ai primi di marzo del 1953, e l'Urss era in lutto. Centinaia di migliaia, milioni di persone sfilarono davanti al feretro, piangendo il «Piccolo Padre» che aveva lasciato orfani i suoi figli. Centinaia di persone morirono soffocate nella ressa, travolte dalla stessa folla. Sulla Piazza Rossa Bruno Pontecorvo non c'era. Era rimasto a Dubna, chiuso in casa a leggere e ad ascoltare musica. Non gli era ancora consentita, a tre anni dal suo arrivo in Urss, nessuna libertà di movimento.

Pontecorvo non è di coloro che, a distanza di anni, riscrivono con disinvoltura il passato e raccontano di aver capito prima e meglio di altri cosa stava accadendo. Al contrario ammette di aver vissuto quegli anni senza essere stato in grado di leggere i segni del cambiamento.

«Un giorno, quasi per caso,» racconta «giocando con la manopola della mia radio, ho intercettato una trasmissione americana. Qualcuno osservava che prima della morte di Stalin, il suo nome appariva in media dodici volte al giorno sulla "Pravda", mentre dal giorno della sua morte era quasi sparito... Da qui il giornalista ricavava considerazioni di carattere più generale sulla situazione in Urss. L'osservazione mi sembrò ridicola. Non mi ero accorto di nessun cambiamento. Tutto continuava come prima, o così mi appariva. Alzai le spalle e, dentro di me, liquidai quel giornalista come un tipico rappresentante della stampa "gialla", al servizio della reazione».

Se fosse stato più attento, Bruno Pontecorvo si sarebbe reso conto però che alcune cose in Urss stavano, sia pure molto lentamente, cambiando dopo la morte di Stalin. Il concetto di «distensione» fu tra i primi a entrare nel nuovo vocabolario politico, assieme a programmi e promesse di espansione dei consumi interni. Nel gruppo dirigente che era succeduto a Stalin, Malenkov sembrava l'esponente più autorevole di questa linea. E quando Malenkov sostenne che una nuova, eventuale guerra mondiale avrebbe comportato la fine della civiltà umana, Pontecorvo dichiarò apertamente il suo entusiasmo. Era quello che alcuni scienziati tra i più avvertiti, anche nel mondo occidentale, andavano sostenendo da tempo. Una guerra atomica, diversamente da tutte quelle finora conosciute, non avrebbe lasciato sul terreno vincitori e vinti: il mondo sarebbe retrocesso a un'oscura barbarie. In modi e con parole diverse era quanto avevano sostenuto Oppenheimer e Togliatti, Bertrand Russell e Joliot-Curie.

Non fu questo, però, il parere che prevalse nel gruppo dirigente sovietico. Dopo pochi mesi, infatti, Malenkov venne costretto a dare le dimissioni. La possibilità che la civiltà intera potesse perire in seguito a una guerra atomica venne esclusa con rigorose motivazioni ideologiche. Anzi quella affermazione, secondo il «Kommunist» e secondo il ministro degli Esteri Molotov, era «uno spauracchio imperialista, anche se purtroppo aveva trovato una certa diffusione fra coloro che si battono contro la guerra. Un conflitto mondiale avrebbe segnato non la fine della civiltà, ma la fine del sistema capitalistico putrescente. I popoli infatti sarebbero arrivati a comprendere la necessità di un rovesciamento rivoluzionario dell'imperialismo». Lo confermava l'esperienza delle due guerre precedenti: la prima aveva visto la rivoluzione in Russia, la seconda in Cina e nelle democrazie popolari. Non c'era ragione di dubitare che in una terza guerra i popoli avrebbero trovato una soluzione analoga. Si trattava insomma di non sottovalutare le proprie forze e non sopravvalutare quelle dell'avversario. La bomba atomica non cambiava la natura di classe della società e del mondo.

«Io come scienziato ero convinto che la ragione stava dalla parte di Togliatti e di Joliot-Curie. Sapevo per certo che una guerra atomica, con l'incredibile potenziale distruttivo che si andava accumulando dalle due parti, avrebbe segnato la fine della civiltà umana, un ritorno alla barbarie dei primi secoli della storia. Ma se Molotov diceva il contrario, se la rivista teorica del partito diceva il contrario... poteva avere torto Molotov, poteva avere torto il partito? No, questo mi sembrava letteralmente impossibile, inconcepibile, fuori dell'ordine naturale delle cose. Forse Molotov, o meglio il partito, sapevano cose che io ignoravo. E se Molotov aveva ragione, avevo torto io. E accettai. Quando nella riunione di partito del mio laboratorio si discusse della situazione internazionale, anch'io approvai, alzando la mano, la relazione del segretario della cellula che riprendeva parola per parola il discorso che Molotov aveva pronunciato tra grandi applausi, alla sessione del Soviet supremo.»

La militanza comunista abitua lentamente all'obbedienza, alla disciplina, alla rinuncia, allo spirito critico, al rispetto per la gerarchia e Bruno Pontecorvo da tempo era un comunista disciplinato. Sulle questioni essenziali, sulle grandi scelte di politica interna e internazionale non poteva che rimettersi alle decisioni del partito. Gli mancavano, del resto, anche gli strumenti attraverso i quali formarsi, su alcune vicende, un'opinione personale. Leggeva ogni giorno la «Pravda» e, di tanto in tanto, quando la riceveva, l'«Unità», ma era difficile, per non dire impossibile, da Dubna, farsi un'idea completa del mondo.

Altre cose, piccole vicende di vita quotidiana lo mettevano a disagio, e gli era difficile capirle e accettarle, per quanto ne cercasse una giustificazione nella storia o nella tradizione del paese.

«Mi colpì molto il fatto che la discussione politica negli organismi di partito fosse così limitata, povera. Ricordavo con nostalgia le riunioni a Parigi, così appassionate. Certo, alla fine, anche in quelle riunioni erano sempre i dirigenti più qualificati ad avere l'ultima parola, ma il dibattito c'era, si discuteva. Qui, no. Nel 1954 avevo fatto domanda di iscrizione al partito. Normalmente, la domanda deve essere accompagnata dalla dichiarazione di due garanti, membri più anziani che ti presentano e garantiscono per te. Poi, nel corso di una riunione appositamente convocata, il candidato spiega le ragioni della sua scelta e, alla fine, gli viene consegnata la tessera. Io non ebbi bisogno di garanti. Dissi al segretario dell'organizzazione di Dubna che desideravo iscrivermi e la mia domanda venne automaticamente accettata. Con mia grande sorpresa, mi resi conto che, nel corso delle riunioni di cellula, si discuteva più di fatti personali che di politica. Regolarmente, una buona parte del tempo era dedicata al cosiddetto *personal delo*, a un esame cioè del comportamento individuale dei membri della cellula. Che so? Se un uomo aveva l'abitudine di ubriacarsi, o se una donna tradiva il marito, ebbene se ne discuteva nel *personal delo*... Io sono stato educato, anche nella mia famiglia, a un assoluto rispetto delle scelte dei comportamenti individuali. Trovavo quindi un po', come dire?, medioevale questo sistema, l'obbligo di parlare di sé in pubblico, giustificando i propri comportamenti. Sentivo in tutto questo una sorta di intromissione indebita nella vita personale di ognuno.

«E devo dire che non sono mai riuscito a capire il significato vero di questa cerimonia, una specie di confessione in piazza dei propri peccati, con qualcuno, non il sacerdote ma il segretario della cellula, che ti punisce o ti assolve. Non capivo cosa c'entrasse in tutto questo il partito. Credo di averlo anche detto, ma nessuno mi ha dato una risposta convincente. Insomma si discuteva e poi si passava a votare: una censura, una punizione, cose di questo genere. In questi casi io mi sono sempre astenuto, ma restavo sempre solo. Voglio dire che non mi è successo niente perché non votavo, quindi astenersi non era proibito, ma gli altri votavano sempre... Non avevo difficoltà ad astenermi nel corso di queste riunioni, ma certo non lo avrei fatto se si fosse discusso di politica estera o di altre cose di questo genere... E infatti quando ci venne illustrata la posizione di Molotov io non intervenni, tenni per me i miei dubbi e votai come ci si aspettava.»

Pontecorvo non era l'unico scienziato straniero presente a Dubna. Uno dei più autorevoli era quell'Heinz Barwich, studioso della separazione degli isotopi, che l'Armata rossa aveva prelevato a Berlino e che aveva lavorato per qualche anno a Suchumi, guadagnandosi anche un premio Stalin. Dopo qualche anno di permanenza a Dubna, Barwich rientrerà a Lipsia da dove fuggirà in America. Qui, testimoniando di fronte alla Commissione del Senato Usa per la sicurezza, riferiva alcuni particolari della sua vita a Dubna.

«Eravamo costantemente sotto sorveglianza. Non potevamo far uscire dal centro nessun libro, documento o foglio. Tutti i nostri lavori dovevano svolgersi entro aree limitate. Anche le famiglie erano tenute ad abitare all'interno della zona cintata. Quando si voleva uscire dalla zona bisognava chiedere il permesso. E si veniva accompagnati costantemente da una guardia del corpo russa la quale aveva, ovviamente, il compito di controllare che non prendessimo contatto con estranei.»

Richiesto di alcune informazioni a proposito del lavoro di Pontecorvo, così rispose: «Ci siamo incontrati qualche volta in laboratorio e qualche volta in una zona residenziale. La nostra non era un'amicizia, ma una semplice conoscenza...

Pontecorvo è veramente un ottimo scienziato. Non c'è nessun paragone con Fuchs. Pontecorvo ha un'eccezionale conoscenza di tutto ciò che riguarda il suo settore. È difficile dire quanto la sua presenza abbia contribuito all'avanzamento della scienza in Urss. Penso che il livello della scienza sovietica non sarebbe stato diverso se egli fosse rimasto in Gran Bretagna. Il suo è un lavoro principalmente teorico e non pratico e in Russia non mancano certo ottimi fisici teorici. Ma non direi che ci conoscevamo: cioè ci siamo incontrati qualche volta in laboratorio e qualche volta nel bosco, andando a casa, questo è tutto».

Pontecorvo non ricorda affatto lo scienziato tedesco. È probabile del resto che lo stesso Barwich avesse allora un altro nome. La mancanza di vita sociale o meglio, di una vita sociale alla quale potessero partecipare gli stranieri, rendeva assai difficili gli incontri e gli scambi di opinione.

Pontecorvo era abituato a un altro tipo di rapporti. A Tulsa o a Chalk River, ad Harwell o a Roma, ci si incontrava tra colleghi anche fuori del luogo e dell'orario di lavoro. Ci si scambiavano visite, si beveva qualcosa insieme, si organizzavano cene e weekend ai quali partecipavano le famiglie al completo. Le mogli si conoscevano, i bambini facevano le gite insieme. Nulla di tutto questo, a Dubna. In un primo momento, Pontecorvo aveva pensato che ciò dipendesse dalla sua scarsa conoscenza del russo, poi, con il trascorrere del tempo, si era reso conto che non era questa la causa del suo isolamento. E tuttavia non sapeva darsene una ragione.

Anche con i colleghi con i quali lavorava gomito a gomito, con i quali consumava alla mensa il pasto di mezzogiorno, anche con questi si rivelò impossibile stabilire qualcosa di più dei semplici rapporti formali di lavoro.

Tutti vivevano, a Dubna, in case uguali, in mezzo al bosco, con il giardino intorno, un paio di alberi da frutta e una panchina, poco distanti l'una dall'altra. E tuttavia nessuno di coloro che lavoravano con lui lo aveva mai invitato a entrare in una di quelle villette. Per lui così estroverso, gaio, amante della compagnia tutto questo era inspiegabile e quasi doloroso.

Aveva tentato qualche volta, all'inizio, di rompere questa sorta di silenzio, o di cordone sanitario, che lo circondava, ma senza successo. Così aveva finito con l'adattarsi, sia pure a fatica, a questo stile di vita, così diverso dalle sue abitudini precedenti e dalle abitudini delle comunità scientifiche alle quali aveva partecipato. E si chiedeva da cosa fosse determinato questo atteggiamento, se da una esasperata difesa della propria privacy o da mancanza di fiducia, dalla volontà di tenerlo a distanza, in quanto straniero e quindi non del tutto sicuro, forse persino sospetto.

Anche questo era possibile. Riandava adesso con il pensiero al suo arrivo a Mosca, ai lunghi colloqui con il giovane ufficiale del Kgb, nel corso dei quali aveva raccontato tutta la sua vita precedente. Aveva spiegato, nel corso di quei colloqui, di aver scelto di venire in Urss per mettere le sue conoscenze al servizio della pace. Lo avevano accontentato. Ma si sorprendeva, adesso, a pensare che forse avrebbero potuto insistere perché lavorasse all'atomica. Se non lo avevano fatto, non era questa una prova che, dopotutto, non si fidavano al cento per cento di lui? E le sue guardie del corpo erano lì per proteggerlo o per controllarlo? Come avrebbe potuto convincerli della sua lealtà? Forse aveva commesso qualche errore, ma dove come quando? E come mettervi riparo? Gli sarebbe piaciuto parlare con qualcuno: di politica di musica di cinema di letteratura. Rimpiangeva i lunghi colloqui con il giovane ufficiale di Mosca, così intelligente, sensibile, colto.

Una grande solitudine, un grande silenzio circondava la sua vita appena metteva piede fuori del laboratorio. Per Marianne questo non era un problema. Anzi. Era stata sempre quasi patologicamente avversa a ogni tipo di vita sociale, tanto che in passato egli l'aveva rimproverata anche bruscamente di questo suo atteggiamento. Marianne dunque non aveva bisogno di amiche e di amicizia. Stava in casa. Leggeva per ore e ore, oppure restava sdraiata sul letto e guardava fuori della finestra il trasformarsi degli alberi sotto la neve in una sorta di ragnatela d'argento. Ma, nonostante tanta pace e silenzio, sembrava pian piano incupirsi. Non era mai stata molto allegra, adesso scivolava in una sorta di pesante malinconia.

Anche Bruno, con il passare degli anni, sentiva il suo carattere modificarsi. Aveva ormai superato i quarant'anni. Era abbastanza soddisfatto delle sue ricerche sui neutrini e dei suoi nuovi lavori, ma l'impossibilità di pubblicarli sulle riviste internazionali gli provocava un senso di amarezza e isolamento. Gli sembrava in certi momenti di essere stato depositato lì a Dubna da qualcuno che ne avesse dimenticato l'esistenza e il nome.

Era stato lui stesso a scegliere, ma quando aveva abbandonato spontaneamente l'Occidente non aveva immaginato di esserne tagliato fuori in modo così radicale. Se infatti a Dubna, attraverso la lettura delle riviste scientifiche americane e inglesi, egli poteva seguire il lavoro e le ricerche dei suoi colleghi, non altrettanto poteva dirsi dei suoi lavori. Egli era sparito dal mondo. E l'idea che i fisici inglesi francesi americani e italiani, che egli ben conosceva, con i quali aveva lavorato e discusso, nulla potessero sapere adesso delle sue ricerche delle sue ipotesi dei suoi esperimenti, gli dava una sensazione di crescente amarezza.

Nel 1947, quando era ancora in Canada, Pontecorvo aveva proposto l'ipotesi dell'esistenza del muone, analogo all'elettrone ma molto più pesante (su questa base verrà poi emessa l'ipotesi della universalità delle interazioni deboli). Ancora in Canada, e in collaborazione con Hinks, aveva sostenuto che nel decadimento del muone si produceva un elettrone e altri due neutrini, uno dei quali mu. Si trattava però di intuizioni teoriche che avevano bisogno di verifica e a questo egli stava lavorando nel corso di quegli anni. In quel periodo notò l'apparente contraddizione tra l'alta probabilità di generazione, nella radiazione cosmica, di certe particelle (oggi definite «strane») e la bassa probabilità del loro decadimento. Si interessava ai processi più difficili da rilevare, anche improbabili. Sapeva che altri fisici, in Occidente, lavoravano attorno agli stessi problemi e non gli sembrava giusto che i suoi lavori altrettanto importanti venissero ignorati.

«Non avevo il mio cognome, allora. Al laboratorio venivo chiamato "professore" e basta. Qualcuno mi chiamava con il nome e patronimico: Bruno Maximovic. Mi chiedevo perché non mi chiamassero con il nome e cognome interi. E non sapevo darmi una risposta. Così come non sapevo darmi una risposta di questa mancanza di rapporti, tra noi. Pensavo che fosse l'uso russo, naturalmente. Si parlava di lavoro e solo di lavoro. Niente altro. Mi chiedevo se avessero altri interessi, umani e culturali. O forse, avendoli, non li manifestavano con me. Non mi sono mai incontrato con nessuno. Non sono mai andato nelle loro case. Sono stato solo, completamente solo per molti anni. Non del tutto solo, in verità, perché avevo sempre al mio fianco le mie due guardie del corpo. Non tolleravo la loro presenza, ma non protestai mai. Ero intollerante, ma dentro di me. Cercavo di convincermi che anche in questo caso forse ero io ad aver torto. Mi dicevo: "Se vogliono così si vede che è giusto". Mi sforzavo di sopportare, di non far pagare a quel poveretto che fischiettava la mia tensione. Ci sono cose di cui uno può soffrire molto, anche se pensa che siano giuste. Io ero in quella condizione.»

Anche i bambini avevano perso il loro nome. Gil, Tito e Antonio a scuola, o al campeggio dei pionieri, si chiamavano Ivanov. Avevano i capelli tagliati a spazzola, come le altre migliaia e migliaia di pionieri, i calzoncini corti e il fazzoletto rosso al collo. Parlavano russo. Quando l'istruttore comandava l'alzabandiera si irrigidivano nel saluto e gridavano in coro: «Svegda gatov!», sempre pronti. Come veri pionieri, sempre pronti all'azione, alla disciplina e alla lotta. Sapevano di chiamarsi Pontecorvo, ma quando l'istruttore chiamava i piccoli Ivanov, rispondevano pronti all'appello. Non facevano domande, sapevano che alcune cose dovevano rimanere segrete.

All'improvviso, come era stato deciso – una volta, non sa da chi – che egli non fosse più Bruno Pontecorvo, così – ancora una volta all'improvviso – viene deciso, ora, che egli riprenda il suo nome intero, che riassuma ufficialmente, persino solennemente, la sua piena identità. Il segreto che aveva avvolto la sua presenza in Urss viene dunque squarciato.

Alla fine del febbraio del 1955, mentre è in corso in tutto

il mondo una campagna dei Partigiani della Pace per la distruzione di tutte le atomiche e il divieto di costruirne di nuove, appare sulla «Pravda» e sulle «Izvestija» una dichiarazione di Bruno Pontecorvo con la quale egli si associa a questa richiesta e chiede ai suoi colleghi scienziati di tutto il mondo di sottoscriverla. La sua dichiarazione conferma quello che i servizi segreti dei paesi occidentali sospettavano, ma che fino a quel momento non era provato: Pontecorvo è in Urss, e lavora in uno dei centri di fisica nucleare più avanzati del mondo.

Alla sua dichiarazione era inevitabile, per la grande eco sollevata in tutto il mondo, far seguire almeno una conferenza stampa, che infatti venne convocata per venerdì 4 marzo, nella sede dell'Accademia delle scienze.

«Non so perché sia stata presa questa decisione. Posso, tuttavia, immaginarlo. L'Urss era impegnata in quel momento in un'iniziativa di pace a largo raggio. Il mio nome e la mia dichiarazione potevano essere utili. Non ne so di più. Nessuno ha chiesto il mio parere. Un funzionario di partito di medio livello mi ha comunicato la decisione. Né io gli ho fatto domande. Non è strano: era così. Una persona come me, al mio livello, lì non decide niente: di questo mi ero già reso conto. Devo dire che la prospettiva di apparire in una conferenza stampa mi preoccupava persino un poco. Mi preparai a lungo, non sapevo quali domande mi sarebbero state fatte, se sarei stato in grado di dare le risposte giuste. Alla fine andò tutto bene, ne fui molto contento.»

La conferenza stampa si svolse alla data e all'ora fissata, le 16 precise, nella sala tutta bianca di marmi al primo piano della sede dell'Accademia delle scienze, una palazzina dal piacevole stile neoclassico del XVIII secolo. Nella sala era stato disposto un grande tavolo a ferro di cavallo, coperto da un tappeto rosso: al centro alcune poltrone erano state riservate a Pontecorvo e ai suoi accompagnatori, tutt'attorno sedevano i giornalisti, sovietici inglesi americani italiani. Molti erano rimasti in piedi. La sala era affollata.

Bruno arrivò alle 16 precise. Con passo scattante salì quasi di corsa la grande scalinata dell'Accademia e, sulla porta del salone pronto per la conferenza stampa, si guardò attorno sorridendo, sicuro di sé e quasi divertito. Sembrava più giovane della sua età, un vestito grigio di buon taglio, una bella cravatta, la punta di un fazzoletto candido nel taschino. Sul risvolto destro della giacca spiccava la medaglia d'oro con il nastrino rosso del premio Stalin. Era accompagnato dal professor Topceiev, segretario dell'Accademia delle scienze, e da due traduttori.

«Signori giornalisti, amici, compagni...» così cominciò la sua dichiarazione, parlando un italiano in cui si percepiva una lieve inflessione toscana, «sapendo che dopo il mio appello molti giornalisti desideravano incontrarmi, sono venuto qui per uno scambio di vedute cordiale e franco, ben lieto di fare quattro chiacchiere con i rappresentanti della stampa mondiale.» L'esordio fu disinvolto, gradevole. «Le potenze atlantiche» proseguì «hanno deciso di preparare la guerra atomica. Per costoro le armi nucleari sarebbero armi legittime. Negli anni che ho trascorso in Urss ho potuto convincermi che il popolo sovietico, tutto il popolo sovietico vuole la pace e che il governo dell'Urss prende tutte le misure possibili per impedire una guerra. Vorrei rivolgermi a tutti gli uomini onesti e in particolare agli scienziati, ai fisici che ho conosciuto, con cui ho lavorato, di cui sono stato amico e che stimo, per scongiurarli di prendere posizione. Oggi non si può restare alla finestra. È vero che la stampa gialla e reazionaria cerca di annebbiare l'intelletto delle persone oneste. Ma ci sono cose che anche i ragazzi vedono chiaramente. Come è possibile credere, per esempio, che sia l'Urss a minacciare gli Stati Uniti, quando è più che evidente che sono gli Stati Uniti a stabilire basi tutto attorno all'Unione Sovietica?»

E, concludendo, Pontecorvo pregava la stampa di trasmettere i suoi saluti e quelli di sua moglie e dei figli a tutti i suoi parenti e, in particolare, ai suoi genitori e alla madre della moglie di cui da oltre quattro anni non avevano notizie.

L'interprete non aveva ancora terminato di tradurre le sue ultime parole, che una serie di mani si alzarono per porre delle domande.

«Dove vivete adesso?»

«Ho un appartamento a Mosca e una villa nei dintorni.»

«Quando e perché avete ricevuto il premio Stalin?»

«Il premio mi è stato attribuito assieme al mio giovane collaboratore sovietico Selivanov, all'inizio del 1954, per ricerche nella fisica delle alte energie.»

«Quale è stato il vostro contributo allo sviluppo dell'energia atomica in Urss?»

«Il mio contributo alla creazione della prima centrale elettrica atomica è zero. Come ho già detto nelle mie dichiarazioni, in Urss mi occupo e mi sono sempre occupato di fisica delle alte energie. È vero che alcuni anni fa ho avuto occasione di discutere con colleghi sovietici di alcuni problemi riguardanti soprattutto la difesa dalle radiazioni nei reattori nucleari destinati a impianti pacifici. Però devo dire francamente che la mia esperienza in questo campo era molto modesta, in confronto a quella degli scienziati sovietici.»

«Quando avete lasciato l'Inghilterra eravate suddito britannico. E adesso?»

A questo punto Pontecorvo estrasse dalla tasca interna della giacca un documento: il suo passaporto sovietico. Lo sollevò in alto perché tutti potessero vederlo.

«Sono cittadino sovietico dal 1952.»

«In cosa consistono oggi i vostri lavori?»

«Lavoro nel campo della fisica delle alte energie. Se volete» aggiunse ironicamente «posso anche entrare nei particolari, ma non so se mi capireste.»

«I vostri lavori hanno un'applicazione militare?»

«Assolutamente no. Non mi sono mai occupato di settori che potessero avere un impiego militare. Quando sono venuto in Urss, mi sono state fatte diverse proposte, tutte nel settore dell'utilizzazione pacifica dell'energia atomica. Mi interessava la fisica delle alte energie, e di questo mi sono occupato e continuo a occuparmi, lavorando su un sincrociclotrone gigante.»

«Cosa è esattamente la fisica delle alte energie?»

«Lo potete trovare in qualsiasi buon libro di fisica. Non mi sembra il caso di parlarne in una conferenza stampa.»

Di fronte alle insistenze di un giornalista americano, Pontecorvo spiegò:

«Mi occupo esattamente della produzione di mesoni negli urti tra particelle di grande energia, e di diffusione dei mesoni. È soddisfatto?».

Alcune domande tendevano a metterlo in difficoltà, ma egli se la cavò brillantemente rispondendo spesso in inglese, per guadagnare tempo e risparmiare il traduttore.

«Le risulta o no che anche in Urss si lavora per le armi atomiche?»

«Lei dimentica che il governo sovietico conduce una instancabile campagna per il divieto delle armi atomiche, il che non si può dire del governo americano.»

«Accettereste di lavorare nel settore militare, qualora l'Urss fosse in pericolo?»

«Sono un cittadino sovietico e come tutto il popolo sovietico sono pronto a servire il mio paese in tutti i modi possibili. Vorrei però ricordarvi che tutto il popolo sovietico si batte e continuerà a battersi per la difesa della pace e il divieto delle armi atomiche e all'idrogeno.»

Tra domande e risposte, la conferenza stampa durò quasi due ore. Pontecorvo era apparso, come registrò tutta la stampa occidentale, molto tranquillo e sicuro di sé. Ad alcune domande, in particolare a quelle che facevano riferimento all'organizzazione della sua fuga, rifiutò di rispondere. Aveva parlato indifferentemente in italiano, in inglese, in russo. A un giornalista di Parigi si era rivolto in francese. Talvolta aveva rettificato qualche interpretazione del traduttore.

Alla fine si rivolse direttamente a Giuseppe Boffa, corrispondente dell'«Unità», per una dichiarazione di chiaro sapore propagandistico: «So quanto il popolo italiano lotta per la pace. Leggo regolarmente l'"Unità" e lo faccio sempre con immenso piacere. Ogni volta che il vostro giornale mi arriva, mi sento pieno di commozione. Salutate da parte mia il popolo italiano e incitatelo a battersi instancabilmente per la pace, contro la guerra, per il divieto delle armi atomiche».

Mentre usciva circondato dai suoi accompagnatori sovietici, il giornalista dell'«Unità» riuscì a raggiungerlo. «Sono

molto contento di averti conosciuto» gli disse Pontecorvo con un sorriso appena accennato e un po' stanco. Boffa rilanciò: «Mi piacerebbe rivederti». E lui: «Stai tranquillo, mi faccio vivo io».
Il giorno dopo Pontecorvo scrisse una lettera a sua madre.
«Fino a quel momento non c'era stato nessun tipo di comunicazione, nulla. Né con i miei genitori né con i miei fratelli. Non avevo mai scritto. E nemmeno Marianne aveva mai scritto a sua madre.»
«Era proibito?»
«No, non è che qualcuno ti diceva che non si poteva scrivere. Ma non abbiamo scritto. Ci sono cose che voi non potete capire.»
«Quando hai rivisto tua madre?»
«Non l'ho rivista. Ci siamo scritti delle lettere. Ma mio padre e mia madre sono morti prima che io potessi rivederli...»
Uscendo dalla sede dell'Accademia delle scienze, in quel giorno di marzo del 1955, Bruno Pontecorvo si accorse che la neve ormai si andava sciogliendo. Stava arrivando la primavera, annunciata dal disgelo; il disgelo russo che può essere senza misura, impetuoso, terribile.

III
IL DISGELO

« Il disgelo russo » racconta Maurizio Ferrara, un giornalista italiano che ha passato molti anni in Urss « ha il volto, il contenuto e la drammaticità di un colossale fenomeno naturale. Il disgelo russo non è, come pensano turisti e poeti, neve che si scioglie al sole e fiorellini che sbucano sui campi. Il disgelo russo ha l'intensità e la furente bellezza di una lotta tra elementi. Ha un suo colore, un suo odore, una sua musica. Qui non disgela un prato, una montagna, un lago, ma è tutto un sistema geofisico, di immensi fiumi e foreste, sconfinate pianure con villaggi e città che si mette in movimento: è una fascia della crosta terrestre che, giunto il globo terracqueo a un certo punto della sua corsa nel cosmo, entra in crisi. Lenta e sotterranea la furia della terra e delle acque preme da sotto la crosta di ghiaccio e giorno per giorno la mangia, la tritura, la scioglie, la spacca, l'assorbe. Poi, da un'ora all'altra la primavera divampa di colpo, con torrenti di acqua luci e colori. Ed è la fine: l'orda bianca dei ghiacci è in fuga, si nasconde misera e sgualcita tra le pieghe ombrose del terreno, nelle forre, nei burroni. E allora, quando la lenta crisi del disgelo è ormai esaurita, ti sembra impossibile che sia esistito un giorno in cui tutto era sepolto in uno sterminato silenzio di neve. Questo è il disgelo. E ora, tra marzo e aprile, è il tempo dei primi soprassalti della natura, dei primi fragori notturni del ghiaccio che precipita scrosciando dai tetti... »

Il disgelo di quella primavera del 1955 non fu per Bruno Pontecorvo solo questo: non solo cioè le finestre delle case all'improvviso spalancate, i vetri liberati dalle strisce di carta gommata che ne garantiscono la chiusura ermetica nei mesi invernali; non solo il ghiaccio che precipita scrosciando dai tetti e si deposita in allegre pozze d'acqua sui marciapiedi e nel giardino; non solo l'emozione di assistere al Volga che riprende il suo corso; non solo il piacere di respirare a fondo un'aria che anche nel centro di Mosca sa miracolosamente di fiori e di campagna.

Per l'uomo che all'improvviso aveva riacquistato il proprio nome, il disgelo quell'anno fu qualcosa di più di una vicenda meteorologica. Fu disgelo anche nella sua vita.

Dopo anni di isolamento e di silenzio riemergeva adesso a vita normale, con la sua piena identità, il suo nome finalmente completo scritto a tutte lettere a caratteri cirillici sui documenti, il suo passaporto sovietico. E da ora in poi poteva scrivere in Italia, ricevere lettere (presso una casella postale), uscire da quella sorta di guscio nel quale era stato bloccato, sia pure fornito di tutto il necessario, per cinque anni. Anche la vigilanza attorno a lui si allentava, le guardie del corpo lo accompagnavano soltanto in alcuni viaggi a Mosca.

«Da quando si seppe che lui era qui,» racconta Irina, la sua segretaria «cominciarono ad arrivare lettere, molte lettere, da studenti e da gente semplice che lo ringraziavano di avere scelto di vivere con noi. Gli arrivavano anche lettere da carcerati, che chiedevano libri, carta per scrivere. E lui, quando poteva, li accontentava.»

L'ambiente di Dubna si fece più cordiale, meno riservato e sospettoso. Quando il ghiaccio si ruppe sotto la pressione delle acque del Volga sembrò che la natura esplodesse in una più ricca fioritura di tigli e di meli. I ragazzi si buttavano in acqua a grandi bracciate, mentre le ragazze si spogliavano sull'argine e si stendevano al sole.

Bruno era tra i più audaci. Tentò la traversata del Volga a nuoto con Antonio e Tito aggrappati sulle spalle, mentre dalla riva una piccola folla applaudiva. Sarà Bruno a proporre che venga costruito un campo da tennis, e sarà Bruno il primo a impugnare la racchetta e dare lezione ai colleghi che di quel gioco sanno ben poco, quasi nulla.

In questo periodo Pontecorvo conosce Arkadi B. Migdal, un fisico che, ai suoi occhi, aveva il grande merito di nutrire una serie enorme di interessi. Non si occupava cioè, come la maggioranza dei fisici presenti a Dubna, solo di scienza. Amava molto l'arte ed egli stesso scolpiva e dipingeva, ma disegnava anche gioielli ed era fisicamente molto dotato: adorava la montagna, era un ottimo scalatore e aveva un'eccezionale resistenza nel nuoto. Gli piacevano molto le donne e ne era contraccambiato, tanto che, malignamente, qualcuno meno fortunato di lui sul piano sentimentale aveva messo in giro, a Dubna, questa battuta: «Sapete che differenza c'è tra Landau e Migdal? Landau è un fisico che si crede un Don Giovanni, Migdal è un Don Giovanni che si crede un fisico».

«Ma era soltanto una cattiveria» si affretta a commentare Pontecorvo. Andrej Sacharov che proprio con Migdal aveva discusso nel 1947 la tesi di laurea, ne ricorda le grandi qualità. Midgal del resto apprezzò tanto la tesi di Sacharov da segnalarlo per l'équipe che stava preparando la bomba atomica. Segnalazione che venne immediatamente raccolta.

I due, Pontecorvo e Migdal, si conobbero a Dubna, nel corso di un congresso. A un certo punto Migdal aveva lasciato i lavori per andarsene a fare un bagno nel fiume: già questo rivelava un temperamento singolarmente indisciplinato. Poco dopo lo raggiunse Pontecorvo. Migdal gli raccontò, ridendo, che aveva salvato una ragazza che stava per annegare. Così, sulla riva del Volga nacque un'amicizia che sarebbe durata tutta la vita. Migdal è morto nel gennaio del 1991 e la sua ultima telefonata è stata proprio per Pontecorvo: «Non andremo più a passeggio per le montagne...» gli annunciò.

Ma allora sia Migdal che Pontecorvo erano nel pieno delle loro energie, e Bruno, che aveva appena ricevuto dall'Italia una nuova attrezzatura per la pesca subacquea e che si proponeva di andare in vacanza sul mar Nero, gli chiese se avrebbe potuto accompagnarlo. L'altro accettò con entusiasmo, anche se non aveva mai fatto pesca subacquea e nonostante avesse ormai quasi cinquant'anni.

«Imparò benissimo» ricorda ancora Bruno. «Aveva un'energia straordinaria, troppa anche per me, che ne avevo molta, allora.»

Bruno amava avere gente a casa, quasi un recupero dei tanti anni di solitudine. Accadeva così molto spesso che Migdal e altri fisici, soprattutto i più giovani, andassero la sera a casa sua, a mangiare qualcosa e ascoltare musica. Bruno preparava dei gran piatti di pasta e portava in tavola bottiglie di vino rosso, georgiano, che si divertiva a contrabbandare per Chianti.

Era, la sua, una casa di soli uomini. Con gli anni le stranezze di Marianne, che l'avevano fatta apparire ombrosa e solitaria, si erano trasformate in sintomi di una vera e propria malattia nervosa, che era necessario curare in clinica. Dunque, per alcuni periodi era assente.

La casa era disordinata, confusa, come tutte le case di soli uomini. Di tanto in tanto veniva una donna a fare le pulizie, a lavare i pavimenti, a mettere in ordine la cucina. Poi, di nuovo la casa veniva affidata a Bruno Pontecorvo e ai suoi tre figli: Gil era un ragazzone biondo che a diciassette anni aveva deciso di studiare fisica, Tito era un adolescente irrequieto che amava il mare e i cavalli, Antonio il più piccolo era dolce e timido. Il giardino cresceva sempre più incolto. Ormai nessuno se ne occupava.

Cominciava il disgelo anche nella vita politica in Urss, ma Bruno Pontecorvo non se ne rendeva del tutto conto. A due anni dalla morte di Stalin e dalla liquidazione di Berija, qualcosa si muoveva nella irrigidita società sovietica. Probabilmente la stessa decisione di esibire Pontecorvo in pubblico era stata determinata dal desiderio di mandare un segnale all'Occidente, sia pure incerto e contraddittorio e forse anticipatore di una politica della distensione attorno alla quale era aperto (anche se sconosciuto al grande pubblico) un dibattito nel gruppo dirigente.

Filtravano, nell'ambiente di Dubna, notizie su persone che erano state, nel passato, arrestate e condannate per colpe mai commesse e che ora venivano rilasciate. E il fatto che queste persone venissero restituite alla libertà era prova della capacità di autocorrezione del sistema.

Per sua natura, Pontecorvo era, ed è, restio a concedere interviste, a parlare di sé. E quei primi anni in Urss avevano accentuato in lui un atteggiamento di riserbo e di grande prudenza. Anche la conferenza stampa gli era costata qualche disagio.

«Rimasi quindi particolarmente sorpreso quando mi venne comunicato, dal solito funzionario di partito a Dubna, che avrei dovuto concedere un'intervista a un giornale inglese, il "Daily Mirror", un giornale molto popolare, di quelli che io liquidavo allora come stampa gialla. Mi venne detto, dunque, che avrei dovuto accettare e ricevere questo giornalista. La cosa non mi piaceva. Dissi che dell'intervista non volevo nemmeno sentirne parlare... Mi venne ripetuto, con molta freddezza, che anche questa era una decisione, anzi che la decisione l'aveva presa personalmente Molotov. A me dunque non restava che obbedire. Ci pensai su una notte e poi chiesi di vedere Kurciatov...»

È la prima ribellione di Bruno, una ribellione in verità singolare. Probabilmente teme domande troppo stringenti, teme che diano di lui e della sua vita una rappresentazione falsa, si preoccupa del giudizio che potranno dare di lui, vedendo le sue fotografie su quel giornale, i colleghi inglesi. Di fatto è la prima volta, a quanto ci racconta, che prende un'iniziativa personale, che va al di là della normale routine scientifica.

Igor Kurciatov, dal quale dipendevano tutti gli scienziati e i ricercatori di Dubna, era ormai vicino ai cinquant'anni, la sua folta barba nera cominciava a segnarsi di grigio. Il suo ufficio era imponente, i muri coperti da scaffali con opere scientifiche in tutte le lingue del mondo, un tavolo immenso ingombro di carte e riviste. Si trattava in realtà di uno studio ma anche di una sala per riunioni. Sul tavolo di Kurciatov c'erano, oltre alle carte, una serie di telefoni di tutti i colori. Ogni telefono corrispondeva a un ufficio di grande importanza. Kurciatov poteva comunicare direttamente con chiunque, al vertice del partito. Da uno di quei telefoni aveva parlato sia con Berija che con Stalin.

E di Stalin conservava nello studio un grande ritratto a olio: il grande capo di tutte le Russie era in piedi e sullo sfondo del Cremlino fumava serenamente la pipa. Quel giorno Kurciatov ascoltò con interesse, accarezzandosi la spessa barba nera, quello che gli diceva Bruno Maximovic. Di lui Kurciatov sapeva tutto: ne conosceva le traversie politiche, il carattere, le difficoltà, le capacità scientifiche. Dall'altra parte del tavolo, Bruno Maximovic spiegava, nel suo cattivo russo e con un certo nervosismo, perché non riteneva giusto dare un'intervista a un giornale che disprezzava profondamente e che probabilmente avrebbe offerto di lui in Inghilterra un ritratto tutt'altro che positivo, e soprattutto avrebbe scritto dell'Urss e del suo lavoro scientifico cose non lusinghiere.

La conferenza stampa, ricordava Bruno, era andata bene, gli aveva consentito di dire, di spiegare a tutti perché si era deciso, cinque anni prima, al gran passo, perché aveva lasciato l'Occidente e scelto di venire nel paese del socialismo. Igor Kurciatov lo guardava con i suoi occhi neri, fondi, molto espressivi. Poi gli disse di stare tranquillo, di non preoccuparsi.

«Voi, Bruno Maximovic,» aggiunse «è meglio che vi occupiate di fisica, non di politica...»

Sorridendo, lo rassicurò: facesse come preferiva, non esisteva nessun ordine, tantomeno di Molotov, che lo obbligasse a rilasciare un'intervista al «Daily Mirror».

«Quando tornai a Dubna dissi dunque che non avrei concesso l'intervista, che avevo parlato con Kurciatov e che Molotov non aveva mai dato quell'ordine. Così questa vicenda fu conclusa, con mia grande soddisfazione. Era frequente allora che un burocrate di partito, per imporre una sua opinione, si facesse forte di un ordine superiore che alle volte non esisteva affatto.»

Il XX Congresso del Partito comunista dell'Unione Sovietica si inaugurò a Mosca il 14 febbraio del 1956. Sarebbe stato un Congresso «storico», il Congresso della «destalinizzazione». Fu Krusciov, allora segretario del partito, a denunciare il cosiddetto «culto della personalità», e le gravi illegalità commesse in tutto il periodo precedente.

Ma anche questo Congresso, con le sue clamorose denunce, non cambiò, secondo Pontecorvo, i comportamenti di quella burocrazia che costituiva l'ossatura del sistema. Il «rapporto segreto» di Krusciov (chiamato così dalla stampa occidentale perché letto nel corso di una seduta segreta del Congresso) venne illustrato in migliaia di assemblee in Urss, e quindi anche in un'assemblea del Collettivo di lavoro di cui Pontecorvo faceva parte.

«C'erano tutti, dai fisici più famosi ai collaboratori più modesti. Se non sbaglio c'erano anche le mogli. Il rapporto fu illustrato dal responsabile del partito e alcuni passi vennero accolti da una sorta di lungo brusio della sala, di indignazione e di incredulità. Nessuno chiese la parola; del resto fin dall'inizio era stato detto che non ci sarebbe stata discussione. In silenzio, la sala sfollò... Ho letto il vero "rapporto segreto" solo alcuni anni dopo, e non saprei dire adesso se la versione che ce ne fu offerta in quelle riunioni era integrale o meno. Ma mi sembra di sì. A Stalin veniva attribuita la responsabilità delle repressioni di massa, dei processi e delle esecuzioni. Quale fu la mia reazione? Che in Urss ci fossero prigionieri politici, gente cioè condannata per la sua opposizione al regime, penso di averlo sempre saputo. Ma lo giustificavo. La rivoluzione deve ben difendersi dai suoi nemici... Non era accaduta la stessa cosa durante la Rivoluzione francese? Le rivoluzioni non si fanno con i guanti, costano lacrime e sangue. Ma davanti ai miei occhi stavano anche i risultati di quella rivoluzione, e i progressi erano indiscutibili: bastava vedere i dati della produzione industriale o della istruzione pubblica o della sanità e fare i confronti con la situazione di trenta o quarant'anni prima. E di mezzo c'era stata la guerra, e quale guerra... Cominciai a chiedermi, con il XX Congresso, se il prezzo pagato per questi successi non fosse stato troppo alto. Ma i risultati erano lì, e nessuno poteva metterli in discussione. Senza quei risultati perché milioni di sovietici ogni giorno si sarebbero messi in fila per dare un'occhiata, solo una rapida occhiata alla salma di Stalin e a quella di Lenin conservate nel mausoleo della Piazza Rossa?»

Il processo di destalinizzazione messo in opera dal XX Congresso è destinato ad avere ripercussioni a cascata nei paesi dell'Europa orientale. Le prime rivolte hanno luogo a Poznan in Polonia, dove con grandi manifestazioni di piazza si chiede «pane e libertà» e la sostituzione dei dirigenti asserviti alla Russia. Il cambio della guardia avrà luogo a Varsavia con relativa facilità, grazie alla improvvisa morte di Bierut (il dirigente più compromesso con Mosca) e alla elezione, alla testa del partito polacco, di Gomulka, un vecchio oppositore che era stato a suo tempo allontanato da ogni incarico e arrestato.

Le cose vanno in modo assai diverso in Ungheria. Rakosi, capo del Partito comunista ungherese è deciso a mantenersi al potere, a impedire ogni cambiamento. Ma dopo alcuni mesi di incertezze, nell'autunno un forte movimento popolare chiede l'allontanamento degli «stalinisti», la riabilitazione delle vittime del processi «farsa» e il ritiro delle truppe sovietiche. Imre Nagy, involontario capo di questa rivoluzione, non può che cedere alla pressione popolare fino a proclamare l'indipendenza politica e militare del suo paese, la sua neutralità e l'uscita dal patto di Varsavia.

È qualcosa che Mosca non può tollerare. Ai primi di novembre i carri armati russi soffocano nel sangue la rivolta di Budapest.

Fu la prima drammatica crisi di coscienza della sinistra occidentale nel dopoguerra, qualcosa che assomigliava alle lacerazioni sofferte in occasione della firma del Patto Molotov-Ribbentrop dell'agosto del 1939. Ma nemmeno un'eco di queste crisi e di queste lacerazioni giunse, ufficialmente, a conoscenza della società sovietica.

Bruno Maximovic Pontecorvo, da poco uscito dall'anonimato, è tra i milioni di sovietici che condividono la decisione di Krusciov. Mentre scoppia la crisi ungherese, le potenze occidentali attaccano l'Egitto di Nasser, colpevole di aver proclamato la nazionalizzazione del canale di Suez. Le due crisi si intrecciano e si sommano: ancora una volta il mondo sembra sull'orlo di una nuova guerra mondiale. Ancora una volta la forza dell'Urss impedisce che a questo si giunga. Tutto è semplice, tutto è chiaro. Come si fa a non capire?

Tra quelli che in Europa non capiscono, tra quelli che protestano e definiscono brutalmente «aggressione» o «repressione» militare l'ingresso dei sovietici a Budapest, c'è Gillo, il fratello prediletto di Bruno che proprio per questa ragione esce dal Pci, con un gruppo di altri intellettuali italiani.

Bruno, quando ne verrà, qualche mese dopo, a conoscenza, rimane profondamente turbato. Non capisce come Gillo possa mettere in discussione l'analisi che degli avvenimenti ungheresi è stata fatta a Mosca e il ruolo guida dell'Urss rispetto al campo socialista. Gillo sembra aver dimenticato che la fedeltà all'Urss è uno dei principi fondamentali della coscienza di un comunista.

Come fa Gillo a non capire ciò che a lui appare così evidente, che cioè gli insorti ungheresi sono dei controrivoluzionari, ispirati e gestiti dall'imperialismo occidentale e che Nagy, volente o no, si comporta come un traditore? E del resto, non basta a farsene convinti il fatto che lo stesso Nagy si era rifugiato, a Budapest, nella sede di un'ambasciata straniera? Anche i partiti comunisti dell'Occidente sostengono l'Urss. Anche il Partito comunista italiano. Se qualche scrittore, cineasta, professore universitario in questa occasione lascia il partito, in Italia come in Francia, ciò è la riprova della difficoltà, da parte degli intellettuali, di comprendere la durezza dello scontro in atto a livello mondiale, il segno della loro presunzione che li contrappone alla direzione del partito, del loro ritardo nell'assimilazione dei principi della lotta di classe e del marxismo-leninismo.

La tranquilla sicurezza di Bruno non è nemmeno scalfita da questi pur tragici avvenimenti.

Egli non ha né gli strumenti né la tendenza a esaminare in modo più autonomo e critico gli eventi internazionali. La politica per lui è soltanto una generica disponibilità alla giustizia sociale, alla battaglia per la pace. Tutto qui. Ha ragione Kurciatov, è bene che lui si occupi di fisica, di fisica, di fisica.

La sua unica divorante passione «dopo il tennis», dice con

civetteria, è la fisica, la ricerca, le particelle elementari. Il suo destino personale si identifica con quello della scienza, le sue vittorie sono quelle che si conquistano in laboratorio o nello spazio.

Nella notte tra il 4 e il 5 ottobre del 1957 viene lanciato il primo satellite artificiale della Terra: è lo Sputnik, frutto della scienza e della ricerca sovietica. La notizia del lancio lo raggiunge mentre sta svolgendo un corso in una scuola di fisica in Armenia.

«Ne provai una grande felicità, una grande emozione. So che adesso, tra i ceti intellettuali occidentali, tende ad avere la meglio un certo snobismo culturale, che sostiene che la corsa allo spazio è troppo dispendiosa, inutile, non produttiva ai fini del progresso dell'umanità. Non condivido questa opinione. Lasciamo stare gli aspetti militari che pure in quella occasione ebbero la loro importanza in Urss. Resta il fatto che lo Sputnik prima, poi il lancio della navetta spaziale con un astronauta, furono in primo luogo dei grandi avvenimenti nella storia della scienza. Fu quello il momento di massimo prestigio della scienza sovietica anche se già allora avremmo dovuto capire che si stava commettendo l'errore di concentrare tutto lo sforzo in una sola direzione, quella della ricerca spaziale, mentre altri settori ne soffrivano. Mandavamo la navicella nello spazio, ma non riuscivamo a rifornire il paese di dentifricio o carta igienica...»

Il merito principale dello Sputnik andava a Sergej Korolev, oggi considerato, giustamente, una sorta di eroe dell'Urss. Ma solo dopo la sua morte i suoi meriti vennero totalmente riconosciuti, e solo allora Bruno Pontecorvo seppe che anche Sergej Korolev aveva passato gran parte della sua vita in un lager.

Arrestato a metà degli anni Trenta, nell'epoca delle grandi «purghe» staliniane, lo scienziato era stato condannato ai lavori forzati e deportato in un campo della Kolyma, il che significava di fatto una condanna a morte. Lì venne salvato da Tupolev, l'ingegnere che ha dato il nome al celebre aereo sovietico e che, conoscendo il valore scientifico di Korolev, ottenne di farlo lavorare nella sua *charachka*, uno dei campi di lavoro riservati ai tecnici e agli scienziati.

Si racconta (ed è probabilmente vero) che Lavrentij Berija, il potentissimo ministro degli Interni sovietico che presiedeva allora la politica industriale e degli armamenti, fosse andato un giorno a visitare questo campo, per controllare l'andamento delle ricerche. Sergej Korolev ottenne di parlargli, e tentò di dimostrargli la sua innocenza. Ma Berija non lo lasciò finire: «Lo so bene, mio caro, che sei innocente. Lavora, e fai volare il tuo aereo. Allora, te lo prometto, potrai volartene via da qui anche tu».

Il lancio dello Sputnik aprì un periodo di grande orgoglio per l'Urss. Il riconoscimento, in tutto il mondo, del valore delle conquiste della scienza sovietica, faceva tutt'uno con il riconoscimento della superiorità del suo sistema sociale. Non era soltanto Bruno Pontecorvo a credere a quella superiorità. Economisti di fama e intellettuali in ogni parte del mondo erano convinti che il sistema socialista, una volta depurato degli orrori di Stalin, avrebbe potuto vincere la competizione con le società occidentali.

«Entro il 1970, e forse anche prima, supereremo gli Stati Uniti nella produzione pro capite sia industriale che agricola» dichiarava Krusciov nel 1959 al XXI Congresso del Pcus. La Cina si riprometteva gli stessi successi. Molti paesi ex coloniali adottavano criteri socialisti di gestione dell'economia. A Cuba, a poche decine di miglia dalle coste americane, la rivoluzione dei *barbudos* cacciava il dittatore Fulgencio Batista e portava al potere Fidel Castro. Era insomma tutto un mondo, un terzo circa dell'umanità, un uomo su tre, che stava costruendo, come si diceva nei documenti e nei discorsi di allora, «una nuova vita sotto le bandiere del socialismo scientifico...».

Sembrava vero, sembrava possibile, sembrava bello. L'America, disorientata e preoccupata di fronte ai successi della scienza e della tecnica sovietica, si faceva un amarissimo esame di coscienza e scopriva che la sua scuola e la sua scienza erano più arretrate.

L'era spaziale si era aperta, e l'Urss aveva fatto il primo

passo in quella direzione. Furono i sovietici a realizzare anche il primo lancio di un uomo nello spazio.

Alle 10 di mattina del 12 aprile 1961 alla radio i sovietici appresero che il pilota Jurij Gagarin, cittadino dell'Urss e maggiore dell'aviazione sovietica, stava girando, con la sua astronave, intorno alla Terra.

Il primo astronauta della storia aveva ventisette anni, un'aria semplice, un sorriso timido. Era figlio di contadini. Appassionato, fin da bambino, ai romanzi di Verne e di Wells (così dicevano le sue biografie), aveva finalmente realizzato il suo sogno e girava intorno al mondo chiuso nell'abitacolo del *Vostok*, una sfera del diametro di poco più di due metri, dipinta di verde, solida e rozza, piena di viti e bulloni. Adesso erano gli altri bambini, milioni di bambini in tutto il mondo, dall'Oriente all'Occidente che guardando in cielo speravano di poter ripetere il miracolo.

L'impresa di Gagarin segnò il trionfo non solo della scienza ma anche della cultura sovietica. Il poeta turco Nazim Hikmet immaginava che Gagarin potesse incontrare, nel cosmo, qualche altro essere vivente.

> Gli dirà: tovarisc / Sono venuto sulla tua stella / Non per stabilire una base / Né per acquistare una concessione di petrolio / Non ho intenzione di vendere Coca Cola / Sono venuto a salutarti in nome / delle speranze della Terra / In nome del pane gratuito / E dei garofani gratuiti...».

IV
ANNI FELICI

Nel 1958 Bruno Pontecorvo viene chiamato a far parte dell'Accademia sovietica delle scienze, per la sezione della fisica.

«L'Accademia delle scienze è stata sempre,» racconta Pontecorvo «anche negli anni più tristi della repressione e della dittatura, l'unico luogo nel quale si è conservata ed è stata rispettata la regola del voto, individuale e segreto. E per la sezione di fisica, le nomine sono sempre state eccellenti. Voglio dire che forse qualche scienziato che lo avrebbe meritato non è stato nominato accademico, ma certamente tra gli accademici non c'era nessuno che non lo meritasse. Per le altre sezioni purtroppo non si può dire la stessa cosa. No, non voglio fare nomi, ma è così...»

Le proposte per la nomina degli accademici, per ogni singola sezione o divisione, vengono avanzate dai vari istituti dell'Unione, poi discusse dal comitato direttivo della sezione interessata e infine sottoposte al vaglio e all'approvazione dell'assemblea generale dell'Accademia. Il nome di Pontecorvo venne proposto dal suo laboratorio, ottenne l'unanimità nel direttivo della sezione di fisica dell'Accademia e poi il consenso dell'assemblea generale. Il candidato, dopo il voto favorevole della sua sezione, viene invitato ad assistere all'assemblea plenaria.

«La cerimonia» ricorda Pontecorvo «si svolse nella Casa dello scienziato. Ebbi l'unanimità dei voti. La sera stessa, come si usava, ci fu un banchetto in onore dei nuovi accademici, al quale partecipò anche il presidente dell'Accademia, che era allora un grande fisico, Keldysh.»

L'ingresso in Accademia significa il riconoscimento del lungo lavoro di Bruno e l'apprezzamento, in particolare, delle ricerche svolte a Dubna sulle cosiddette «particelle strane» e sul «neutrino a due componenti». Per queste ricerche egli aveva già avuto, nel 1953, un premio Stalin, memorabile anche per la sua consistenza finanziaria: si trattava infatti di circa seimila rubli, che Pontecorvo spese immediatamente per comperare la macchina.

Ma l'ingresso in Accademia è molto più che uno, due, tre premi. Segna una svolta nella vita di Pontecorvo, suona quasi come un risarcimento psicologico degli anni della solitudine e dell'invisibilità, gli garantisce, con una grande autorevolezza, non solo sicurezza e benessere, ma anche uno status eccezionale, per tutta la vita.

La sua retribuzione mensile, già molto alta, si impenna. Ma non solo questo. La casa di Mosca e la villa di Dubna non sono di sua proprietà, ma egli ne ha l'uso per sé, i suoi familiari, i suoi discendenti. Come accademico ha diritto a fare i suoi acquisti in negozi riservati, dove è possibile trovare stoffe e tabacco inglesi, mobili finlandesi, vini ungheresi, profumeria francese. Come accademico ha diritto a frequentare alcuni club molto esclusivi, a godere di cure mediche in ospedali speciali e trascorrere le vacanze in case di riposo riservate, nel periodo che egli stesso può scegliere.

Nessuna categoria sociale in Urss, salvo gli appartenenti alla più alta gerarchia del partito, gode di altrettanti privilegi e garanzie. Sono i privilegi e le garanzie che nel mondo occidentale i Vip (siano essi scienziati, attori, scrittori, dirigenti di azienda o uomini politici) si procurano grazie al danaro che guadagnano. Qui, più che il danaro conta l'appartenenza a un certo gruppo. Ed è il gruppo più in alto nella scala sociale, la gerarchia del partito, che stabilisce di volta in volta chi ne farà parte: quali scienziati, quali scrittori, quali pittori, quali cineasti. La decisione della gerarchia è insindacabile.

Ogni confronto con l'Occidente sarebbe comunque difficile, probabilmente arbitrario. Non c'è dubbio che uno scienziato del livello di Pontecorvo avrebbe goduto a Roma o a New York di un appartamento più spazioso, di una macchina più veloce e di una villa in campagna più grande. E, in caso di malattia, avrebbe certamente potuto ricorrere a cliniche specializzate di prim'ordine. In più avrebbe avuto la possibilità di viaggiare liberamente all'estero, possibilità che a Pontecorvo venne negata per quasi trent'anni. Difficile, dunque, fare confronti. Ma se, per ogni paese, i confronti vanno fatti, come sembra più corretto, tenendo conto del livello di vita medio, allora non c'è dubbio che le possibilità offerte a Bruno Pontecorvo e alla sua famiglia erano assolutamente eccezionali, fuori della portata non solo dei cittadini normali ma anche di gran parte dell'intellighenzia sovietica.

È ben singolare che proprio il paese del socialismo, un regime sorto all'insegna dell'eguaglianza, abbia creato e mantenuto così forti disparità tra gruppi sociali, ma è altrettanto singolare che gli stessi beneficiari di questi vantaggi non ne abbiano mai provato un qualche disagio. Va detto forse, a loro scusante, che essi sapevano perfettamente, o per diretta esperienza o attraverso le informazioni che gliene giungevano, che i loro omologhi in Occidente godevano di condizioni di vita per lo meno pari alle loro, se non migliori.

In Occidente invece le informazioni, o le leggende, sugli straordinari privilegi degli scienziati e della nomeklatura sovietica, erano tali che Antonino Zichichi non riuscì a nascondere la sua delusione quando, nei primi anni Sessanta, ebbe occasione di conoscere Pontecorvo e di visitare la sua villetta di Dubna. Ancora oggi ne sorride. «Se vogliamo parlare di ville o di case di campagna» dice «dobbiamo riconoscere che quelle dei miei tecnici sono molto più grandi, più attrezzate e più eleganti.»

Antonino Zichichi, non essendo stato tra gli amici di Pontecorvo prima della sua fuga in Urss, provò, incontrandolo, molta curiosità e simpatia, ma nessun disagio. Diverso il caso di Amaldi e di Wick, legati a Bruno fin dai tempi di via Panisperna e che dalla sua fuga si erano sentiti in qualche modo traditi. L'occasione di incontrarsi si presentò nel 1959, quando a Kiev si tenne l'annuale Congresso mondiale della società di fisica, al quale partecipavano anche gli italiani.

Era noto da poco, allora il lavoro di Pontecorvo intitolato «Neutrini elettronici e muonici», che segnava l'inizio della fisica ad alta energia. E un paio di anni prima, alla fine del 1956, era stato realizzato con successo, in America, un esperimento che, grazie al metodo cloro-argon messo a punto dallo stesso Pontecorvo quasi dieci anni prima, aveva consentito di rivelare degli antineutrini liberi utilizzando come sorgente un reattore nucleare di grandissima potenza.

Bruno Pontecorvo ricorda ancora l'emozione con la quale attendeva di rivedere i suoi vecchi amici.

«Erano passati ormai quasi dieci anni dall'estate del 1950. Non ti nascondo che ero abbastanza emozionato, ma anche molto ben disposto, molto desideroso di comunicare. Il loro comportamento fu, a dir poco, glaciale. Anche Gian Carlo Wick, e tieni conto che con lui eravamo davvero molto amici, anche lui fu molto freddo, mi salutò appena...»

«È vero» mi conferma Wick. «L'incontro fu molto imbarazzante. C'era con noi anche Luis Alvarez, un fisico che aveva fatto parte del gruppo di Fermi e che in molte occasioni aveva espresso i suoi sospetti su Pontecorvo. A Kiev, Amaldi fece appena un cenno di saluto a Bruno. Io fui appena un po' più cortese. Alvarez ci guardava con un sorriso maligno.»

«La verità» spiega oggi Pontecorvo «è che il gruppo di allora, quelli con i quali avevo lavorato in Italia e che ho sempre ritenuto i miei veri amici, non mi hanno mai perdonato. Fermi era già morto, quindi non ho dovuto subire il suo giudizio. Ma quello di Emilio Segrè sì, anche se Salvini mi ha detto, una volta, che negli ultimi tempi il suo giudizio si era fatto un po' meno severo.»

Da quella prima ripresa di contatto Pontecorvo ricava una sensazione di rifiuto e di isolamento dal suo paese di origine e dalla stessa comunità scientifica internazionale.

A questa sensazione non si accompagnava però nessun complesso di inferiorità perché, prosegue Pontecorvo, «a quell'epoca, e questo risultò chiaramente anche nel corso del Congresso di Kiev, non c'era alcun gap scientifico tra l'Urss e il mondo occidentale. E anzi, eravamo molto più avanti in tutto quello che si riferiva alle particelle elementari ad alta energia...».

Il merito di questo successo sovietico nel settore delle particelle elementari è da attribuire in buona parte a lui, al suo contributo, alle sue ricerche, all'audacia di alcune sue ipotesi.

«Ma no, non diciamo sciocchezze. Il merito era di Kurciatov, che poteva chiedere e ottenere tutto... Kurciatov era uno di quegli uomini rari che non rifiutano il potere, ma lo sanno utilizzare in senso positivo, non per se stessi ma per la scienza e per il proprio paese. Anche Fermi era così, aveva una relazione con il potere e lo ha saputo utilizzare a scopi positivi.»

Sì, con il potere bisogna scendere a patti, non contrastarlo, viverci insieme, senza farsene contaminare se possibile, servirsene. Fermi stesso non aveva insegnato questo?

Ma Pontecorvo non riusciva, non era mai riuscito a stabilire un buon rapporto con il potere, e tanto meno ci sarebbe riuscito in Urss dove il potere era insieme così pervasivo e così misterioso.

E tuttavia un suo piccolo potere anche Pontecorvo lo aveva, come scienziato, come accademico e come professore universitario, titolare della cattedra di fisica delle particelle elementari all'Università di Mosca. Ma anche come professore, Pontecorvo non amava far mostra di autorità. I suoi allievi lo ricordano amabile, sereno, disponibile allo scherzo, uno stile assai diverso da quello dei docenti russi.

I suoi allievi venivano da tutte le parti del mondo, dalla Corea come dalla Germania, dalla Bulgaria come dalla Cina. Erano ragazzi innamorati della fisica, che vivevano molto modestamente negli alloggi loro riservati all'università, sulla Collina dei Passeri. Erano giovani comunisti, naturalmente, che avevano fiducia nella vittoria del proletariato e credevano nel paese del socialismo come avanguardia nella lotta per la pace e l'uguaglianza. Anche per loro il mondo cominciava e finiva lì, tra l'università e il laboratorio di Dubna, tra la biblioteca, la mensa e qualche palestra. Di tanto in tanto avevano i biglietti per un concerto, un cinema, un teatro.

Uno dei suoi studenti era Giuseppe Longo, figlio di quel

Luigi Longo che Pontecorvo aveva conosciuto a Parigi, e che, dopo avere combattuto in Spagna e aver diretto la lotta di liberazione in Italia era, adesso, vicesegretario del Pci. Giuseppe Longo era nato a Mosca, negli anni nei quali la capitale dell'Urss era chiamata la Casa Madre dai comunisti di tutto il mondo che, perseguitati dalle rispettive polizie, vi trovavano rifugio. E qui, assieme ad altri figli di comunisti stranieri, era rimasto fino alla fine della guerra, mentre il padre dirigeva la lotta partigiana in Italia e la madre Estella era rinchiusa nel campo di concentramento di Mauthausen. Solo dopo la guerra il ragazzetto conoscerà l'Italia e imparerà l'italiano.

Giuseppe Longo, che adesso insegna all'Università di Bologna, ricorda del suo professore di allora le qualità straordinarie («rendeva semplici anche i concetti più complessi»), ma anche il perenne buonumore, la generosità.

«Il nostro corso di fisica» racconta «era di un anno più lungo di quello che si seguiva in Italia. Regolarmente, dovevo tornare a Bologna a dare i miei esami, per avere la doppia laurea, esami che ho sempre superato senza difficoltà. Alla fine del corso alcuni di noi andavano a lavorare per altri due semestri a Dubna. Per i primi sei mesi si alternavano lezioni e laboratorio, ma negli ultimi sei mesi tutti gli studenti del corso di fisica nucleare lavoravano lì a tempo pieno. Eravamo un bel gruppetto di stranieri tra cui parecchi asiatici... Tutti vivevamo, lavoravamo e studiavamo a Dubna, in un'atmosfera di grande impegno e serietà. Il laboratorio di Dubna era allora all'avanguardia; era un grande privilegio per dei laureandi lavorare lì. Chi si specializzava in fisica dei neutroni lavorava sui reattori, chi nella fisica di alta energia lavorava sugli acceleratori. Le nostre abitazioni erano di una modestia spartana, e del resto la vita sovietica era una vita molto sobria, ma questo non ci dispiaceva. Vivevamo lì tutta la settimana e poi per il week-end si andava a Mosca, in treno. Anche Pontecorvo, nonostante avesse la macchina, preferiva venire con noi in treno. Sono stato fortunato: posso dire che l'ho avuto come maestro, come amico e come compagno di viaggio.

«Ho detto che, diversamente dalla maggioranza dei docenti russi, Pontecorvo era assai poco formale. Ricordo che un anno volevo fare un esame con lui in anticipo sulla data fissata perché dovevo tornare a Bologna e presentare alcuni documenti. Gli chiesi se poteva anticipare per me l'esame. Mi rispose che per lui andava benissimo. "Ti va bene domani sera?" mi propose. "Vieni a cena alla Casa dello scienziato e lo facciamo lì." Io ero abbastanza preoccupato, si trattava di un esame molto difficile. Abbiamo cenato insieme e poi mentre la cameriera portava via i piatti e sparecchiava, lui ha cominciato a farmi l'esame e io rispondevo scrivendo alcune formule su tovaglioli di carta, finché la cameriera portò via tutto e lui mi disse: "Va bene, sei promosso!".

«Questo era tipico di Pontecorvo ed era davvero eccezionale. I professori russi erano molto formali, molto severi, non davano confidenza. Lui invece scherzava con tutti. Amava insegnare, aveva il gusto della semplicità, che gli era stato trasmesso, ci raccontava, da Fermi. In qualunque momento potevi interrompere la sua lezione e dirgli che c'era qualcosa che non avevi capito e lui tornava a spiegarla, pazientemente, in modo sempre più semplice. Non ha mai messo in difficoltà uno studente, non ci ha mai fatto sentire in imbarazzo. Ti aiutava veramente.

«Amava stare con noi anche nel tempo libero e gli piacevano gli scherzi: a volte sembrava proprio un po' un ragazzo. Quando andavamo a Mosca, in treno, spesso gli accadeva di dare al controllore il biglietto della settimana precedente, oppure un altro biglietto qualunque che aveva in tasca. Il controllore era molto imbarazzato, perché Pontecorvo era un personaggio famoso, un grande fisico, un grande accademico, una persona da trattare con deferenza. Ma insomma, se non avesse trovato il biglietto andava multato. Questa scenetta del professore che svuotava le tasche alla ricerca del suo biglietto divertiva immensamente tutti gli studenti che si mettevano lì attorno e facevano il tifo per lui, ma divertiva molto anche Pontecorvo. Alla fine il biglietto giusto veniva trovato e il controllore tirava un sospiro di sollievo. Nessun professore russo avrebbe fatto una scena di questo genere. Ma gli studenti gli volevano bene anche per questo.»

Pontecorvo invitava spesso i suoi studenti a casa, per ascoltare un po' di musica o ridiscutere insieme di qualche lezione particolarmente difficile. Il cane Lord si faceva sempre più grande e minaccioso, il giardino era sempre più incolto, le stanze sempre più disordinate, le librerie sempre più polverose. Dopo una crisi più violenta delle altre, Marianne era stata ricoverata in una clinica per malattie nervose.

Koktibel è una località del mar Nero che viene generalmente definita la «Capri sovietica» non solo per la sua natura mediterranea, la vegetazione di pini e piante profumate che crescono fin sulla spiaggia e tra le rocce, ma anche per l'ambiente che la frequenta, un ambiente insieme raffinato e irregolare come quello che frequentava una volta la nostra isola, fatto di attori e poeti, ballerine e pittori. Com'è stata a lungo Capri, anche Koktibel è una località molto «chiusa», molto esclusiva. La nostra Capri era riservata una volta all'aristocrazia del sangue e del danaro, Koktibel era riservata all'aristocrazia della nomenklatura e della intellighenzia.

Un'estate, alla fine degli anni Cinquanta, l'accademico Bruno Maximovic Pontecorvo decide di andare a Koktibel. Marianne è in clinica, Gil è andato in vacanza verso l'estremo Nord con un gruppo di amici dell'università, Tito e Antonio sono ancora ospiti di Artek, un campo per pionieri in Crimea riservato ai figli della nomenklatura e ai ragazzi che si siano particolarmente distinti negli studi. Bruno è solo e chiede al suo amico Arkadi Migdal di accompagnarlo. «È il posto ideale» gli spiega «per fare pesca subacquea.» Migdal accetta di buon grado.

È piena estate: la luce la natura il mare gli riportano alla memoria più che Capri il Circeo, quella settimana di agosto di quasi dieci anni prima, quando, assieme a Gillo a Henriette e a Marianne, aveva fatto il pieno di luce e di mare mediterraneo. Al sole, nelle lunghe immersioni, negli anfratti degli scogli alla rincorsa di una cernia gigante, i due fisici si divertono come ragazzi, gli occhi spalancati dietro la maschera e il boccaglio tra i denti. Poi, alla sera, nella sala da pranzo della villa, dalle eleganti colonne bianche che sorreggono un soffitto a cassettoni, si incontrano gli altri ospiti della casa di riposo. Qui non si parla più solo di fisica ma anche di arte, di pittura, di musica, di letteratura. Pontecorvo e Migdal si inseriscono naturalmente, piacevolmente nella società che frequenta Koktibel.

Le donne che si incontrano qui sono molto diverse da quelle che si incontrano a Mosca o che lavorano a Dubna. Non hanno nulla in comune nemmeno con l'immagine della donna russa, serena, forte e laboriosa, che viene proposta dalla propaganda e dal cinema. Le donne che si incontrano a Koktibel hanno gli occhi lucidi, le gambe lunghe, le mani nervose delle intellettuali: sono scrittrici, poetesse, pittrici, mogli o figlie di scrittori, di poeti, di pittori. Parlano un francese molto dolce, cantilenante. Ridono nervosamente. Sembrano scivolate direttamente dai salotti delle vecchie classi privilegiate ai luoghi riservati alla nuova nomenklatura.

Una di queste è Radam, che appartiene, e lo sottolinea con orgoglio, a una famiglia di principi georgiani. Radam è alta, bruna, bellissima, imponente, «una sorta di Anita Ekberg in nero» ricorda Gillo. Quando Bruno la incontra a Koktibel, Radam è ancora la moglie di Michail Svetlov, uno scrittore molto popolare. Il loro matrimonio è in crisi da tempo, Radam è qui con un gruppo di amiche, il direttore della casa di riposo ha riservato loro il tavolo migliore, dal quale, oltre la vetrata, si vede il mare.

Ho conosciuto Radam a Mosca nell'inverno del 1991. Abita in una traversa di via Gorkij, di fronte alla casa di Bruno in uno stabile costruito alla fine degli anni Venti e destinato a scrittori e intellettuali. Sul muro esterno una lapide e un medaglione con il profilo incorniciato da fronde di quercia ricordano che qui ha vissuto Michail Svetlov, «grande scrittore e grande rivoluzionario».

«Svetlov era un uomo affascinante» racconta Radam «ma era quasi impossibile viverci insieme. Amava il bere e le donne... Io ero la sua terza moglie, nessuna resisteva molto con lui. Sua madre invece era simpatica, e con lei ho avuto, sino alla fine, un ottimo rapporto. Quando ho conosciuto Bruno a Koktibel, il nostro matrimonio era già finito, anche se, certo, stavamo qui nella stessa casa...»

Il cortile della casa è ingombro di cassette e sacchi di immondizie, gli scalini sono corrosi, tutto è sporco e consumato. Le mura sono foderate di doghe di legno scuro come il parquet dei pianerottoli. Colpisce questo insieme di antico lusso e di attuale abbandono. Nelle tre stanze dell'alloggio si soffoca tra arredi settecenteschi, porcellane ammassate nelle vetrine, pile di libri sugli scaffali sul pavimento e sulle poltrone, tende di velluto, quadri, e fotografie.

Radam è pallida, alta, magrissima. I capelli neri sono tagliati a casco, come in un celebre ritratto della Achmatova degli anni Trenta. La frangia copre appena la fronte e mette in rilievo gli occhi scurissimi, uno dei quali leggermente più piccolo dell'altro, un'asimmetria nei lineamenti che le conferisce un'aria bizzarra. Indossa un abito di velluto blu, attorno al collo ha annodato un foulard di seta color glicine. Le dita sono cariche di piccoli anelli antichi, al polso ha un alto bracciale d'argento. Sulla parete principale c'è un grande ritratto di lei giovane, semisdraiata sul divano, fasciata in un abito scuro, con un gran ventaglio di pizzo bianco in mano che illumina, alla maniera degli impressionisti, il viso che emerge dal casco di capelli neri.

Al centro della stanza è stato preparato il tavolo per il tè. Tutto è prezioso, rigorosamente d'epoca, ma la padrona di casa si scusa, ridendo, di non poterci offrire nemmeno una torta: in questo periodo a Mosca non ci sono né zucchero né farina. Insiste perché assaggiamo almeno un po' di marmellata e una composta di mele.

Radam ride volentieri e parla in fretta, passando un po' confusamente dal russo all'inglese e al francese. Parla di se stessa («Facevo la sceneggiatrice, ho fatto anche l'aiuto regista e guadagnavo molto molto bene. Non avevo bisogno di nulla») e di Bruno: «Quando l'ho conosciuto era solo. Sua moglie era ricoverata in clinica. Era un uomo dolce, intelligente, delicato. Quando, alcuni mesi dopo, Marianne è uscita dalla clinica, Bruno è sparito. Poi Marianne è stata di nuovo ricoverata e Bruno è tornato a cercarmi».

Radam racconta con allegria, senza amarezza né autocommiserazione, questa lunghissima, ormai trentennale relazione che non si è mai trasformata in matrimonio. Dalla finestra del salotto si vede, al di là della via Gorkij, la luce accesa nel salotto di Bruno.

Radam ricorda: «Non gli ho mai chiesto nulla. Ho voluto bene ai suoi ragazzi, che crescevano molto soli... Credo che anche loro mi abbiano voluto bene. Viaggiavo molto, per il mio lavoro. Conosco abbastanza bene tutta l'Europa. Sì, anche l'Italia. No, adesso non lavoro più: leggo scrivo, ma non lavoro più. Sono un po' stanca. Ma per molti anni abbiamo avuto una vita molto intensa, molti amici, molti viaggi, molte discussioni».

Mi fa sfogliare un album nel quale sono raccolte fotografie di viaggi e di vacanze, schizzi di paesaggi, fotomontaggi giocosi (Bruno che bacia un delfino, Bruno che apre la strada ai progressi industriali dell'Urss), un solenne e ironico diploma rilasciato dalla più grande ballerina russa, Maja Plissetskaja: «Testimonio di aver ballato, con grande soddisfazione, con Bruno Pontecorvo».

Lui telefona, chiede se può venire a bere un tè con noi. Dopo qualche istante Radam si avvicina alla finestra e avverte: «La luce è spenta. Dunque sta per arrivare». Poi si alza e si scusa: «Gli vado incontro, la scala è buia...».

Grazie a Radam lo scienziato italiano, così affascinante e un po' misterioso, viene introdotto nei salotti moscoviti, nelle case degli intellettuali. Sono case calde, accoglienti e, come quella di Radam, sovraccariche di tappeti, di quadri, di disegni, di fotografie, di libri, di ricordi del passato. Le loro donne sono riuscite a conservare miracolosamente argenteria antica salvata dalla rivoluzione, dalle confische degli anni Trenta e dagli sfollamenti della guerra. C'è, addirittura, chi colleziona ancora argenti, porcellane e persino cristalli, cercandone pazientemente qualche esemplare nei «kommissioni» o nei piccoli negozi di antiquariato nascosti nelle viuzze attorno al vecchio Arbat, negozi bui e polverosi dove solo un occhio esperto riesce a scoprire l'oggetto giusto. A questa ricerca, quasi un gioco, si dedicano anche Radam e le sue amiche.

Quando nei primi anni Sessanta, per volontà di Krusciov, sorsero nella periferia della capitale interi quartieri costruiti con criteri di efficienza ed economicità (niente colonne, né guglie, né cupole), chi poteva si trasferì lì, felice, abbandonando senza rimpianto i vecchi appartamenti moscoviti dove si viveva in coabitazione. Ma le case nuove avevano soffitti non più alti di due metri e vecchi mobili, certi armadi giganteschi di mogano, certe scrivanie a cassetti, che nelle case in coabitazione erano servite a dividere e definire gli spazi di ognuno, lì non potevano nemmeno entrare. Venne tutto comperato da pittori, scrittori, registi, attori che detestavano i mobili moderni, di produzione finlandese. Una giovane signora riuscì a comperare, in un solo pomeriggio, un piccolo secrétaire di Meyerhold e un tavolinetto che era appartenuto a Esenin: la sera stessa riunì i suoi amici per festeggiare l'avvenimento.

Questa intellighenzia raffinata e privilegiata, che colleziona oggetti antichi, passa gran parte delle sue giornate tra mostre d'arte e concerti e le sue vacanze nelle case di riposo più esclusive, questa intellighenzia ha pure pagato il suo tributo alla ferocia e all'illegalità staliniana. I tempi di Zdanov e di Stalin sono passati, ma ancora adesso in periodo kruscioviano questa intellighenzia si sente tutt'altro che al sicuro. Picasso? È lecito apprezzare Picasso? Dopo il XX Congresso sì, e infatti nell'ottobre del 1956, per la prima volta i moscoviti potranno vedere i suoi quadri. È un trionfo. Una folla di centinaia di persone si accalca davanti al portone ancora chiuso all'ora dell'inaugurazione.

Quando la folla comincia a rumoreggiare, Ilja Erenburg, che è stato l'organizzatore della mostra, invita alla calma: «Abbiamo aspettato questo momento per più di venticinque anni, e adesso non possiamo aspettare mezz'ora?». All'entusiasmo del pubblico risponde la protesta dell'Unione degli artisti: cosa ha a che fare questa pittura decadente con i gusti e la sensibilità del popolo?

E, dopo le aspre condanne zdanoviane, sarà possibile tornare a leggere e apprezzare le poesie della Achmatova? E Marina Ctetaieva è ancora all'indice o no? Ilja Erenburg, che sta preparando un almanacco con le poesie della Cvetaeva e alcuni scritti di Isaak Babel, praticamente sconosciuti in Urss, viene richiamato bruscamente all'ordine: è meglio non esagerare, basta con queste tendenze revisioniste in letteratura.

Cosa è bello cosa è brutto cosa è lecito cosa è proibito cosa è positivo cosa è negativo... il partito decide di volta in volta in modo contraddittorio nervoso improbabile. Nessuno di coloro che dipingono scrivono compongono musica è mai del tutto sicuro di quello che può fare o apprezzare, nessuno è al riparo dalle critiche, in un mondo in cui le critiche e la disapprovazione possono significare non solo la perdita dei privilegi, ma anche la perdita della libertà. Gli intellettuali moscoviti vivono sempre in bilico tra la codardia e lo sberleffo, i privilegi e la persecuzione, passando dall'una all'altra condizione senza sapere bene il perché.

Una gran parte della vita sociale si svolgeva nei club, vera e propria istituzione sovietica. Nei club, prima e meglio che nelle case private, si allacciavano rapporti, si stabilivano nuove amicizie, si scambiavano informazioni. Alcuni di questi club, per il tipo di arredi, e la severità dei portieri che ne impedivano l'accesso a chiunque non ne facesse parte, assomigliavano ai più tradizionali club inglesi. Altri, soprattutto quelli degli architetti, dei giornalisti e degli artisti, erano meno formali, più disinvolti. In modi diversi, tutti questi club avevano un'aria un po' trasgressiva, nel senso che vi si trovavano spesso giornali stranieri o quadri di pittori che non venivano esposti nelle mostre ufficiali.

La Casa dello scienziato a Dubna era a mezza strada tra i club più raffinati e riservati e quelli più semplici. Era un luogo molto piacevole, dove si mangiava bene e si spendeva poco, dove si organizzavano spesso serate culturali o danzanti.

Bruno ne era l'anima, e siccome amava molto il cinema, il club di Dubna diventò famoso perché solo qui si proiettavano film occidentali che non era possibile vedere nelle sale normali. Una delle serate più celebri al club di Dubna fu una festa di Capodanno: si ballò tutta la notte mentre su uno schermo gigante si proiettavano gli ultimi cortometraggi pubblicitari Usa, una vera chicca da amatori.

Nadia, una giovane donna moscovita, figlia di un dirigente della cinematografia sovietica racconta: «Ho conosciuto Bruno durante una festa in uno di questi club, era molto corteggiato, al centro dell'attenzione. Io ero una bambina. Per farmi divertire, lui ha gettato un pezzetto di cioccolata in un bicchiere di champagne. Il pezzetto di cioccolata non andava a fondo e nemmeno restava a galla, ma saltellava continuamente su e giù. Io ridevo, cercavo di prendere il pezzetto di cioccolata, lui era molto contento ch'io fossi divertita. Vedi, mi disse, questa è una forma di moto perpetuo. L'ho rivisto, dopo qualche anno, nel corso di una serata alla Casa del Cinema con il fratello Gillo che presentava il suo ultimo film, *Quiemada*, protagonista Marlon Brando. Anche allora intorno a Bruno e Gillo c'era tanta gente, allegra e tante belle donne...»

Bruno Pontecorvo ha introdotto in Urss il gusto e il piacere degli sport che aveva praticato in Occidente: il tennis in primo luogo, e poi la pesca subacquea e lo sci nautico, la pallanuoto prima del tutto sconosciuti. Amava dedicare a questi sport una parte del suo tempo, ed avviarvi dei giovani.

La natura con la quale egli viene in contatto qui è del tutto diversa da quella che ha conosciuto in Italia o in Francia. Forse certe sconfinate distese dove per giorni e giorni si può camminare tra la neve, e i fiumi impetuosi, e le cascate improvvise e gli improvvisi incontri con gli animali, e le montagne di cui non si vedono le cime gli ricordano un po' il Canada.

«Un'estate durante le vacanze sul mar Nero sono andato al largo, attrezzato per la pesca subacquea, con il fucile e la fiocina e la muta nera. Bada che la muta in Urss non esiste, non si sa nemmeno che cosa sia... Forse ho perso l'orientamento e sono andato troppo lontano. Fatto sta che quando sono riemerso mi sono trovato circondato da motoscafi della polizia di frontiera. Erano convinti di trovarsi di fronte ad una spia... Ho cominciato a dire di essere un accademico che lavorava a Dubna, ma quelli o non mi capivano o non mi credevano. Insomma, mi hanno trattato piuttosto duramente, e rinchiuso in una casermetta in attesa che le cose, il giorno dopo, si chiarissero. La colpa certo era anche un po' mia, perché mischiavo le lingue e gli argomenti... Quando, la sera, alla radio è stato detto che l'accademico Bruno Pontecorvo non era rientrato a Miskor e si temeva che fosse stato vittima di un incidente in mare, allora finalmente l'ufficiale con il quale avevo cercato di spiegare la mia situazione, è tornato a trovarmi e questa volta mi ha creduto...»

Mentre Marianne, in clinica psichiatrica, si allontana in una regione dello spirito nella quale il tempo e le cose non hanno più importanza, Bruno acquista ruolo visibilità soddisfazioni.

V
IL MALESSERE

«Professore, una domanda. Cosa dà il neutrino ai kolchoziani di Ryazan?»

Puntualmente questa domanda, o un'altra simile veniva rivolta a Bruno Maximovic nel corso delle lezioni o conferenze che teneva anche fuori dell'università, a gruppi di giovani, di militari, di operai. E Bruno non si tirava indietro: «Per ora, il neutrino non dà nulla ai kolchoziani di Ryazan e a chiunque altro. Forse» aggiungeva ironico «rende soltanto a me che me ne occupo da tanti anni. Io, grazie al neutrino, sono diventato persino accademico...». Poi, seriamente, aggiungeva: «Nessuno sa però, oggi, quali potrebbero essere le sue eventuali applicazioni in futuro. La scienza non ha bisogno di motivazioni pratiche per cercare... Quando nel 1934 a Roma verificammo con Fermi le straordinarie capacità dei neutroni rallentati, nessuno poteva immaginare che quel principio sarebbe stato alla base della bomba atomica. Ma lo stesso principio è alla base di applicazioni pratiche pacifiche, che rendono la vita migliore anche ai kolchoziani di Ryazan...».

In realtà ancora oggi nessuno immagina quali possano essere le ricadute pratiche delle ricerche che in tutto il mondo si vanno facendo, nelle viscere della terra e in laboratori fantascientifici, per catturare neutrini, e conoscerne a fondo la natura. Questa particella, alla quale Pontecorvo tra i primi ha dedicato il suo lavoro e la sua vita, resta affascinante e misteriosa.

Bruno Pontecorvo, che qualcuno chiama affettuosamente «signor neutrino», ha intuito fin dal 1961 l'esistenza del cosiddetto «mare neutrinico», e Yakov Zeldovic (uno scienziato che aveva collaborato con Sacharov alla messa a punto della bomba a idrogeno) conveniva con l'idea che, se nel momento del Big Bang l'universo era stato estremamente caldo e denso, ebbene, allora si sarebbero dovute trovare ancora oggi delle radiazioni residue di quel Big Bang, sia pure di pochi gradi. E fu esattamente quello che verificarono, poco dopo, gli americani Penzias e Wilson: la radiazione cosmica di fondo misura circa 3 gradi Kelvin, 3 gradi cioè sopra lo zero assoluto.

Bruno Maximovic è uno straordinario ideatore di esperimenti, alcuni dei quali non sono stati realizzati da lui ma da altri. Dopo la quasi assoluta segregazione dei primi anni, dopo il XX Congresso e con l'inizio della politica della distensione, le idee e i lavori dei fisici sovietici e dei fisici americani o europei circolavano liberamente da una parte e dall'altra, si moltiplicavano gli incontri «e comunque» afferma Pontecorvo «la scienza è una sola, ed è giusto che sia così».

Più o meno in quel periodo Pontecorvo conosce il fratello di Radam. Gran bevitore, allegro, coraggioso, generoso, è il tipico rappresentante di una terra guerriera e ribelle, ricca di storia e di leggende, che ha dato all'Urss uomini che si chiamano Stalin e Berija e che tuttavia nel regime sovietico non si è mai del tutto riconosciuta.

Stalin e Berija non risparmiarono del resto la loro terra, la gente di Tbilisi e di Gori. Anche il fratello di Radam come decine di migliaia di altri georgiani venne, una mattina, inspiegabilmente prelevato e spedito in un gulag.

«Non mi chiedere di cosa era accusato. Non lo so. Non lo sa nemmeno lui, e nemmeno Radam, naturalmente. Ma posso dirti che Radam, quando è morto Stalin, ha pianto anche se era stato Stalin a mandare suo fratello in un campo.»

Essendo un vero principe georgiano, coraggioso e violento, egli si guadagnò anche nel campo il rispetto dei detenuti e quello delle guardie. Dopo alcuni anni di detenzione riuscì a fuggire, a cambiare nome e aspetto. Sopravvisse organizzando, in una regione boscosa, vicino ai confini orientali, il taglio della legna e la sua consegna su zattere al più vicino centro abitato. Poi venne di nuovo preso e condannato a vita. Quando nei campi giunse la notizia della morte di Stalin alcuni organizzarono rivolte, altri maledissero il tiranno, molti piansero. Le guardie ebbero paura e allentarono la vigilanza, ma i detenuti preferirono non fuggire e aspettare.

Poi, pian piano, i cancelli cominciarono a schiudersi. Non per i georgiani, però. A Mosca si temeva che il loro rientro in patria avrebbe provocato disordini, dato che nella regione, contrariamente a ogni previsione, sembrava ancora intatto il culto di Stalin. E infatti in Georgia, subito dopo il XX Congresso, scoppiarono disordini gravi in segno di protesta contro la mancata celebrazione, il 5 marzo, dell'anniversario della morte di Stalin. Migliaia di manifestanti tentarono, a Tbilisi, di assalire la sede del telegrafo e quella del partito. L'esercito intervenne con i carri armati, sparando anche contro i ragazzi che appollaiati sui rami degli alberi del corso principale della città osservavano la manifestazione. Non si è mai saputo il numero esatto delle vittime.

Quando il fratello di Radam finalmente poté tornare a Mosca decisero di festeggiare la libertà ritrovata andando tutti assieme a Tbilisi. Andarono in macchina e guidava Bruno. Le montagne del Caucaso segnano il confine del mondo slavo, al di là del quale hanno vissuto nei secoli altri popoli. Qualcuno racconta che, ancora dopo la rivoluzione d'Ottobre, vivevano su quelle montagne alcune tribù del Nero Aragvi, discendenti dai crociati, che indossavano, come i loro predecessori, tuniche di maglia di ferro blasonate di croci. L'autostrada militare della Georgia, « una delle più belle strade di montagna del mondo », come viene definita da un vecchissimo Baedeker, è fiancheggiata da spaventose scarpate e dirupi. Pompeo che con le legioni romane era arrivato fin lì, non andò oltre spaventato dell'inconoscibile.

Da uno di questi dirupi, spiegava Radam, la regina georgiana Tamara scagliava i suoi amanti decapitati dopo una sola notte d'amore. Una di queste cime, di 5000 metri, è « il trono di Dio», dove la stessa regina Tamara viene custodita. Ma chi si avventura fin lassù o muore o diventa pazzo.

Bruno Pontecorvo ama molto la Georgia e i georgiani, ama la sua capitale, Tbilisi, dal sapore d'Oriente, con la sua babele di case, casette, balconi, finestre schermate, terrazze, cortili sovrastati da cupole a cipolla e minareti.

A Gori, poco meno di cento chilometri dalla capitale, c'era ancora, allora, una statua colossale del figlio prediletto della città, e nel museo intitolato al terribile georgiano era conservata la sua maschera funeraria in oro. Centinaia di persone in fila che attendevano ogni giorno di entrare e lo visitavano commossi.

Nel corso di una grande cena, tipicamente georgiana, con le donne da parte, e solo gli uomini seduti attorno al tavolo del banchetto, il fratello di Radam raccontò le sue storie del gulag. Le raccontava ridendo, divertito. Bruno ricorda con un brivido la storia del detenuto morto, scoperto da un guardiano quando ormai era ridotto a un blocco di ghiaccio.

«Dovevamo trasportarlo al piccolo cimitero che era in cima alla collina, ma così tutto congelato era pesantissimo. Anche il sentiero era ghiacciato. E a un certo punto non ce la facemmo più e decidemmo di tagliarlo a blocchi con la nostra sega e di portarlo su a pezzi e seppellirlo. E così facemmo.»

Attorno alla tavola preparata dalle donne di casa, decorata con trofei di frutta e fiori, tutti ridevano al racconto del detenuto tagliato a pezzi. Poi alla fine della cena ognuno fece i suoi brindisi. Si versava il vino nei corni decorati d'argento che è indispensabile vuotare d'un fiato. Ma ogni brindisi era anche un racconto: dei propri desideri, o delle proprie sofferenze, o delle proprie speranze. Alla fine di questo pranzo e di questo viaggio, a Pontecorvo sembrò di avere intravisto un altro pezzo della realtà sovietica, e cominciò a guardarsi attorno con più attenzione.

Tornato a Mosca, cominciò a rendersi conto che molte altre persone, con le quali aveva normali rapporti, erano state vittime, o avevano avuto parenti vittime della repressione staliniana. Ma nessuno di loro era prodiga di particolari. Si sapeva che un giorno una coppia di guardie era venuta, aveva portato via qualcuno di cui poi si erano perse le tracce. Nessuno sapeva di un processo regolare, di una regolare anche se ingiusta condanna. La gente, puramente e semplicemente spariva. Così era sparito il marito di una delle sorelle Misiano, ragazze arrivate a Mosca nei primi anni Venti con il padre, un deputato comunista italiano che si era rifugiato qui per le persecuzioni fasciste, e che anche qui era caduto in disgrazia perché sospetto di «spirito conciliatore» nei confronti dei bordighiani.

Così era sparito un certo Mario Menotti, che aveva sposato nei primi anni Trenta Lidia Pankratova, la più bella e promettente ballerina di Mosca. Ma quando Menotti venne arrestato, e poi fucilato, anche Lidia colpevole di un matrimonio sbagliato venne deportata in un lager. Liberata dopo diciassette anni, non le era stato concesso di tornare a Mosca e viveva adesso a Dolgoprudni, una cittadina a un centinaio di chilometri dalla capitale. Era ormai vecchia, povera e aveva un figlio gravemente ammalato. Di tanto in tanto Bruno, al quale qualcuno aveva segnalato il caso, le mandava degli aiuti: viveri e indumenti caldi per l'inverno.

Un altro tipo di aiuto, più prezioso ancora, Bruno offrì a Roberto Oros De Bartini, un ingegnere aeronautico di grande valore, figlio di un nobile, metà italiano e metà austriaco, dalla vita avventurosa. Dopo aver combattuto nel corso della prima guerra mondiale con l'esercito austroungarico, come allievo della scuola aeronautica, era stato fatto prigioniero dai russi nel 1916 e mandato in un campo nell'Estremo Oriente. Qui aveva imparato il russo e aveva assistito ai primi atti della rivoluzione. Poi, rientrato in Italia, aveva ripudiato la ricca famiglia e aderito al Pci. Dopo aver lavorato per qualche tempo alla Isotta Fraschini, aveva deciso di emigrare, per contribuire alla nascita e allo sviluppo dell'aeronautica sovietica.

A Mosca era stato chiamato a dirigere un gruppo di progettazione che metterà a punto lo Stal-6, sperimentato nel 1932, velocità record di 420 chilometri orari, il primo aereo a decollo rapido e carrello retrattile successivamente trasformato in caccia bombardiere. Poi progetterà il Dar, con scivoli che gli consentivano di atterrare sull'acqua sul ghiaccio sulla neve e sulle paludi, anche questo utilizzato nel corso del conflitto. Ma il suo più grande successo fu lo Stal-7 che nel 1939 coprì la rotta Mosca-Sverdlovsk, Sebastopoli-Mosca, di oltre 5000 chilometri alla media di 405 chilometri orari, battendo così il record di velocità allora detenuto dalla Francia.

L'ingegner De Bartini però nel 1939 non potrà assistere al successo del suo aereo: arrestato, era in attesa di un processo che non ebbe mai luogo. Condannato senza mai sapere di cosa si fosse reso colpevole, De Bartini passerà dieci anni della sua vita in una *charachka*, uno di quei campi speciali riservati agli scienziati. Con lui c'erano anche Tupolev, il costruttore del più famoso aereo sovietico, e Korolev il padre dello Sputnik, tutti costretti a dare il meglio della propria intelligenza e della propria fatica sotto la sferza delle guardie di Berija.

Quando Pontecorvo conosce De Bartini sono ormai passati altri dieci anni. Uscito dal lager nel 1948, inspiegabilmente come c'era entrato, otterrà dopo il XX Congresso la piena riabilitazione. De Bartini era un bell'uomo, alto, una grande faccia larga, carnagione chiara, occhi azzurri, la camicia sempre sbottonata e la cravatta allentata con eleganza. Era un uomo riservato, da lui nessuno aveva sentito storie della vita nel lager. Nei momenti liberi dipingeva ed erano quadri informali e ossessivi. Aveva qualche stranezza: pretendeva di avere inventato un nuovo sistema di fisica e un giorno arrivò da Pontecorvo per proporgli un saggio sull'argomento. Bruno lo lesse e gli sembrò improponibile. Ma quando ne parlò con Kapitza, che era il direttore della rivista del Dipartimento di fisica dell'Accademia, questi gli rispose: «Pubblicatelo pure. De Bartini se lo merita». Così De Bartini ebbe la soddisfazione di veder pubblicato il suo saggio sulla più autorevole rivista di fisica dell'Urss, e Bruno si ebbe per questo non poche critiche: «Ma, Bruno Maximovic...», gli dicevano i colleghi. «Ma questo è uno scherzo, l'ipotesi di De Bartini non sta assolutamente in piedi...».

«Forse da un punto di vista puramente scientifico non era giusto pubblicarlo,» ammette oggi Pontecorvo «ma De Bartini ne fu estremamente felice. E Kapitza non aveva torto, davvero se lo meritava.»

Altrettanto sconvolgente fu, per Bruno, conoscere la vera storia di Vavilov, un biologo sovietico che era stato particolarmente caro a suo fratello Guido. Proprio a causa di Vavilov e di Lysenko, Bruno e Guido avevano litigato aspramente, nel 1948 a Londra. Lysenko era uscito vincente e Vavilov perdente da una lunga controversia che aveva visto contrapporsi due scuole della biologia sovietica. Vavilov sosteneva, con Muller, la validità delle tesi di Mendel a proposito della ereditarietà dei caratteri genetici, Lysenko sosteneva che questi potevano essere modificati. La polemica da scientifica divenne presto politica e assunse asprezze inaudite. Lysenko prometteva spighe di grano multiple, pomodori grandi come zucche, ciliege grandi come pomodori e mucche in grado di fornire dieci volte il latte prodotto da una mucca normale. A sostegno delle tesi di Lysenko, le uniche «conformi ai principi del materialismo dialettico e del marxismo-leninismo» intervenne, alla fine, il Comitato centrale del Pcus e Vavilov e Muller vennero accusati di essere «sabotatori trozkisti». In particolare Vavilov, che Guido Pontecorvo aveva fatto nominare membro straniero della Royal Academy, venne indicato come responsabile di «spionaggio a favore dell'Inghilterra» e sulla base di questa accusa venne arrestato e condannato a morte.

Bruno Pontecorvo ricorda con nostalgia e rammarico quella discussione con il fratello Guido. Questi, da biologo, sosteneva senza mezzi termini che Lysenko era puramente e semplicemente un imbroglione, e che era indecente che in un paese civile si fosse mandati a morte solo per aver sostenuto un'altra ipotesi scientifica.

«Eravamo in Inghilterra, nel 1948, poco dopo quella deliberazione del Comitato centrale del Pcus. Io reagii con forza e anche con qualche dileggio alle dichiarazioni di Guido. Ma che ne sai, gli dicevo, che Vavilov è morto? L'hai visto tu?

Con i tuoi occhi? Lo accusavo di giudicare per partito preso, perché non amava l'Urss e niente di quello che lì si faceva. Del resto, gli ricordavo, non pochi scienziati in tutto il mondo seguivano con attenzione quegli esperimenti. Guido mi guardava e scuoteva il capo, scoraggiato. E continuava a dire: comunque Vavilov, che era un grandissimo biologo, è stato ucciso e Lysenko è un imbroglione.»

Le tesi di Lysenko, secondo il quale sarebbe stato possibile modificare la natura e di conseguenza anche il clima del paese, avevano sedotto il gruppo dirigente sovietico. Il « Grande Piano per la trasformazione della Natura », una sorta di poema fantastico o delirante nel quale una natura, malleabile come cera, si sarebbe dovuta piegare alle esigenze di un uomo ormai simile a Dio, creatore di nuove specie animali e vegetali, non poteva non soddisfare la follia volontaristica di Stalin convinto ormai della sua onnipotenza.

Qualche anno dopo il XX Congresso, giunse anche il momento della riabilitazione di Vavilov, l'amico di Guido Pontecorvo. « Dunque mio fratello aveva ragione », pensava Bruno. Ma Lysenko continuava ad avere una posizione di assoluta preminenza e prestigio. Krusciov lo sosteneva, convinto nonostante tutti i precedenti insuccessi che a un certo punto il miracolo si sarebbe verificato: le mucche avrebbero cominciato a dare il latte che dovevano, i campi il grano e il mais che lo stesso Krusciov sperava e di cui aveva disperatamente bisogno.

Il passato riemergeva, con prudenza o con rabbia. Ogni famiglia aveva qualcuno uscito dal gulag, o qualcuno che non era tornato. Ma nessuno osava raccontare fino in fondo le proprie sofferenze di detenuto. Lo fece Solgenitsin con *Una giornata di Ivan Denisovich*, che apparve, a puntate sulla più coraggiosa rivista sovietica, « Novy Mir », diretta da Ivardoskij nel novembre del 1962. L'effetto del libro, in Urss e nel mondo, fu sconvolgente.

E tuttavia nemmeno la conoscenza di questa verità sciolse il nodo inestricabile che legava la coscienza di milioni di uomini, anche la coscienza di Bruno, all'idea del socialismo possibile, un socialismo che, corretto dei suoi errori, avrebbe finalmente portato la giustizia e la felicità al mondo intero.

In quegli anni tutto si mischiava in Urss, il bene e il male, le aperture alla intelligshenzia e gli imprevisti arretramenti, la destalinizzazione e le manifestazioni di nostalgia per lo stalinismo. Il bene sono i detenuti usciti dai gulag, il male è la lentezza con la quale si procede alle definitive riabilitazioni, il bene è la possibilità di parlare di questo passato inconoscibile, il male la paura che ancora si percepisce negli ambienti del partito, l'ossequio ai nuovi padroni che hanno sostituito i vecchi. Il bene è lo slancio con il quale i giovani si mobilitano nella conquista delle Terre vergini, il bene è l'avventura nello spazio, il numero sempre crescente di ingegneri, di tecnici, di medici che escono dalle università, il male è l'arroganza e l'approssimazione con la quale si annuncia che entro pochi anni l'Urss avrebbe vinto la competizione pacifica superando l'America nella produzione della carne, del burro e dell'acciaio. Il male e il bene insieme. Come si fa a selezionare? Come si fa a tirare le somme di addendi impazziti?

Bruno mette nel conto del bene la trasformazione delle lontanissime Repubbliche asiatiche, ai confini con la Cina, dal Kirghizistan al Tagikistan, che ha visitato più di una volta. A Frunze, Radam aveva voluto vedere le celebri corse di cavalli e le gare di abilità e destrezza di tipo medioevale, alle quali assistevano folle in costume, le donne con la testa fasciata in un enorme turbante bianco. Bruno, invece, parlava con i dirigenti locali e prendeva nota delle cifre: la produzione industriale, il processo di alfabetizzazione ormai completato, il sistema sanitario perfettamente funzionante. A Dusambe, capitale del Tagikistan, Bruno aveva avuto un incontro molto interessante con gli scienziati della locale accademia.

Dovunque, ma soprattutto in queste Repubbliche più lontane, erano evidenti i segni della trasformazione economica e sociale. Dove cinquanta anni prima pascolavano i cammelli e le popolazione vivevano nella più torpida ignoranza e solitudine, erano cresciute città moderne spaziose pulite con i loro musei, istituti scientifici, università, case della cultura, fabbriche. Certo, c'erano ancora molti problemi, ma nel conto del bene e del male era ancora il bene a prevalere.

E quando visitò la Cina, si confermò nell'idea che il socialismo potesse vincere; che, anche i sogni più audaci si potessero realizzare. La Cina, un paese nel quale, prima, la gente moriva di fame per le strade e sui campi, nel quale le donne venivano vendute bambine, stava diventando un paese moderno e civile dove la gente appariva serena e laboriosa. Non ricca, certo, ma Pechino, con la sua folla straboccchevole di giovani e ragazze sorridenti, restituiva legittimità alla speranza.

«Siamo andati in Cina in delegazione, in tre. C'ero io, un mio collega di Dubna, un certo Markov, e un altro fisico di cui non ricordo il nome. Era la prima volta, dopo ormai più di dieci anni che uscivo dai confini dell'Urss. Il nostro accompagnatore cinese era un ragazzo molto simpatico dal punto di vista umano, ma molto rigido, molto dogmatico. In realtà anch'io ero così allora, forse solo adesso lo giudico dogmatico. Era uno studente di fisica, e oggi, a quanto so, è il presidente dell'Accademia delle scienze. Mi piacerebbe sapere cosa pensa, oggi, se ragiona ancora come allora, o se anche lui è cambiato. Il viaggio fu molto bello. Ormai ho capito che in tutti i paesi si vede solo ciò che si vuole vedere... Io ero convinto che la Cina fosse straordinaria e in effetti era straordinaria. Sono partito portando con me il fucile, perché volevo fare anche lì pesca subacquea. Ma non ci riuscii. I cinesi non sapevano cosa fosse la pesca subacquea ed erano preoccupati e sospettosi. Mi spiegarono che sarebbe stato molto, troppo pericoloso andare in mare, mi raccontarono che un pescecane qualche mese prima aveva mangiato un diplomatico sovietico. Certo che sapevo che non era vero ma che dovevo fare? Feci finta di crederci e rimisi in valigia il mio fucile. Queste erano le piccole cose, i piccoli inconvenienti che mi davano fastidio, mi irritavano, ma ribellarsi era impossibile. E poi, quando sei lì, pensi che si tratti di particolari del tutto irrilevanti rispetto alle cose straordinarie che vivi. E allora puoi anche rinunciare ad andare a fare pesca subacquea...»

Maurizio Ferrara ricorda che Pontecorvo tornò assolutamente entusiasta da quel viaggio. «"L'avvenire è di quelli lì. Saremo tutti così"» mi diceva allungandosi gli occhi con due dita. «I cinesi gli piacevano, perché facevano tante cose: le penne stilografiche, le mele, le sete, avevano tutti una straordinaria abilità manuale che Bruno ha sempre apprezzato, e soprattutto erano ordinati precisi disciplinati. Un popolo adatto alle regole della produzione industriale. E per di più giocavano a ping pong, che lui apprezzava. La controversia politica, che divideva allora i comunisti russi e quelli cinesi, e che avrebbe portato in poche settimane alla rottura tra i due Stati, di quella, Bruno non capiva assolutamente nulla. Se ci penso bene, direi che lui è sempre stato un po' fuori da ogni discorso politico in senso stretto.»

«Quando tornai, e allora erano pochi i viaggiatori di ritorno dalla Cina, raccontavo ai miei amici le cose che avevo visto, cercando di trasmettere loro il mio entusiasmo. Nel giro di poche settimane tutto cambiò, l'Urss ruppe i rapporti con la Cina e quello che sembrava inconcepibile, una guerra tra paesi socialisti, entrò da un giorno all'altro nell'ordine delle cose possibili. Una guerra non si fece ma ci andammo vicini. Ho fatto davvero fatica a capire che anche tra paesi socialisti ci può essere conflitto. Questo, la mia ragione mi diceva che era impossibile. La ragione. Ma che conta la ragione?»

«Forse l'Urss non era come avevo immaginato negli anni della giovinezza. Su questo non avevo più dubbi. L'idea che ne avevo coltivato in quegli anni lontani aveva poco a che vedere con la realtà che andavo scoprendo. Non c'era l'uomo nuovo, quello che avevo sognato. Alcune cose di questo paese mi davano fastidio, altre mi sembravano decisamente stupide, altre insopportabili. Ma pian piano mi ci ero abituato, anche il conto comunque mi tornava: sapevo come lavoravano gli operai francesi o americani. Qui era del tutto un'altra cosa. Il guadagno era minore, ma era maggiore la sicurezza. Tutti avevano un lavoro, magari modesto, ma lo avevano, e non conoscevano i ritmi delle fabbriche dell'Occidente. Così, nel complesso, continuavo a pensare che la mia scelta era stata giusta, che questo era il paese dove valeva la pena di lavorare, e che, con il tempo, sarebbe certamente cambiato, come già adesso con Krusciov stava cambiando. Lo vedevo bene che le elezioni erano una farsa, ma pensavo che forse era giusto così, almeno per un certo periodo, finché non fossero maturate condizioni diverse. Lo vedevo bene che mancava una stampa libera, ma pensavo che dopotutto forse era giusto così... E poi, molte cose erano positive: il tenore di vita ogni anno cresceva, la gente andava in vacanza, tutti i bambini andavano a scuola, in treno e in metropolitana tutti leggevano libri. C'era un'autentica passione per la cultura. Il bene e il male, te l'ho già detto, erano intrecciati ed io pensavo che il bene alla fine avrebbe prevalso...»

E poi, alla fine dei conti, pensava talvolta, a che titolo lui, uno scienziato che si occupava normalmente di neutrini, aveva il diritto e la capacità per giudicare scelte di politica economica o internazionale?

A uno scienziato si addicono obbedienza e silenzio: anche questo gli aveva insegnato Enrico Fermi. E gli tornava spesso alla mente quell'episodio della primissima infanzia dello scienziato, quando di fronte alle minacce della madre aveva immediatamente cessato di piangere. La madre era l'autorità. Non si poteva lottare contro l'autorità. «Se loro volevano che si comportasse in quel modo, l'avrebbe fatto» aveva commentato Laura Fermi. «Era più facile stare con loro che contro di loro.»

Bruno Pontecorvo, che da bambino era stato educato in modo diverso, cominciò ad apprendere in età matura il valore dell'obbedienza e del rispetto per l'autorità. «Se loro volevano che si comportasse in quel modo l'avrebbe fatto. Era più facile stare con loro che contro...» Solo adesso, a Mosca e a Dubna, aveva capito, come il piccolo Fermi davanti alla madre sconosciuta e severa, che «in quella casa» la disobbedienza non era tollerata.

Nella devozione così totale di Pontecorvo per Enrico Fermi si esprime anche il rispetto per quella scelta di obbedienza dello scienziato italiano, una scelta che altri gli hanno rimproverato come il segno di una sorta di indifferenza morale.

«Era più facile stare con loro che contro di loro.» Bruno comincia a capire in questi anni il significato vero di quella scelta, che aveva guidato Fermi anche quando era stata presa la decisione di sganciare la bomba atomica su Hiroshima.

Il problema del rapporto scienza/potere ha occupato certamente in altri tempi la mente di Pontecorvo. Oggi egli lo ha risolto (o sembra averlo risolto) prendendo atto che non è possibile fare ricerca senza una qualche compromissione con il potere. In questo modo egli giustifica e spiega non solo le antiche scelte di Fermi e di Teller, ma chiede indirettamente che siano giustificate e capite anche le sue, certi suoi silenzi ed acquiescenze.

In un'opera di un centinaio di pagine da lui scritta in Urss alla fine degli anni Sessanta e dedicata al lavoro e alla personalità di Enrico Fermi è contenuta la chiave per comprendere meglio i suoi comportamenti e le sue scelte.

«Gli piaceva molto la fisica» scrive Pontecorvo «e sentiva che la missione di ricercatore e di insegnante gli era congeniale. Al confronto con questa missione e con questa passione tutto il resto aveva un significato secondario. Talvolta coscientemente, ma più spesso istintivamente, i suoi rapporti con la carriera scientifica lo sport il riposo la famiglia la letteratura l'arte e persino la politica erano determinati dalla possibilità che influissero favorevolmente sul suo lavoro. Nella vita di Fermi tutto accadeva come se degli ormoni dirigessero i suoi sentimenti e le sue azioni in modo da assicurargli le condizioni ottimali della ricerca scientifica.»

Parla solo di Fermi o anche di se stesso? Egli ha certamente un temperamento diverso: è assai più aperto alle mille curiosità e tentazioni della vita, ama lo sport la musica l'arte la letteratura le donne. Ma anche nella sua vita hanno cominciato a funzionare, a un certo punto, gli speciali ormoni in grado di guidarne e orientarne i sentimenti e le azioni in modo da assicurargli le condizioni ottimali della ricerca scientifica. Tra queste condizioni c'è senza dubbio una certa consonanza con l'autorità politica. Dall'autorità politica dipende infatti l'erogazione dei fondi per la ricerca, e si tratta di fondi mai sufficienti. È ben lontano il tempo in cui studiosi isolati, come Marie e Pierre Curie, potevano raggiungere risultati di importanza storica lavorando in un garage trasformato in laboratorio, è ben lontano il tempo in cui si verificava l'effetto del rallentamento dei neutroni immergendo i campioni nella fontana con i pesci rossi di via Panisperna.

«Oggi» conferma Pontecorvo «è forse possibile fare fisica teorica senza mantenere dei rapporti con il potere. Ma se vuoi fare fisica sperimentale, se vuoi registrare i neutrini, se vuoi indagare la Supernova... per tutto questo occorrono finanziamenti di cui un profano non può avere nemmeno idea. E quindi è indispensabile un qualche rapporto con il potere. Forse, qualche volta ho preferito tacere. Forse, erano gli ormoni che mi guidavano. La passione per la fisica anche per me veniva prima di tutto...»

Tacere... è meglio tacere. Preferì tacere anche quando, in una assemblea dell'Accademia delle scienze, qualcuno per la prima volta osò contestare Andrej Lysenko. Era per l'esattezza il giugno del 1964.

Sentiamo come lo stesso Pontecorvo racconta quel celebre pomeriggio, quell'assemblea convocata per eleggere i nuovi accademici, una riunione dunque che si prevedeva molto banale, di routine.

«Ti ho già raccontato come funziona il sistema elettorale in Accademia. Il candidato che arriva all'assemblea generale sa già che verrà eletto. Il voto finale, tuttavia, è sempre segreto. E prima della votazione il presidente chiede educatamente se c'è qualcuno che intende fare una domanda o una osservazione e nessuno mai ha una domanda o una osservazione da fare.

«Anche quel giorno era previsto che tutto si svolgesse allo stesso modo. Tutti stavamo dormicchiando o chiacchierando, quando il presidente chiamò il segretario della sezione di biologia e quello propose, come tutti già sapevamo, un certo Nuzdin, stretto collaboratore di Lysenko, eminente scienziato e così via. Tutto molto normale, Lysenko era ancora potente. Ma invece, imprevedibilmente, qualcuno chiese di parlare. Se non ricordo male, era l'accademico Tamm che annunciò subito di essere contro e di voler motivare la sua opposizione. Ci fu un lungo brusio nel salone dell'Accademia, ma Tamm non si fece scoraggiare. Anzi, aggiunse che pur essendo fisico avrebbe parlato di biologia e chiese un po' ironicamente che venisse precisato il valore delle pubblicazioni di Nuzdin. Ne erano state annunciate ben 150. Erano opere di divulgazione o ricerche originali? La domanda era chiaramente polemica. Keldysh che presiedeva la riunione non sembrava scontento. Ma prima che il presidente o chiunque altro potesse rispondere, ecco alzarsi Sacharov. Era piccolo, magro, aveva all'incirca quarant'anni ma ne dimostrava di più. Io non lo conoscevo ma il suo prestigio scientifico era immenso, tutti sapevamo che il suo contributo era stato determinante per la messa a punto della bomba all'idrogeno.

«Il presidente dunque gli diede la parola e lui andò alla tribuna. Mi sembrò molto emozionato e fece un discorso molto duro, dicendo che Nuzdin non aveva le caratteristiche richieste a un membro dell'Accademia. Disse più o meno che, come Lysenko, anche Nuzdin era da ritenere uno dei responsabili del ritardo della nostra biologia, e delle persecuzioni che tanti seri scienziati avevano subito per anni.

«Ricevetti, da questo intervento di Sacharov, che per la prima volta esprimeva in una sede così autorevole una esplicita posizione di critica, una impressione enorme. Dentro di me condividevo la sua posizione, pensai che le cose che diceva erano giuste. Quando Sacharov scese dalla tribuna, ci fu qualche istante di silenzio, e poi qualche protesta e qualche applauso. Lysenko si alzò di scatto, rivolgendsi in tono minaccioso al presidente dell'assemblea, chiedendogli di esprimere un giudizio sulle cose che si erano dette. Keldysh rispose, con molta calma, che il regolamento e il diritto di parola di tutti gli accademici erano stati rispettati.

«"Ammetto tuttavia" aggiunse "che forse l'accademico Sacharov ha mancato di tatto." Capisci, mancanza di tatto, mentre Lysenko chissà cosa si attendeva, una deplorazione solenne, una condanna... Il candidato di Lysenko venne bocciato:

solo 22 accademici votarono a favore, 126 avevano votato contro e tra questi c'ero io.»

Il giorno dopo Krusciov telefonò a Sacharov, lo maltrattò, gli chiese come si era permesso, non essendo nemmeno biologo, di criticare Lysenko. E con brutalità aggiunse: «Non si creda indispensabile, noi possiamo fare a meno di lei». A Mosca si raccontava che Sacharov, niente affatto intimidito, avesse risposto: «Lei piuttosto, signor segretario, non si occupi di biologia».

È la prima volta che l'Accademia si ribella, educatamente ma fermamente, ad una imposizione del partito. È vero che siamo già fuori del periodo dello stalinismo, ma quella riunione può essere senz'altro considerata, nell'esclusivo ambiente degli accademici, il primo segno di una autonoma riassunzione di responsabilità.

L'attenzione con la quale Pontecorvo ha seguito quel dibattito è dimostrata anche dal fatto che, a distanza di tanti anni, egli ne ricorda minutamente i particolari. Alla fine, memore anche del giudizio di Guido («Lysenko è solo un cialtrone») egli vota contro il suo candidato, ma colpisce il fatto che egli in quella riunione non abbia preso la parola.

Pontecorvo ammette di essere molto restio a parlare in pubblico quando non si tratti di argomenti di natura scientifica. Gioca qui senza dubbio una sua naturale timidezza, un male di cui soffre fin dall'infanzia, una sottovalutazione di sé che forse è anche il frutto, a lungo rielaborato, di quel lontano giudizio della mamma («Guido è il più intelligente, Paolo il più serio, Giuliana la più colta, e Bruno il più buono. Ha gli occhi buoni ma non intelligenti»). Ma gioca anche, senza dubbio, la prudenza. Gli ormoni che, come già accadeva a Fermi, «dirigevano i suoi sentimenti e le sue azioni in modo da assicurargli le condizioni ottimali della ricerca scientifica», quegli ormoni gli suggerivano di non prendere la parola.

Il suo russo non è perfetto. Egli non era allora e non è mai diventato del tutto padrone di questa lingua che ha cominciato a studiare quando aveva quasi quarant'anni.

«Il russo è una lingua complessa. Dopo tre mesi di studio ero in grado di leggere più o meno bene una rivista di fisica.

Solo dopo due anni ho cominciato a parlare correntemente di fisica. Ci ho messo almeno cinque anni per poter leggere e apprezzare la letteratura. Per la poesia russa, per leggerla e capirla veramente, non ho ancora finito di studiare».

Si può immaginare inoltre, anche se egli non lo ammette, che la sua condizione di ebreo abbia contribuito a farlo sentire più esposto di altri, meno protetto e sicuro. Una storia che si è sempre raccontata a Mosca illustra questa condizione particolare degli ebrei.

Un celebre dirigente socialdemocratico sul finire del secolo scorso andava vantando, in un discorso di fronte alla società scientifica russa di Berlino, i successi e i prodigi dell'internazionalizzazione, anche nel settore della produzione: «Il mio stesso soprabito» declamava «porta i segni di questo fenomeno: la lana proviene da montoni allevati in Irlanda, ed è stata tessuta a Lodz. Ma i bottoni vengono dalla Germania e il filo dall'Austria». A questo punto una voce lo interruppe: «E lo strappo sulla vostra manica? Quello è il segno dei program di Kiev...». Come dire che un ebreo non riuscirà mai a cancellare i segni distintivi della sua razza e della sua condizione.

«Ma sul mio passaporto» replica polemico Pontecorvo «non c'è mai stata la scritta ebreo...»

Schegge, solo piccole schegge di disagio si andavano depositando, lentamente, nella sua coscienza. Nulla più di questo. Talvolta una sensazione di amarezza. I motivi che lo avevano spinto, di slancio, ad abbandonare l'Occidente, non erano venuti meno. La scelta che aveva fatto allora era, del resto, una scelta non revocabile. Nel suo viaggio non era previsto il biglietto di ritorno. Il mondo nel quale era approdato non gli appariva più la Terra Promessa, il Paradiso in terra, il luogo della giustizia e della libertà. E tuttavia le schegge del suo disagio non si combinavano ancora in un disegno preciso, né in un riesame della religione nella quale credeva. Al massimo, era disposto a pensare che alcuni sacerdoti di quella Chiesa non erano così perfetti come aveva ritenuto nel passato e come sarebbe stato desiderabile. Ma quale Chiesa non ha, tra i suoi fedeli e i suoi sacerdoti, alcuni peccatori?

E poi c'è Marianne malata, che ormai passa la maggior parte dei suoi anni in una clinica, ci sono i figli che crescono, cittadini sovietici. Bisogna allontanare da sé il dubbio, cacciarlo, dimenticarlo. Di una cosa è certo: qui ha condizioni straordinarie di lavoro, totale libertà di ricerca.

Tuttavia anche qui registrava alcune difficoltà: aveva dovuto rinunciare al perfezionamento e alla verifica dell'efficacia del metodo cloro argon e dei contatori proporzionali perché lavorava con acceleratori e non reattori e perché non c'erano allora in Urss laboratori sotterranei sufficientemente profondi e adatti agli esperimenti solari (solo nella prima metà degli anni Ottanta verrà avviata la messa in opera di un Osservatorio di neutrini a Baksans nei monti Elbrus). Ma continuava sempre a pensare ai neutrini e al Sole, fonte prima di quei neutrini, che ci dicono, se letti correttamente, tutto ciò che accade all'interno delle stelle e ciò e che è accaduto nell'Universo dal momento del Big Bang.

Era stato Pontecorvo ad attirare per primo l'attenzione su un problema importante, a chiedersi cioè se il neutrino emesso nel decadimento del mesone fosse veramente uguale al neutrino emesso nel decadimento beta, o se non si trattasse invece di due particelle diverse, neutrino «muonico» l'uno, neutrino «elettronico» l'altro. Per verificare questa ipotesi Pontecorvo aveva proposto un esperimento che richiedeva l'uso di un acceleratore particolarmente potente.

L'esperimento venne fatto per la prima volta al laboratorio di Brookhaven, vicino a New York, da tre fisici americani, Lederman, Schwarz e Steinberger. Si dimostrò così che l'intuizione di Pontecorvo era questa: i neutrini associati al muone erano diversi da quelli associati all'elettrone. Per questo esperimento i tre otterranno il Premio Nobel.

«Bruno Pontecorvo» mi dice a Mosca Semion Gerschtein «è un uomo di grande generosità. Tieni conto che è il primo scienziato che ha ideato un esperimento capace di rivelare l'esistenza dei neutrini. Wolfang Pauli aveva inventato il neutrino nel senso che ne aveva intuito l'esistenza e in qualche modo ne aveva dimostrato la necessità teorica usando carta e penna. Ma Pontecorvo ha messo a punto il primo sistema per rivelarli, e questo, non fosse che questo, ne fa uno degli scienziati più importanti del nostro secolo. È un peccato che Bruno non abbia potuto fare qui gli esperimenti che aveva ideato fin dal 1947, per verificare alcune sue ipotesi sui neutrini. Qui, purtroppo, non avevamo un reattore abbastanza potente. Insomma la verifica l'hanno fatta a Brookhaven. Questa è stata la sua tragedia. Io dico tragedia, ma lui fu sinceramente felice quando Lederman e gli altri presero il Nobel. E bada che è ingiusto che egli non abbia avuto il Nobel, perché se lo merita abbondantemente. Ma naturalmente gli americani si sono sempre opposti, e solo per ragioni politiche.»

Così i dubbi vengono allontanati, rielaborati, risolti in un atteggiamento appena più disincantato di una volta. Si può criticare la società in cui si vive e tuttavia amarla. E, paradossalmente, mentre questi frammenti di disagio si accumulano nel fondo della sua coscienza, cresce alle volte l'irritazione nei confronti dei comunisti italiani, che non capiscono le abitudini, le regole di questo paese, e ai quali bisogna sempre rispiegare pazientemente tutto.

Pontecorvo conobbe Enrico Berlinguer nell'autunno del 1964. Da pochi giorni, con una sorta di piccolo «colpo di Stato» incruento, Nikita Krusciov era stato costretto alle dimissioni, ufficialmente per «motivi di salute».

I comunisti italiani, non contenti delle spiegazioni ufficiali, avevano mandato a Mosca una delegazione per chiedere chiarimenti ed esprimere preoccupazione. Togliatti era morto da qualche settimana, il nuovo segretario del partito era Luigi Longo, ma a chiedere chiarimenti e a protestare era arrivato a Mosca Enrico Berlinguer, un giovane dirigente, segretario regionale del Lazio, che si era chiuso per tre giorni a colloquio con un alto funzionario del Pcus, incaricato dei rapporti con i partiti dell'Europa occidentale. L'ultima sera del suo soggiorno a Mosca, Berlinguer andò a cena da Pontecorvo.

«Aveva l'aria molto stanca, molto tesa. Si diceva che i compagni sovietici erano molto irritati per l'iniziativa degli italiani. Naturalmente nessuno sapeva cosa si fossero dette le due delegazioni, ma si sapeva che l'incontro era stato pesante. Appena arrivato a casa, prima di mettersi a tavola, Berlinguer disse che voleva informare subito Longo dell'esito dell'incontro. Si diresse verso il telefono e mi chiese come si faceva a chiamare l'Italia. Io gli risposi di no, che da casa mia non poteva telefonare in Italia. Mi guardò sorpreso. Si attendeva una spiegazione. Io gli spiegai che era troppo importante per poter alzare la cornetta, fare il numero e parlare con Roma. Questo da noi non si usa... Credo proprio di aver detto da noi, volevo dire naturalmente in Urss. I compagni italiani apparvero infastiditi: come sempre, non ci si capiva. Era evidente che, a un certo punto, si sarebbe arrivati a una rottura.»

VI
IL TEMPO DEL DISSENSO

Mosca, una delle grandi capitali del mondo, assomigliava, allora, a una «città chiusa». Nelle sue librerie si vendevano solo libri sovietici o provenienti da paesi socialisti e, in lingua originale, qualche grande autore della letteratura straniera; i dischi erano solo di musica classica o di canzoni popolari, ottimi dischi e a prezzi modesti, ma non era possibile in tutta l'Urss ascoltare o fare jazz o musica rock.

«Eppure, attraverso qualche misterioso canale informativo, arrivavano fino ai nostri giovani i ritmi della musica vietata. Tito, che è sempre stato il più irrequieto dei miei ragazzi, ostentatamente non partecipava, né a scuola né al campo dei pionieri, a quelle patetiche manifestazioni collettive nel corso delle quali giovani e ragazze intrecciavano passi di danza assai simili a balletti di corte. Nei campi dei pionieri ma anche nelle case di riposo per adulti c'era un personaggio, definito il *kulturni*, cui spettavano l'organizzazione e la promozione dei divertimenti collettivi... C'è un personaggio simile, mi dicono, anche nei villaggi di vacanza organizzati in Occidente, una sorta di animatore. Le danze alle quali l'animatore ci invitava erano qualcosa tra un ballo folkloristico e un minuetto. Qualcuno di noi si divertiva pure, con una certa dose di ironia. Ma Tito si impuntava e dichiarava: no grazie, io amo solo il jazz... Altri ragazzi si univano a lui nella protesta e il buon *kulturni*, un povero funzionario incaricato di stimolare il nostro spirito collettivo, si scandalizzava.»

Se solo la musica classica o quella popolare era considerata «vera musica», nelle gallerie d'arte o nelle case della cultura venivano esposti e ammirati solo quadri che segnassero il trionfo del «realismo socialista». Ed erano quadri dai soggetti obbligati: o avvenimenti storico-politici (dalle scene della rivoluzione d'Ottobre a quelle della Guerra patriottica) o scene di carattere civile e sociale (la raccolta del cotone, il riposo degli operai e così via). Una vera e propria censura aveva colpito anche i grandi musei; le opere dei massimi pittori di questo secolo, da Picasso a Kandinskij, chiuse nei depositi e nelle cantine dell'Ermitage, ormai da decenni non venivano esposte al pubblico. Qualche pittore anziano ne conservava la memoria, i più fortunati avevano qualche amico straniero che portava in regalo volumi con le riproduzioni d'arte moderna. Così in nessuna libreria dell'immensa Unione Sovietica era possibile allora comperare un libro di Kafka, di Proust o di Freud, per motivi diversi considerati dannosi e quindi messi al bando.

Traversata la frontiera con l'Urss, si entrava allora in un altro mondo, ovattato e protetto, nel quale ogni informazione, dall'interno o dall'esterno, arrivava filtrata, censurata o deformata. Ai cittadini sovietici era rigorosamente proibito avere contatti con occidentali. Coloro che, per motivi di lavoro o per concessione delle autorità, potevano leggere la stampa straniera e avere contatti con cittadini di altri paesi, sapendo di godere di uno straordinario privilegio, facevano generalmente attenzione a non commettere errori che potessero respingerli nel limbo dei più, che di questo diritto non potevano godere.

Il premio Nobel Piotr Kapitza aveva diritto di leggere «Le Monde» che riceveva regolarmente tutti i giorni a casa. Bruno Pontecorvo, premio Lenin, aveva diritto di leggere l'«Unità» che riceveva regolarmente a Dubna.

Gli piaceva leggere l'«Unità», non solo perché gli forniva notizie che non avrebbe trovato sulla stampa sovietica, ma anche per il tono complessivo del giornale, meno severo e propagandistico della «Pravda» o delle «Izvestija». E lo incuriosiva e divertiva la lettura della cronaca, inesauribile testimonianza di vita della piccola gente italiana. E, infine, amava quella che allora si chiamava «la terza pagina», le segnalazioni dei libri, delle mostre e dei film.

Giuseppe Boffa, primo dei corrispondenti dell'«Unità» a Mosca, fu anche il primo dei comunisti italiani con i quali Pontecorvo era rientrato in contatto, dopo la conferenza stampa del 1955. Molto affettuosi furono i legami con tutti i corrispondenti dell'«Unità» che si succedettero a Mosca, dai Ferrara ai Pancaldi ai Guerra ad Adriano Aldomoreschi. (Inesistenti o quasi, per ovvie ragioni, i rapporti con gli altri giornalisti corrispondenti da Mosca di grandi quotidiani italiani, dalla «Stampa» al «Corriere della Sera».)

Era una relazione asimmetrica: Pontecorvo era avido di informazioni e notizie, voleva sapere tutto sull'Italia, non solo sulle vicende politiche ma sui libri, sui film, sulla musica, persino sulla moda. «Si beve ancora il Campari?» chiese a Maresa, la moglie di Adriano Guerra, quando la conobbe. Ma quando gli venivano richieste informazioni o giudizi sulla situazione sovietica, e la richiesta giungeva sempre da «compagni» sia pure giornalisti, egli sembrava sfuggire, o dava risposte sempre molto ufficiali. Sembrava soddisfatto della sua condizione, molto ben inserito nella società sovietica, talvolta forse un po' critico a proposito di certe manifestazioni del regime, ma senza severità piuttosto con una certa benevola indulgenza. Non era certo da lui che un giornalista straniero poteva ottenere, se le avesse volute, informazioni originali o riservate.

Da parte sua, egli rimase invece colpito da una certa libertà di giudizio di questi giornalisti, che rimandava a una disinvoltura di comportamenti che veniva ostentata anche dai dirigenti comunisti italiani.

Lo stupì, ad esempio, il fatto che dirigenti di primo piano del Pci intrattenessero con Gillo, uscito dal partito dopo i fatti di Ungheria, rapporti cordiali, persino amichevoli. Nel movimento comunista chi usciva dal partito era considerato poco meno di un traditore: questa era la regola. Si chiedeva talvolta se questo modo di essere comunisti, così poco rigoroso e severo, così tollerante e anticonformista, fosse un segno di deplorabile leggerezza o invece di apprezzabile apertura mentale. E non sapeva darsi una risposta.

Per molti anni, anche dopo il XX Congresso, ogni suo incontro con italiani, fossero scienziati in visita in Urss o corrispondenti dell'«Unità» o dirigenti anche di primo piano del Pci, doveva essere preventivamente autorizzato dal segretario del partito di Dubna.

«Andavo da lui e lo avvertivo che sarei uscito a cena con l'uno o con l'altro. Diceva sempre di sì, non ricordo che si sia mai opposto, ma comunque bisognava chiedere il permesso. Anche per incontrare Togliatti.»

Con Togliatti, accompagnato da Maurizio Ferrara ed Anastas Mikojan, andò una sera a uno spettacolo del Bolscioi.

«Fu una serata molto piacevole. C'era anche, in un palco, la vecchia regina del Belgio, elegante e bizzarra. Mikojan e Togliatti scherzavano volentieri...»

Con altri dirigenti comunisti italiani ebbe occasione di incontrarsi durante le vacanze, nelle ville con giardini e terrazze degradanti verso il mare dove venivano ospitati insieme personalità sovietiche e straniere. Talvolta dagli stessi dirigenti comunisti italiani, in visita a Mosca per incontri, convegni o congressi, veniva invitato a cena nel vecchio albergo del Comitato centrale del Pcus, un albergo modesto, in una traversa dell'Arbat, senza insegna, riconoscibile solo per il gran numero di macchine nere che vi si fermavano davanti ad ogni ora del giorno e della notte. Per raggiungere quell'albergo gli accadeva di passare davanti all'ambasciata italiana. (Ma, benché nato a Pisa, egli non era più cittadino del nostro paese e solo dopo trent'anni un giorno gli giungerà imprevisto e gradito un invito dell'ambasciatore Sergio Romano per la ricorrenza del 2 giugno.)

Quando conobbe Berlinguer, giunto a Mosca per chiedere spiegazioni a proposito dell'allontanamento di Krusciov, lo colpirono il suo atteggiamento e la sua faccia severa. Non c'era in lui nulla della disinvoltura e persino dell'allegro cinismo che gli era sembrato sempre di percepire nelle parole e negli atteggiamenti di altri dirigenti comunisti che avevano a lungo frequentato Mosca, o la Parigi degli anni del Fronte popolare. Enrico Berlinguer non sembrava sapere quasi nulla dell'Urss e del suo partito. Non ne conosceva personalmente gli uomini, le abitudini, i limiti, i vizi. «Un'altra generazione di comunisti» pensò dentro di sé Bruno Pontecorvo.

Il piccolo «colpo di Stato» bianco, con il quale Krusciov era stato costretto alle dimissioni e mandato in pensione, aveva preoccupato molto i comunisti del mondo occidentale (dopo gli italiani anche i francesi arrivarono a Mosca a chiedere spiegazioni) ma assai meno l'opinione pubblica sovietica. Da tempo Krusciov non godeva più della popolarità che ne aveva accompagnato i primi atti. Anche nei rapporti con gli intellettuali, come in molti altri settori della vita pubblica, si era tornati, dopo il periodo del disgelo, non certo ai vecchi metodi di tipo stalinista (che non torneranno mai più), ma all'adozione capricciosa di provvedimenti contraddittori che alimentavano il nervosismo, l'incertezza e la protesta. Fu Krusciov a consentire la pubblicazione di *Una giornata di Ivan Denisovic*, ma era stato lo stesso Krusciov a consentire il furore censorio che si era abbattuto su Boris Pasternak che nel 1958 aveva ottenuto il premio Nobel per *Il dottor Zivago*, un'opera vietata in Urss e pubblicata in Occidente.

Così nelle arti figurative: se nell'autunno del 1956, grazie a Krusciov era stato possibile organizzare a Mosca, per la prima volta, una mostra di Picasso, pochi anni dopo, invitato a una mostra di giovani autori sovietici, al Manege, lo stesso Krusciov, posto di fronte ad alcuni quadri astratti, reagì in modo furibondo, accusando quei pittori di essere tutti dei «pederasti» e di aver dipinto quei quadri «con la coda di un asino intinta nel colore». (Tra i pittori insultati da Krusciov c'era anche il giovane Ernest Neisvestny che sarà l'autore del suo monumento funerario, un ritratto di bronzo che emerge da un blocco di marmo bianco e nero a significare le contraddizioni dell'opera dell'uomo.) La polemica contro i pittori che dipingevano «con la coda di un asino» aveva indignato tutta la Mosca colta, che invece li amava. Ma il Il giorno dopo la visita di Krusciov, quella mostra venne chiusa, e negli anni successivi molti di quegli artisti, tra cui lo stesso Neisvestny, emigreranno in Occidente.

Dei meccanismi messi in atto per liquidare Krusciov i sovietici seppero ben poco. Il comunicato ufficiale parlava di motivi di salute. Ma a Mosca qualcosa di più si sapeva o si immaginava: era stato Suslov il grande accusatore al Comitato centrale e la decisione del pensionamento anticipato venne presa, con l'accordo dell'interessato, senza dibattito. Al posto di Krusciov salì Leonid Breznev, un dirigente ucraino che da tempo veniva indicato come un possibile successore, massiccio, rozzo di modi, più amante della caccia e delle vetture da corsa che del marxismo-leninismo. Si pensava a una soluzione provvisoria: durerà per quasi vent'anni.

Le prime misure adottate dai nuovi dirigenti del Pcus, Breznev in testa, vennero accolte dalla intellighenzia moscovita con un certo sollievo. Fu liberata Olga Invinskaja, l'amica di Pasternak che era stata arrestata dopo la morte del poeta per presunti reati valutari, e fu annunciata la scarcerazione di Josif Brodskij, il futuro premio Nobel, che era stato arrestato e condannato nel 1963 per « vagabondaggio e parassitismo ». E, all'inizio del 1965, Lysenko venne finalmente allontanato dalla carica di direttore dell'Istituto di genetica di Mosca, mentre alla assemblea annuale dell'Accademia il presidente Keldysh poteva finalmente dire con chiarezza ciò che non aveva potuto e voluto dire pochi mesi prima, di fronte alle contestazioni di Sacharov.

Evtushenko, il poeta più amato dai giovani sovietici, raccoglieva applausi deliranti declamando in piazza Majakovskij la *Ballata del bracconiere*.

> Se è impossibile vivere senza reti al mondo / almeno esse siano reti secondo la legge. / I vecchi pesci vi sono incappati / e non possono liberarsi / ma vi sono incappati anche i giovani... / Allarga un poco le maglie / così strette sono insopportabili...

I «giovani pesci» della cultura sovietica chiedevano insomma non totale libertà, ma almeno maglie più larghe, almeno reti «secondo la legge» non affidate solo all'arbitrio dei censori, dei ministri, dei segretari delle varie unioni. La prima risposta del partito sembrò positiva: le maglie della censura e del conformismo si allargarono un poco e ripresero la parola uomini come Tvardoskij, Nekrasov, Siomin, la stessa Achmatova. Ma durò poco.

Poi tornarono all'attacco i conservatori, non solo nel settore della politica culturale. L'invasione di Praga, nell'agosto del 1968, può considerarsi anche lo spartiacque tra le speranze della prima fase del breznevismo e la seconda, contrassegnata da una politica di chiusura e arroccamento sul piano interno, dalla proclamazione della teoria della «sovranità limitata» nei confronti dei paesi dell'area socialista, e del cosiddetto «espansionismo difensivo» in altre zone del mondo. Ma per la prima volta, in Urss si fanno evidenti alcuni segni di opposizione.

Bruno ricorda perfettamente quel mese di agosto. Singolare ventura che tante cose, nella sua vita, accadano attorno alla ricorrenza del suo compleanno.

Quest'anno, è il 1968, egli festeggerà i suoi cinquantacinque anni: ha più di un motivo per essere soddisfatto. «Nel lavoro scientifico» egli ripete spesso a colleghi e allievi «molto dipende anche dal caso, dalla fortuna.» Lui, personalmente, si ritiene fortunato, sia per aver fatto parte, da giovanissimo, della équipe diretta da Fermi sia per aver potuto disporre in Urss di condizioni di lavoro estremamente favorevoli. In altre società, nelle società industriali avanzate, anche i fisici teorici vengono sollecitati a ricerche che possano essere immediatamente utilizzate nella produzione militare o in quella industriale. Nulla di tutto ciò in Urss: la sua ricerca qui è veramente libera. Ormai da vent'anni o quasi si occupa di neutrini, un campo di ricerca nel quale è un'autorità indiscussa, ma che certo non ha, per ora, nessun interesse pratico.

A Dubna, lungo il Volga, l'agosto non era insopportabile. Faceva caldo, naturalmente, ma un caldo piacevole, che portava con sé l'odore del bosco e gli spruzzi d'acqua sollevati dai battelli sul fiume. Bruno si sentiva bene. Aveva nuotato a lungo, da solo. La fatica gli dava un grande piacere: sentiva il fisico saldo, la mente robusta, e una gran voglia ancora di vivere, lavorare, leggere, ascoltare musica, fare viaggi.

In vacanza a Mosca, Luigi Longo che dopo la morte di Togliatti era diventato il segretario del Pci, aveva espresso il desiderio di fare una visita a Pontecorvo. La sua visita cadeva, per caso, proprio alla vigilia del compleanno di Bruno. L'anniversario sarebbe stato festeggiato assieme, con Longo, l'interprete ufficiale e il corrispondente dell'«Unità», Adriano Guerra e sua moglie Maresa, ambedue legati a Bruno da grande amicizia. Tutto era pronto dunque per una piacevole giornata di vacanza.

Dubna era molto cambiata nel corso degli anni. Le sue attrezzature scientifiche erano sempre tra le migliori del mondo, ma, grazie alla passione sportiva di Bruno, disponeva ora anche di buone attrezzature, di campi da tennis, di approdi sul Volga per lo sci d'acqua.

La cittadina era un po' meno isolata e segreta, da quando cinque anni prima vi si era svolto un convegno internazionale sugli acceleratori di particelle, al quale avevano partecipato scienziati di tutto il mondo, americani francesi inglesi e tedeschi. In quella occasione Dubna era stata rimessa a nuovo.

L'antica strada, incerta e piena di buche che la collegava a Dimitrov e a Mosca, era stata sostituita da una larga strada asfaltata che attraversava la palude e il bosco. Proprio in riva al Volga, dove sorgevano piccole case di legno, era stato deciso di costruire un grande albergo moderno, su un progetto dei bulgari che, tra i paesi dell'Est europeo, erano quelli che avevano i migliori architetti e venivano considerati (ed erano) i più esperti in materia di impianti turistici. L'albergo era gradevole, con grandi pareti di vetro affacciate sui boschi, belle camere da letto e ampie stanze per la colazione, il pranzo e le riunioni.

Le vecchie casette di legno che costeggiavano il fiume e quasi vi affondavano vennero smontate e ricostruite altrove, lontano dagli occhi curiosi degli ospiti stranieri. Davanti all'albergo vennero invece piantate gigantesche betulle, già adulte, e vennero disegnate grandi aiuole riempite di fiori di tutti i colori dal giallo al rosso al blu. Erano state soprattutto le donne a occuparsi, allora, di questi lavori di giardinaggio e il risultato era stato molto bello. Gli ospiti stranieri erano rimasti affascinati da questa piccola città così tranquilla ed elegante, attraversata dal Volga, nella quale era possibile esercitare tanti sport, e nella quale migliaia di scienziati potevano occuparsi serenamente dei loro laboratori.

Per entrare a Dubna era allora necessario uno speciale permesso, che Adriano e Maresa Guerra avevano regolarmente chiesto e ottenuto. Ora, seduti sulla panchina di fronte all'albergo, aspettavano assieme a Bruno che arrivasse la macchina del Comitato centrale con Longo e il suo accompagnatore. Tutto era già organizzato secondo il rigido protocollo sovietico che non lasciava spazio agli imprevisti. Pontecorvo, Longo e il suo accompagnatore avrebbero pranzato in albergo con i Guerra e gli esponenti locali del partito. Sarebbe stato un pranzo molto ufficiale, con discorsi senza importanza e qualche brindisi. Poi era prevista una sosta nella villetta di Pontecorvo, dove i due vecchi compagni avrebbero potuto scambiarsi qualche ricordo parigino... Infine il ritorno a Mosca in serata.

Stranamente, Longo ritardava. Seduti sulla panchina davanti all'albergo, Bruno, Maresa e Adriano Guerra aspettavano, con qualche impazienza. Quando, avvicinandosi l'ora del pranzo, la loro impazienza si andava già tramutando in preoccupazione, arrivò, un po' trafelato, un funzionario del partito di Dubna. «Da Mosca» disse «hanno telefonato: il programma è cambiato e il compagno Longo non arriverà.» Quale spiegazione? Nessuna spiegazione. Una telefonata e basta.

Bruno e i Guerra decidono quindi di pranzare insieme ugualmente. Ma, prima, Bruno farà un salto in laboratorio. Sul cancello un suo collaboratore gli viene incontro, agitato: «Sai la notizia?» gli chiede. «I nostri questa notte sono entrati a Praga.»

Bruno lo guarda senza capire bene. I nostri, chi sono i nostri? E perché sono entrati a Praga? Ma non era stato tutto chiarito tra cecoslovacchi e sovietici? Non erano stati firmati degli accordi? E, dunque, perché? Ma soprattutto quel termine, «i nostri», gli sembrava più che lontano, estraneo. Chi erano «i nostri»? Con chi si doveva identificare, lui, Bruno Pontecorvo, scienziato che amava la pace e comunista da trent'anni?

Era stato un anno straordinario, quel 1968. Pontecorvo aveva seguito con passione le vicende del cosiddetto Maggio francese, il movimento di protesta che, partito dalla Sorbona, aveva coinvolto centinaia di migliaia di studenti, e poi intellettuali, artisti, operai. I luoghi delle manifestazioni, dove i giovani si scontravano con la polizia, o dove semplicemente si incontravano per mettere a punto le loro azioni di lotta, erano quelli che egli conosceva ed amava: le stesse strade, le stesse piazze, le stesse aule nelle quali, trent'anni prima, egli aveva incontrato, per la prima volta, i comunisti. Anche per questo, per conoscerne e amare i luoghi ove si svolgevano, egli provava, di fronte a quegli avvenimenti, una emozione particolare, un sentimento insieme di speranza e nostalgia, assai diverso e più intenso dell'interesse e della curiosità che pure manifestavano i suoi colleghi del laboratorio.

Non lo appassionavano meno le vicende italiane, gli avvenimenti e le manifestazioni che si svolgevano a Roma, a Torino, a Pisa, sua antica università. Molti elementi di valutazione gli mancavano per farsi un giudizio completo ed egli se ne rendeva ben conto, e di questo appunto intendeva parlare quel giorno con Longo.

Ma soprattutto lo appassionavano le vicende di Praga, quella che sul giornale del Pci veniva chiamata la «primavera di Praga», un movimento che era cominciato dall'inizio dell'anno quando Novotny, il vecchio dirigente del partito cecoslovacco, era stato costretto a passare la mano a Dubcek, un comunista gentile e disciplinato, che aveva vissuto a lungo in Urss dove era arrivato bambino al seguito di un padre operaio che aveva voluto dare il suo contributo alla industrializzazione del paese del socialismo.

Eletto primo segretario, Alexander Dubcek, anziché rinchiudersi in ufficio con i suoi collaboratori, era tornato subito a Bratislava, dove viveva la sua famiglia, per non perdersi, aveva detto, una partita di hockey su ghiaccio, uno sport del quale era appassionato.

Una simile stranezza (dove mai si è visto un segretario comunista che preferisce una partita di hockey ad una riunione di segreteria?) lo aveva reso immediatamente simpatico a Pontecorvo. Da allora egli aveva cominciato a seguire le vicende cecoslovacche con attenzione, grazie alle intere pagine che sull'argomento pubblicava l'«Unità», con resoconti interviste e commenti improntati sempre a grande simpatia. La stampa sovietica riferiva degli stessi avvenimenti o con una sobrietà che rivelava presa di distanza e sospetto, o con ripetute critiche di fronte al venir meno della censura e all'imporsi della libertà d'informazione. A Praga ormai la radio la televisione la stampa i giornalisti gli scrittori dicevano e scrivevano ciò che pensavano ed era proprio questo che a Pontecorvo sembrava più nuovo e apprezzabile di quella singolare «primavera» diretta da un comunista che amava l'hockey su ghiaccio.

Gli attacchi della «Pravda» contro l'uno o l'altro dei nuovi dirigenti cecoslovacchi, le critiche, i richiami all'ordine erano ripetuti e sempre più arroganti. Ma se in altri momenti Bruno Pontecorvo aveva ritenuto di non avere elementi sufficienti per valutare e giudicare una situazione in modo autonomo, ora gli sembrava di averli questi elementi. Gli sembrava cioè che a Praga Dubcek e i suoi stessero tentando un'operazione del tutto nuova e coraggiosa, combinando insieme il socialismo e la democrazia. La gente che scendeva nelle strade, in Cecoslovacchia, non chiedeva proprio questo?

La notte di martedì 20 agosto, per impedire che questo si realizzasse i carri armati sovietici erano entrati a Praga. La mattina dopo, mentre Bruno e i suoi amici attendevano invano a Dubna Luigi Longo, i dirigenti del Partito comunista cecoslovacco, Dubcek, Smrkovsky, Kriegel, Cernik venivano arrestati, trascinati a Mosca di fronte a Breznev e obbligati a firmare la capitolazione.

Il giorno dopo, giovedì 22, Bruno Pontecorvo tentò, da solo, per la prima volta, un bilancio dei suoi cinquantacinque anni di vita. Dal giorno prima la radio trasmetteva ininterrottamente, in modo quasi ossessivo, notizie di lettere appelli dichiarazioni di operai, kolchoziani, ufficiali che avendo combattuto nell'Armata rossa e partecipato nel 1945 alla liberazione della Cecoslovacchia, esprimevano adesso la loro soddisfazione per l'intervento, per la sconfitta del tentativo «controrivoluzionario» che era stato messo in atto a Praga e per l'aiuto «fraterno» portato dall'esercito sovietico ai rappresentanti dei veri comunisti cecoslovacchi. Non era possibile avere altre informazioni. Quella marea di parole che dalla radio si rovesciava nella stanza di Pontecorvo, quelle dichiarazioni enfatiche, solenni, retoriche, inframmezzate da brani di musica classica, lo facevano sentire sempre più solo.

«Il giorno prima» racconta Maresa Guerra «alla notizia dell'invasione era scoppiata una discussione vivace tra noi due e Gil, il figlio di Bruno. A un certo punto Bruno ci interruppe, come avesse voluto evitare discussioni troppo violente. Ma non avemmo molto tempo per parlare. Adriano ed io volevamo rientrare subito a Mosca, avere altre notizie. Pontecorvo sembrava molto colpito, incerto e sofferente. Probabilmente si rendeva conto che un certo limite era stato valicato, che avrebbe obbligato tutti a scegliere.»

Luigi Longo aveva avuto notizia dell'invasione della Cecoslovacchia quella stessa mattina in una dacia del Serebronny Bor, alla periferia di Mosca, dove era ospitato. Per qualche ora tentò, invano, di entrare in contatto telefonico con l'Italia. Un bel gruppo di dirigenti comunisti, secondo un'usanza allora assai diffusa, erano in quel periodo in Urss, ospiti del Partito comunista dell'Unione Sovietica. Giancarlo Pajetta era in vacanza a Yalta con la figlia Giovanna, Ugo Pecchioli era in viaggio nell'Asia centrale.

Tutti avevano lasciato l'Italia tranquilli: dopo settimane di dura tensione, la situazione, tra Mosca e Praga, si era ormai chiarita. Dubcek proseguiva con il consenso e l'accordo di Breznev per la sua strada, le riforme avevano l'imprimatur di Mosca. L'intervento armato giunse dunque imprevisto, come una smentita ai patti e ai documenti firmati da sovietici e cecoslovacchi solo pochi giorni prima.

I dirigenti comunisti che erano in vacanza in Urss pretesero di partire al più presto per l'Italia. Mentre salivano sull'aereo, Pajetta mormorò alla figlia: «Forse non rivedremo più questa città...». La direzione del Pci a Roma aveva già elaborato un documento di esplicita condanna dell'intervento sovietico, documento che era stato comunicato per telefono a Longo: si trattava della prima rottura dei comunisti italiani con Mosca.

Solo, nella sua dacia, Pontecorvo tenta il suo personale bilancio politico. Ha cinquantacinque anni e da trenta si dichiara comunista. Ha superato, come tutti i comunisti della sua generazione, momenti durissimi. Oggi, agosto 1968, è uno di quei momenti. Lacerato e sofferente, egli si sente vicino, per sensibilità e scelte politiche, a quello che fu il suo vecchio partito, il partito italiano. Ma egli ormai è cittadino sovietico e membro del Pcus. È possibile che il suo partito, il Pcus, abbia torto e lui, Bruno Pontecorvo, abbia ragione? O non è forse possibile, ancora una volta, che sia lui, Bruno Pontecorvo, a non capire per proprie insufficienze, errori, mancanza di informazioni? Ancora una volta si ricorda del consiglio di Kurciatov: «Voi, compagno Pontecorvo, è meglio che non vi occupiate di politica».

E se invece fosse necessario cominciare a occuparsi di politica, come si faceva una volta, da giovani, discutendo, più con la ragione che con l'emozione e la fede? «Forse è lì, a Praga, che è morto il socialismo, la mia idea del socialismo», ammette oggi Bruno Pontecorvo.

L'abbonamento all'«Unità» gli venne sospeso. Nessuno, naturalmente, gliene disse la ragione.

Per una singolare ma significativa coincidenza, la prima forma organizzata di dissenso esce allo scoperto a Mosca proprio nello stesso giorno in cui le truppe sovietiche entrano a Praga. Un giovane dissidente, Anatoly Marcenko, già deportato tra il 1960 e il 1966, doveva essere processato quel giorno per la diffusione illegale di materiali concernenti la vita del gulag. Ora, assistere ad un processo o meglio pretendere di assistere ad un processo entrando nell'aula del tribunale, era perfettamente legittimo ma si configurava di fronte alle autorità come una forma di protesta nei confronti del regime, mentre rappresentava una prima forma di solidarietà nei confronti dell'imputato.

Quella mattina del 21 agosto 1968, mentre Pontecorvo aspettava invano a Dubna l'arrivo di Luigi Longo, era previsto al tribunale di Mosca l'inizio del processo contro Marcenko, al quale Andrej Sacharov aveva deciso di assistere, con alcuni amici. Non erano più di cinque o sei gli amici di Sacharov che sfidavano quella mattina la polizia, ma uno di loro portava un nome celebre: si chiamava infatti Pavel Litvinov ed era nipote di Maksim Litvinov, che era stato negli anni Venti uno dei più grandi dirigenti del partito bolscevico. Quando Sacharov arrivò al tribunale, lo trovò lì davanti, agitatissimo, che gridava: «I nostri carri armati sono entrati a Praga...».

Si decise lì, subito, che il fatto non poteva passare senza un segno di protesta: venne dunque organizzata per la domenica successiva una manifestazione sulla Piazza Rossa.

Alla manifestazione parteciparono non più di una decina di persone, che si riunirono al centro della piazza tentando di alzare alcuni striscioni e di distribuire dei manifestini: c'era Pavel Litvinov, naturalmente, lo stesso Sacharov e Larissa Bogoraz, ex moglie di Daniel, l'intellettuale che, assieme a Sinjavskij era stato protagonista, nel 1965, di un processo che aveva fatto epoca (per la prima volta infatti due imputati si erano proclamati innocenti, per la prima volta i loro avvocati ne avevano chiesto l'assoluzione).

In tutto il paese quello stesso giorno si stavano svolgendo grandi comizi e manifestazioni. Ma erano comizi e manifestazioni di segno del tutto contrario, in appoggio all'intervento militare a Praga. Milioni di persone, più o meno consapevoli di quanto era accaduto, si schieravano, dall'Armenia alla Bielorussia, dal Kazahistan alla Georgia, a favore di Breznev e delle truppe del Patto di Varsavia, contro Dubcek e gli altri dirigenti del partito cecoslovacco che avevano avuto il torto di voler uscire dal cosiddetto «campo socialista», e che di conseguenza sarebbero caduti, se non salvati in tempo, nelle mani dell'imperialismo americano.

Di fronte a milioni di persone c'erano soltanto quella mezza dozzina di singolari personaggi che tentavano di innalzare nel mezzo della Piazza Rossa il cartello con la scritta «Giù le mani dalla Cecoslovacchia». Naturalmente non ci riuscirono. «Restammo sulla piazza non più di un minuto,» ricorda Victor Fainberg «venimmo subito aggrediti da agenti che ci strapparono il cartello e ci arrestarono. Un attimo dopo passava sulla piazza la macchina che portava al Cremlino, all'incontro con Breznev, i compagni Dubcek e Smrkovsky. Sapemmo dopo che i due erano stati portati a forza, a Mosca, praticamente come prigionieri.»

Alcuni intellettuali espressero in altro modo, meno clamoroso, la loro protesta.

«Evtushenko ebbe coraggio, mandò un telegramma di protesta a Breznev, lo so per certo, e fece bene» ricorda Bruno Pontecorvo. «Io ero molto critico, rispetto all'intervento, come ti ho già detto e tuttavia pensavo ancora che il sistema potesse correggersi, rinnovarsi... non so bene come, ma questo era ciò che pensavo.»

Pur condannando l'invasione, dunque, Pontecorvo non prese allora alcuna iniziativa né aderì a iniziative di protesta di altri. Si limitò a esprimere i suoi dubbi agli amici più stretti, ne parlò con il figlio Gil. Nulla di più, e nel tono e nelle parole con cui oggi ricorda Sacharov è forse lecito avvertire la traccia di un rimpianto, come se egli fosse dispiaciuto di non aver fatto, allora, qualcosa di più.

«In quel tempo pensavo che Sacharov avesse qualche ragione... ma lo giudicavo un terribile ingenuo dal punto di vista politico. Ero convinto che in quel modo non sarebbe riuscito certamente a modificare la situazione. Ci ho messo molto tempo a capire che, anche dal punto di vista politico, era lui ad avere ragione. L'ingenuo ero io.»

Bruno Pontecorvo era un ingenuo, certamente, nel senso che ha continuato a credere, a lungo e anche al di là del ragionevole, alla possibilità di una evoluzione in senso democratico della società sovietica, senza rotture e traumi, in virtù forse di una alleanza tra il gruppo dirigente del Pcus e l'intellighenzia del paese. All'estremo opposto si collocava Andrej Sacharov, con la sua fiducia nella possibilità e nella efficacia di un'azione individuale che, assumendo valore di testimonianza, potesse determinare un effetto a valanga nella società sovietica. Se questa era, o poteva apparire ingenuità, ha avuto tuttavia una capacità di trascinamento del tutto fuor del comune, anche perché unita ad una straordinaria perseveranza e ad una istintiva capacità di gestione degli strumenti della comunicazione di massa.

Andrej Sacharov era un grandissimo fisico, noto sia in patria che all'estero come uno dei «padri» della bomba atomica e della bomba termonucleare. Il suo paese era stato generoso con lui di privilegi e riconoscimenti. Questa sua collocazione, al vertice della società, ne ha reso più efficace l'azione politica, anche se tra la gente semplice gli è valsa spesso l'accusa di «ingratitudine». Come poteva opporsi al regime un uomo che aveva avuto frequentazione stretta con Berija, con Breznev, con Krusciov, un uomo che era la bandiera della scienza atomica sovietica?

È singolare del resto che il suo primo testo organico di opposizione, quasi un manifesto della dissidenza, venga preparato, nella primavera del 1968, proprio all'interno della Installation n. 2, il laboratorio più segreto dell'Urss. «Scrivevo» racconta Sacharov «dopo aver finito il mio lavoro, tra le sette di sera e mezzanotte. L'idea di base dell'articolo era che l'umanità era entrata in un momento cruciale della sua storia, minacciata dal pericolo dello sterminio termonucleare, dalla distruzione della natura, dalla fame e dall'esplosione demografica, dalla disumanizzazione e dall'irrigidimento dogmatico. Questi pericoli erano resi più gravi dalla divisione del mondo, dalla opposizione tra campo socialista e campo capitalista. Sostenevo l'idea della necessità di una convergenza, di un avvicinamento tra i due sistemi. La convergenza economica, sociale e ideologica doveva consentire la nascita di una società pluralista e democratica, libera da ogni dogmatismo e intolleranza, rispettosa dell'individuo e dell'avvenire del pianeta, che riunisse in sé i tratti positivi dei due sistemi contrapposti.»

Non aveva del tutto torto Pontecorvo quando definiva «ingenuità» un simile progetto, del tutto in contrasto con la ideologia del regime e i suoi principi. E infatti quando il testo fu pubblicato, prima da un giornale olandese e poi dal «New York Times», Andrej Sacharov venne immediatamente messo sotto accusa, diffidato dal rilasciare qualsiasi dichiarazione e infine allontanato dal suo lavoro, e trasferito a Mosca dove sarà nominato direttore di ricerca nella sezione teorica dell'Istituto di fisica dell'Accademia. La sua retribuzione viene dimezzata (scende a 350 rubli al mese, più i 450 che riceve in quanto accademico). Una violenta campagna di attacchi e di riprovazione che si scatena contro di lui sulla stampa sovietica. Al coro, come d'abitudine, si uniscono centinaia di lettere di «semplici lavoratori» che condannano le idee dello scienziato.

Adriano Guerra ricorda che in quella occasione Pontecorvo gli raccomandò cautela nel giudizio: «Sacharov sarà un dilettante in politica, ma tieni conto che è un grande scienziato».

Sacharov fu, per molti anni, un instancabile organizzatore della dissidenza, incurante della incomprensione da cui era circondato nel suo stesso ambiente, e dalle innumerevoli resistenze e rifiuti. Kapitza, che pure aveva difeso Landau e Fok quando in periodo staliniano erano stati arrestati, rifiuterà di firmare i documenti che di volta in volta Sacharov gli fa pervenire. (Ma interverrà a favore di Elena Bonner, la moglie di Sacharov, perché le venga concesso un visto per uscire dall'Urss e venire a curarsi in Italia.) Il regista Romm, gli scrittori Tvardoskij e Dudintzev firmeranno invece, nel 1970, un appello a favore di Jaures Medvedev quando questi, reo di avere scritto e fatto pubblicare all'estero un libro sul caso Lysenko, verrà rinchiuso nel manicomio di Kaluga. Grazie all'intervento di questi intellettuali e alle proteste degli ambienti occidentali, Medvedev verrà dimesso dopo alcune settimane. Quando, nei primi anni Settanta infine promuove la formazione del Comitato per i diritti dell'uomo, Sacharov cerca nuovi consensi nell'ambiente intellettuale e scientifico.

«Un giorno, nel corso di una conferenza organizzata a Baku dalla sezione di fisica nucleare dell'Accademia, ebbi finalmente occasione, per la prima volta, di incontrarlo e di parlarci a lungo» racconta Pontecorvo. «Fu, se non sbaglio, nel 1972. Faceva caldo, era quasi estate. In un intervallo dei lavori uscimmo insieme per una lunga passeggiata in città. Già questo non veniva considerata una cosa corretta: da tempo Sacharov era noto come un dissidente. Immagino quindi di essere stato seguito in questa passeggiata, sarebbe stato abbastanza normale. Io non lo consideravo certo un nemico, ma il termine dissidente circolava e non era un complimento. Insomma abbiamo parlato un bel po'. Io ero incuriosito da quello che si diceva di lui e degli altri, gli ho chiesto quanti fossero i cosiddetti dissidenti e quali fossero i loro obiettivi, quanti erano stati arrestati e così via. Ma lui voleva soprattutto parlare dei dissidenti ricoverati negli ospedali psichiatrici. Ne parlava con passione, persino con furia e le cose che mi raccontava erano terribili: parlava di iniezioni di zolfo che producono febbre altissima, di dosi massicce di tranquillanti che inducono una condizione di totale incoscienza e torpore. Veri e propri orrori. Io ne fui sconvolto, ma reagivo. Gli dissi che anch'io purtroppo avevo una certa esperienza di ospedali e cliniche psichiatriche, a causa della malattia di Marianne e che, per quello che mi risultava, sapevo che il trattamento era molto umano. Non avevo mai sentito parlare delle cose di cui parlava lui. Sacharov scuoteva la testa. Vi assicuro, mi diceva, che quando si tratta di dissidenti, vengono trattati proprio come dico io. Non sono pazzi ma vengono trattati come pazzi, legati ai letti, chiusi nelle camicie di forza, costretti a trattamenti umilianti. Tornai in albergo sconvolto.»

La mattina dopo Sacharov fece arrivare a Pontecorvo un foglio. Era la bozza di una lettera con la quale si denunciava il trattamento mentale dei dissidenti, e per la quale stava chiedendo la firma di scienziati e intellettuali.

«Il tono della lettera era terribile, di un anticomunismo e un antisovietismo che non si può nemmeno immaginare. Lo incontrai di nuovo nel corso della conferenza e gli dissi che non avrei mai firmato un simile documento. «Io sono un comunista» gli ho spiegato. Lui replicò dicendo di essere stato anche lui un comunista, ma di non esserlo più. Questo del resto si capiva... Si diceva convinto che la rivoluzione d'Ottobre era stata una tragedia, un errore. Io penso invece che la rivoluzione d'Ottobre non è stata un errore; gli errori sono stati commessi dopo. Questo è quello che penso ancora, o forse che pensavo. Adesso, ti confesso, non sono più sicuro di nulla. Lui non ha insistito, non ha polemizzato, ma mi ha chiesto se avevo rapporti con i comunisti italiani, e se potevo far conoscere loro la sua posizione. Per quello che sapeva dei comunisti italiani, sperava che essi avrebbero potuto capirlo. Gli dissi di sì, che avrei fatto il possibile.»

E così fece, infatti. Tramite il corrispondente dell'«Unità» il Partito comunista italiano venne a conoscenza di quella lettera di Sacharov.

Il termine «dissidente» non si addice a Pontecorvo. Nemmeno oggi. Il termine «dissidente» infatti implica il desiderio e la capacità di agire in qualche misura contro lo stato di cose esistente, per modificarlo. Implica un'azione, il sacrificio di una parte del proprio tempo e della propria intelligenza, uno sforzo per convincere gli altri, per chiedere un'adesione, una firma, un contributo. Bruno non si è mai impegnato in un'attività di questo tipo, non ha mai desiderato farlo, probabilmente non ne sarebbe stato nemmeno capace. La sua storia personale è piuttosto la storia di un progressivo, silenzioso e doloroso distacco dalla chiesa, una perdita di fiducia nei dogmi e negli ideali ai quali aveva creduto e nelle gerarchie alle quali aveva affidato il suo destino.

Ho incontrato a Mosca, recentemente, Victor Fainberg, un fisico di grande valore, membro candidato dell'Accademia delle scienze, che dopo aver lavorato con Sacharov alla preparazione dell'atomica a metà degli anni Quaranta, era stato poi bruscamente allontanato dall'Installation n. 2: i servizi avevano infatti scoperto che il suocero, vecchio bolscevico, era stato arrestato durante il periodo delle repressioni staliniane e deportato in un lager, dove era scomparso. Fainberg mi racconta che quando Sacharov, a seguito delle proteste per l'invasione dell'Afghanistan, venne mandato in esilio a Gorkij, molte pressioni vennero esercitate su tutti i membri dell'Accademia perché sottoscrivessero una lettera di consenso al provvedimento adottato dalle autorità. «So per certo che pressioni particolari vennero fatte su Pontecorvo. Ma egli non ha mai firmato.»

Andrej Sacharov venne deportato nel gennaio del 1980 nella città di Gorkij, una località «chiusa» per gli stranieri. Visse lì per alcuni anni in una condizione che si potrebbe definire di «arresti domiciliari»: gli era impedito ogni rapporto anche con gli scienziati del luogo. In quella semireclusione egli continuò comunque a scrivere, non solo lettere e dichiarazioni di protesta che si sforzava di far arrivare alla pubblica opinione, ma anche testi di carattere teorico.

Bruno Pontecorvo, dunque, anche se non condivideva – e ce lo ha spiegato – le posizioni politiche di Sacharov, pur giudicandolo «un terribile anticomunista» e «dal punto di vista politico un ingenuo», non ha però mai sottoscritto documenti di condanna nei suoi confronti. Naturalmente non ha mai firmato nemmeno un documento di segno opposto, a sostegno di Sacharov.

Victor Fainberg insiste nel ricordare quanto tutti, in Accademia, abbiano apprezzato la posizione di Pontecorvo che a noi oggi e qui può apparire timida o soltanto neutrale, ma che allora e lì appariva già un segno di autonomia di pensiero, comunque di presa di distanza dalle posizioni ufficiali.

«L'Accademia, nei limiti in cui si poteva, ha protetto Andrej Sacharov. Certo, ci furono anche casi spiacevoli. Ma, per esempio, una delegazione di noi andava regolarmente a trovarlo. Erano i suoi amici più stretti. Ma quando tornavano riferivano agli altri e, insomma, l'Accademia lo ha sempre annoverato tra i suoi soci, anche quando era a Gorkij. Oggi questo può sembrare poca cosa, ma era importante. Il titolo di accademico aveva un suo valore, e sono convinto che in qualche misura almeno lo ha protetto.»

«Da parte mia» ripete Pontecorvo «ho sempre avuto un rispetto enorme di Sacharov, che giudicavo un fisico di gran classe e un uomo di grande integrità. Le sue ricerche nel campo della fisica pura, fino all'audacissimo modello cosmologico con inversione del settore tempo elaborato proprio nell'esilio di Gorkij, rappresentano un contributo straordinario alla fisica moderna. Oggi sono convinto che, senza essere stato un politico in senso stretto, egli ha visto meglio di tanti di noi i problemi di fronte ai quali si trovava la società sovietica. Non era un politico nel senso che mai avrebbe detto una cosa solo per motivi di opportunità, perché era il momento giusto, perché ciò gli poteva tornare utile. Ma capiva perfettamente come stavano le cose. Ero io che non le capivo, che non le vedevo. Forse non volevo capire, non volevo vedere. Un giorno, poco prima della sua morte gli ho detto tutto questo. Credo che ne sia stato contento.»

L'intellighenzia alla quale Bruno Pontecorvo apparteneva, pur credendo sempre meno ai miti e ai valori della società socialista non aveva tuttavia, nella sua stragrande maggioranza, la voglia la forza il coraggio di opporsi al sistema nel quale viveva.

La nomenklatura della quale Bruno Pontecorvo faceva parte, una nomenklatura «innocente» perché priva delle responsabilità e delle colpe che sono l'inevitabile conseguenza dell'esercizio del potere, attraversava quei tempi controversi (molte cose successero in quegli anni), con passo noncurante.

I cambiamenti al vertice del partito e della società, i cambiamenti annunciati e non realizzati, l'irrigidirsi della società in forme quasi mortuarie, in quella che poi è stata definita la «stagnazione brezneviana», le spedizioni militari in paesi lontani, l'alternarsi capriccioso di persecuzioni nei confronti degli intellettuali, e poi di fasi di «apertura», tutto questo non cambiava le loro condizioni di esistenza.

Le loro dacie, a Peredelkino, mostravano ormai i segni del tempo, sembravano cadere in rovina, quasi patetico ricordo della passata opulenza, ma il loro ospedale continuava a fornire medicine e visite, le loro case di riposo continuavano a ospitarli a Soci, a Koktibel, a Kislovosdk, a Miskor, sulle spiagge della Crimea. Chi lo desiderava, e chi lo meritava, poteva passare le acque a Karlovy Vary in Cecoslovacchia, la stazione termale frequentata una volta dagli Asburgo, o trascorrere le vacanze sui Laghi Masuri nella Repubblica democratica tedesca, in quella che una volta era stata la tenuta di caccia di von Ribbentrop, o sulla bianca spiaggia del Cayo Largo di Cuba dove una volta approdavano soltanto gli yacht dei magnati americani. Esisteva allora tutto un mondo socialista, con le sue ville le sue dacie i suoi ospedali riservati, e di questo mondo i sovietici erano i padroni, e la sua nomenklatura era la privilegiata.

La rabbia della gente semplice veniva espressa in qualche canzone, come questa di Alexander Galich, che cominciava così:

> L'erba è verde laggiù / e le aquile di Stalin / dietro sette staccionate / mangiano schisch-kebab e cioccolato di qualità / A noi fanno guardare film / sull'industria e le fattorie collettive / e loro di notte guardano / film di importazione pieni di puttane / e amano Marilyn Monroe...

L'intellighenzia alla quale Pontecorvo apparteneva aveva nei confronti del potere un atteggiamento ambiguo: ora di formale ossequio e ora di irrisione, come quasi sempre accade, nei paesi retti da un regime autoritario. Gli uomini ai quali era affidata la responsabilità del potere potevano anche, nella loro ottusità, decidere quali libri vietare, quali pittori condannare e quali film censurare, ma quei libri, quadri e film circolavano ugualmente, e venivano letti discussi applauditi e anche, perché no?, criticati ma non certo per le ragioni che presiedevano alle ottuse decisioni del censore.

L'intellighenzia alla quale Bruno Pontecorvo apparteneva era rassegnata alla censura, ma conservava il gusto della trasgressione, sopportava i divieti, ma riusciva a coltivare propri spazi di libertà grazie a concessioni e autorizzazioni; era un mondo un po' rassegnato e un po' in rivolta, presuntuoso e indolente, sempre in bilico tra i privilegi del potere e il rischio dell'espulsione, della fame, dell'arresto, della reclusione. Forse per questo tutti, pittori e poeti, attori e registi, sembravano spesso sull'orlo della nevrosi e, se amavano declamare poesie fino a estenuarsi, amavano altrettanto bere, perdutamente, fino ad ammalarsi.

I viaggi all'estero erano la misura massima non solo del successo ma anche della fiducia goduta in alto. Riconoscimento sommo di fedeltà, la concessione del visto era anche il sommo dell'arbitrio. Nessuno, nemmeno il più grande poeta musicista attore, sapeva se e quando l'avrebbe ottenuto. La più grande balleria russa, Maja Plissetskaja l'ottenne, in periodo kruscioviano, solo dopo aver inviato innumerevoli suppliche al segretario del partito, con le quali proclamava la sua assoluta fedeltà al regime.

Per gli scienziati ottenere un visto era ancora più difficile, per un fisico era quasi impossibile. Piotr Kapitza non l'ottenne mai, Bruno Pontecorvo sapeva di non poterlo nemmeno chiedere.

Di tanto in tanto un lungo brivido percorreva questa società: era l'annuncio di qualche novità clamorosa, di qualche improvvisa liberalizzazione, di uno scandalo o di un episodio di corruzione. Poi tutto si richiudeva, come le acque di uno stagno dopo il lancio di un sasso. La stella rossa continuava a splendere sul Cremlino.

Nel periodo brezneviano diminuì il terrore e dilagò la corruzione. Per chi, come Bruno Pontecorvo, aveva aderito al socialismo sulla base di una forte spinta ideale e morale, la corruzione era più dolorosa e ingiustificata del terrore. Il terrore, dopotutto, poteva avere anche una sua necessità ma la corruzione no. Il terrore è il segno che la rivoluzione si è spinta troppo avanti nel suo furore giacobino, la corruzione è il segno del fallimento della rivoluzione, del sogno, ingenuo e fanatico forse ma limpido, di far nascere un «uomo nuovo».

Le avventure e i capricci di Galina Breznev, i suoi amori, la sua spaventosa avidità erano oggetto di pettegolezzi e risate. Il suo terzo marito, un giovanotto della milizia di nome

Ciurbanov, che Galina aveva incontrato al club degli architetti, era riuscito a conquistarsi le simpatie del potente suocero ed era stato immediatamente promosso primo viceministro degli Interni. Ma Galina si era presto innamorata di un altro giovanotto, Boris lo Zigano, stella di prima grandezza del Circo di Mosca, amante delle icone e dei brillanti di cui faceva commercio grazie alle molte tournée all'estero. Tutta Mosca sapeva che Galina e Ciurbanov decidevano una serie di promozioni nei vari ministeri; tutta Mosca sapeva delle cene nella dacia di Galina alle quali partecipavano gli uomini e le donne del Circo, tutta Mosca si raccontava il comportamento scandaloso di Ciurbanov, delle sue ire furibonde e degli insulti rovesciati sulla testa di coloro che osavano contraddirlo, tutta Mosca sapeva che, scandalizzata dal comportamento della madre, Vittoria, la figlia quindicenne di Galina, era fuggita di casa per rifugiarsi dalla nonna paterna. Tutta Mosca sapeva che Breznev ormai aveva affidato la sua salute, e forse anche alcune sue decisioni, a una maga, Giuna Davitashvilii, originaria di Tbilisi, che pretendeva di guarirlo con l'imposizione delle mani sul collo e sulla testa. A Giuna verrà dedicato, nel 1980, un articolo della «Komsomolskaja Prava», che assicura che Giuna ha la testa circondata di una leggera aureola e che le sue mani irradiano calore e luce. «La donna» assicura il giornale dei giovani comunisti «possiede un dono di natura di cui ancora non sono possibili le spiegazioni scientifiche.»

Si sapeva tutto, o si credeva di saper tutto, dei potenti, dei loro vizi e dei loro peccati. In questo atteggiamento, di condiscendenza e di irrisione, Bruno Pontecorvo trovava molte analogie con quella che era stata la condizione italiana sotto il fascismo. E come in Italia durante il fascismo, fiorivano anche in Urss le barzellette.

Una delle più popolari, che passava di bocca in bocca, aveva a protagonista la povera e vecchia madre di Breznev che dal suo lontano paese di origine viene a trovare il figlio a Mosca. E lui, orgoglioso, la fa entrare nei suoi appartamenti e le mostra la sua camera da letto, i velluti, e le stoviglie di porcellana in cucina, e i lampadari di cristallo, e i rubinetti d'oro nel bagno e la piscina in giardino. E ad ogni nuova cosa, ad ogni nuovo segno di ricchezza la vecchia madre dice, compiaciuta: «Bello, bello, figlio mio». Ma poi alla fine: «Ma figlio mio, non hai paura?». E quello: «Ma di cosa potrei aver paura, mamma?». «Dei comunisti, figlio mio, pensa se arrivano i comunisti...»

La barzelletta, il dileggio, il disprezzo, è l'ultimo riparo degli impotenti, si diceva Pontecorvo. Ma anche lui stava al gioco. Marx chiede di poter parlare alla televisione sovietica. Gli rispondono di sì, ma solo per pochi minuti. Lui dice che è il padre del socialismo scientifico e quindi vuole almeno mezz'ora. Niente da fare, risponde il direttore della televisione, potrà avere se vuole soltanto mezzo minuto. Proteste del vecchio filosofo, ma non c'è niente da fare. Alla fine accetta. E si affaccia agli schermi televisivi, alza una mano ammonitrice e annuncia: «Proletari di tutto il mondo, scusatemi...».

C'è qualcuno che ha un'altra barzelletta? Ce ne sono. Bruno ne ricorda una della sua gioventù, che si raccontava a Roma in periodo fascista. Ci può essere un fascista che sia intelligente e onesto? No, non ci può essere. Se è fascista e onesto non può essere intelligente, se è fascista e intelligente non è onesto, se è intelligente e onesto non è fascista. Basta cambiare il termine fascista, mettere al suo posto il termine comunista e la barzelletta funziona.

Alle volte si vergognava di raccontare e ascoltare barzellette. Meglio comunque raccontare barzellette, che affondare nell'alcol o recuperare vecchie credenze e riti religiosi verso i quali pure alcuni intellettuali si rivolgevano in preda a snobismo o a crisi mistica.

Tra coloro che ormai stavano affondando nell'alcol c'era un attore del Taganka, Vladimir Vissotsky, straordinario nell'*Amleto*, ma straordinario anche come chansonnier: le sue ballate, mai raccolte in disco in Urss, andavano tuttavia a ruba tra i giovani, che ripetevano sulle loro chitarre i suoi versi romantici e anticonformisti. Pontecorvo lo amava molto: «Un giorno scrisse una ballata sui neutrini, e quando me la fece sentire io gli feci i miei complimenti aggiungendo che grazie a lui il mio prestigio, presso i miei figli e i giovani sovietici, era molto aumentato.»

Liubimov, regista geniale e capriccioso del Taganka, mise in scena in quegli anni alcuni spettacolo memorabili, tra cui *Il maestro e Margherita*, volutamente calcando la mano sugli aspetti più difficili e delicati del testo, amplificando la scena del manicomio che si prestava immediatamente ad analogie ed accostamenti. All'entusiasmo degli intellettuali corrispose, come sempre, un durissimo attacco della «Pravda».

Ma ormai gli attacchi della «Pravda» non facevano più paura. Il regime brezneviano galleggiava tra corruzione e tolleranza. Pochi si rendevano conto che il paese stava andando verso la rovina.

«Anche Paradzanov, il grande regista, faceva parte del gruppo» racconta Pontecorvo. «Era alcolizzato, cleptomane e omosessuale. Quando venne arrestato, per uno di questi reati, chiedemmo a Bella Ahmadullina di fare qualcosa per lui. Bella, una delle mogli di Evtushenko, è una donna straordinariamente affascinante, e una grande poetessa. Dunque, Bella decise di andare a parlare con il segretario del partito della Georgia, per spiegargli che Paradzanov andava aiutato in qualche modo, non punito... Quando tornò, si dichiarò entusiasta di questo incontro, ci raccontò che quel segretario era un uomo del tutto fuori del comune, bravo intelligente sensibile. Ah, se fossero così tutti i nostri dirigenti di partito! ci diceva. Aveva visto giusto. Si trattava infatti di Shevarnadze... Ma la sua ascesa al potere avvenne, probabilmente, troppo tardi. Come è avvenuta troppo tardi l'ascesa al potere di Gorbaciov.»

Nel disprezzo per i potenti e insieme nella rassegnazione, nel gusto per il dileggio e insieme nella incapacità di cambiare le cose, nella scelta di restringere la propria vita nel lavoro e nella cultura, evitando ogni interesse per la cosa pubblica, Bruno Pontecorvo riconosceva tutti i tratti dei regimi autoritari. Ma se gli altri accettavano l'assetto comunista come un dato di fatto obiettivo, un semplice dato di fatto, come a Roma negli anni Trenta la maggioranza degli italiani accettavano l'esistenza del fascismo, per lui era diverso. Lui questo paese lo aveva scelto, con la volontà e l'intelligenza, aveva deciso di viverci e di farci vivere i suoi figli e dunque gli chiedeva, pretendeva qualcosa di più. E tuttavia la speranza del cambiamento, ormai frustrata, si avviava a trasformarsi, anche in lui, in rassegnazione, e poi amarezza, in oscuro senso di colpa nei confronti di Marianne e dei figli, infine nostalgia e desiderio di rivedere il suo paese.

VII
NOSTALGIA

La nostalgia (del suo paese, di certi paesaggi toscani, persino di certi sapori) cominciò a coglierlo d'improvviso, senza un motivo apparente, mentre leggeva un giornale o un libro, mentre ascoltava della musica, persino mentre stava lavorando. Era il desiderio di tornare, almeno una volta, nel suo vecchio paese.

A Dubna aveva un grammofono e alcuni dischi italiani. Amava ballare, ma erano ritmi e movimenti ormai passati di moda, che in Italia, a distanza di tanti anni, probabilmente nessuno ascoltava né ballava. Agli amici che arrivavano dall'Italia chiedeva se al Forte c'erano ancora i Bagni Piero, se si ballava ancora il fox-trot e se a Roma si passeggiava ancora sotto i platani del Lungotevere.

Ma alle volte lo coglieva anche un'altrettanto forte nostalgia di Parigi, delle sue strade affollate, di quell'odore inconfondibile che si respira nelle stazioni della metropolitana. Augusto Pancaldi, che fu per alcuni anni corrispondente dell'«Unità» da Mosca, veniva da Parigi e sua moglie era francese. Michèle ricorda ancora, con commosso divertimento, le insistenze di Bruno per farsi preparare il *coq au vin*. Purtroppo i polli che si trovavano a Mosca al mercato dei kolchoziani erano tutti grossi e vecchi. Impossibile preparare con uno di quelli il *coq au vin*.

«Ci volle tutta la mia abilità, la mia pazienza e la mia capacità di seduzione» scherza Michèle «per convincere una contadina a portarmi un giorno un polletto di poche settimane. La donna non voleva credere che lo avremmo mangiato, protestava che era ancora troppo piccolo. Devo dire, per la verità, che lo pagai più caro del caviale. Usai il Mukusani, un vino rosso georgiano simile al nostro vino francese, e insomma il mio *coq au vin* moscovita fu un vero successo.»

Da Michèle, Bruno si faceva raccontare quali erano gli ultimi spettacoli di Parigi, quali i cantanti e gli attori che avevano più successo. Di tanto in tanto, tornando dalla Francia, Michèle regalava a Bruno i dischi di maggiore successo: Montand, Brassens, Brel. Poi li ascoltavano insieme. Bruno amava la compagnia femminile, anche per il gusto che le donne hanno per le piccole cose, le notazioni sul cibo il clima le canzoni la musica che lo riportavano ai tempi passati. La nostalgia lo sorprendeva spesso con una voce di donna.

Una mattina, a Dubna sentì suonare il telefono e riconobbe subito, dall'altra parte, la voce di Tullia Zevi, che aveva condiviso trent'anni prima il suo esilio parigino. «Sono a Mosca...» annunciò lei. E aggiunse: «Non è stato facile avere il tuo numero». Aveva fretta, ripartiva dopo due giorni. Potevano incontrarsi, anche soltanto per un aperitivo? Bruno sapeva che non sarebbe stato possibile. «Mi dispiace» confessò. «Ma non posso. Sto a letto, ho la febbre...» Lei propose di andarlo a trovare. Aveva qualche ora libera, come poteva arrivare a Dubna? Dall'altra parte ci fu un momento di silenzio. E poi: «Ma Tullia... Qui non siamo a Roma o a Parigi». «Capisco» rispose lei. Poi rimasero a lungo al telefono a parlare. Lei avrebbe voluto chiedere molte cose che non chiese, lui domandò dell'Italia. Alla fine si salutarono con imbarazzo: Ciao, Tullia. Ciao, Bruno.

Victor Fainberg, il fisico amico di Sacharov, conobbe Bruno Pontecorvo a Dubna, nei primi anni Cinquanta, quando questi non aveva ancora diritto al suo nome. «Un giorno ho letto sul "Science News Letter", una rivista americana che arrivava regolarmente, che Bruno Pontecorvo, uno dei collaboratori di Fermi, era fuggito al di là della cortina di ferro. Ecco, mi sono detto, chi è il professore di Dubna di cui nessuno conosce il vero nome. Pontecorvo era un uomo che ispirava grandissima simpatia. Era molto semplice, molto disponibile ad aiutare gli altri. Quando, per la prima volta, ebbi la possibilità di venire in Italia con una delegazione, mi raccomandò di comperargli una maschera per la pesca subacquea. Naturalmente gliel'ho comprata. Avevo fatto molte fotografie dell'Italia, di Roma di Firenze di Venezia. Così, al ritorno, sono andato a trovarlo per mostrargli le fotografie. Lui sembrava molto contento. Ne ha guardate due, due soltanto. Poi è rimasto in silenzio e ha allontanato da sé tutto il pacco. Io non ho insistito perché le guardasse. Ho immaginato che guardare quelle foto gli desse una certa nostalgia.»

«Bisogna capire cosa intendi per nostalgia» commenta Bruno Pontecorvo. «Per molti anni non credo di averne sofferto. Certo non c'è stato giorno che non pensassi un momento al mio paese.»

Rileggeva *La Divina Commedia* e *I Promessi Sposi*, per non dimenticare il suono della sua lingua.

La nostalgia arrivò più tardi, forse inevitabile con il passare del tempo e il desiderio, che di tanto in tanto lo coglieva, di ritornare anche solo per una volta in Italia.

Aveva potuto scrivere alla famiglia solo dopo la conferenza stampa del 1955, dando come recapito il numero di una casella postale di Mosca. I genitori non gli dissero mai, nelle loro lettere, dell'isolamento nel quale avevano vissuto negli anni successivi alla sua fuga, dei rapporti con gli amici che si erano fatti rari, della diffidenza da cui si sentivano circondati. La zia Clara, madre di Eugenio Colorni, era tra i pochi che avevano continuato a frequentarli.

«Li invitai più di una volta, insistetti perché venissero a trovarmi. Ma erano anziani e rimandarono. Così non li ho più visti. La mamma è morta nel 1958, mio padre nel 1975. Mi sarebbe piaciuto che si fossero trasferiti qui a Dubna e glielo proposi, anche, con qualche insistenza. Ma rifiutarono. Adesso penso che fecero bene.»

Laura è stata la prima della famiglia a rivederlo. «Era il Natale del 1961, e con mio marito e mio figlio Pietro, che aveva allora una decina d'anni, decidemmo di andare a trovare Bruno e fare capodanno con lui. Da pochissimo tempo funzionava una linea ferroviaria diretta Roma-Mosca. Il treno era molto confortevole ma il viaggio durava tre giorni. Per noi in realtà durò di più perché a Brest, dove, per via dello scartamento ridotto, si dovevano cambiare le vetture, ci fu non so quale inconveniente, e la partenza venne rimandata. Insomma la notte dell'ultimo dell'anno venne festeggiata lì, sul treno. Aperte le porte che separavano i diversi scompartimenti, con l'aiuto del personale, venne organizzato una specie di cenone con i viveri del vagone ristorante e con una parte delle vettovaglie che ognuno aveva portato con sé, in regalo a chi ci aspettava a Mosca. La notte era limpida, la neve era alta sulle scarpate della ferrovia, il freddo terribile quando tentammo di scendere a terra. Al cenone non eravamo molti: noi tre, un paio di studenti, alcuni simpatici funzionari dell'ambasciata italiana di Mosca. Nel vagone accanto c'erano dei sovietici che però, nonostante le nostre insistenze, rifiutarono di unirsi all'improvvisato cenone. Bruno ci venne a prendere alla stazione. A Mosca stavamo in albergo, ma andammo anche a Dubna. Bruno mi sembrò molto soddisfatto, molto inserito, direi...»

Gillo arrivò a Mosca un paio di anni dopo, già famosissimo come regista, reduce dai trionfi della *Battaglia d'Algeri*. Bruno era molto fiero del fratello, e quando si presentava all'hôtel Rossia, per incontrarlo, si annunciava non come «l'accademico Pontecorvo», ma, più modestamente e ironicamente, come «il fratello del regista». Gillo tornò a Mosca più di una volta, per partecipare ad alcuni festival.

«Una sera sono andato a trovarlo» racconta Bruno «e lui stava dando una intervista ad una giovane giornalista sovietica. Io mi sono seduto vicino, senza interloquire, e ho sentito la ragazza – con il suo bravo taccuino sulle ginocchia – che gli chiedeva, compunta, cosa pensasse un regista impegnato come lui dei film pornografici che si producevano in Occidente. Era chiaro il tipo di risposta che si attendeva. E invece ho sentito Gillo, divertito, rispondere: "Oh, a me i film pornografici piacciono enormemente, purtroppo non li so fare...". La ragazza lo guardò stupita e imbarazzata. E naturalmente questa dichiarazione di Gillo non apparve mai nell'intervista.»

Anche Giuliana è andata a trovarlo, a Mosca, con il marito Duccio Tabet e il figlio Eugenio che avrebbe voluto finire i suoi studi di fisica in Urss. Ma non se ne fece niente, e il giovane preferì tornare con i genitori in Italia.

Con gli altri fratelli ha avuto rapporti meno frequenti. Polì è rimasto in America. Negli anni della guerra fredda non fu facile, per lui, portare quel nome. Guido vive ancora a Londra, fa parte della Royal Academy e gli rimprovera, quando lo incontra, la sua scelta. Giovanni è diventato cittadino inglese, è un dirigente d'industria e non si chiama più Pontecorvo, bensì Maroni, come la madre di cui ha voluto adottare il cognome. In Inghilterra, vicino Oxford, abita infine un'altra sorella, Anna, che di tanto in tanto viene a Roma a passare qualche settimana di vacanza.

Laura Schwarz, la nipotina che lo aveva conosciuto al Forte, nel giardino di zia Clara, alla fine dell'agosto del 1950, ha studiato il russo e, andando in vacanza a Mosca con l'Associazione Italia-Urss, si era proposta di incontrare il celeberrimo parente.

«Ebbi da zia Clara l'indirizzo di Bruno: una casella postale. E così gli ho scritto, gli ho detto chi ero e che sarei stata a Mosca in quel periodo all'hôtel Yaroslavskaja. E speravo che lui si sarebbe fatto vivo. E infatti così fu. Un giorno all'improvviso dalla portineria mi annunciarono che c'era qualcuno per me. Lo riconobbi subito, nonostante fossero passati tanti anni dal nostro incontro al Forte. Aveva lo stesso sorriso, la stessa eleganza di movimenti. La moglie invece mi sembrò malata, come assonnata, quasi assente. Era venuto a prendermi con la sua macchina, per portarmi a fare una gita nei dintorni, ed era allegro, commosso di vedere qualcuno della famiglia. Ma insieme aveva l'aria molto riservata, l'aria di uno che ha voglia di parlare di tante piccole cose ma non di quelle più importanti. Insomma certe domande non gliele potevi fare. E io non gliele ho fatte. Facemmo una gita nei dintorni, a un certo punto lui mi indicò un signore piccolo e bianco di capelli che usciva da una dacia, lo salutò e mi disse che era Kapitza, uno dei più grandi fisici del mondo, che aveva vissuto a lungo in Inghiltera e poi era tornato qui. Qualcosa mi fece capire che Kapitza era stato costretto a tornare in Urss, ma non ricordo adesso le parole esatte di Bruno. Quando mi ha riportato in albergo non mi ha dato né telefono né indirizzo, ma mi ha detto che sarebbe tornato a salutarmi. E infatti è tornato, proprio il giorno prima della mia partenza, quando io ormai non ci speravo più e mi ha portato un regalo per la nonna, uno di quei vassoi neri smaltati a fiori. Ed uno per me. Nel modo di darmeli, mi apparve così tenero, così struggente, così malinconico. A me sembrava straziante salutarsi senza potersi scambiare un indirizzo. Ma forse per lui era diverso...»

A metà degli anni Settanta, i rapporti e gli scambi con l'Italia si intensificano. Delegazioni di attori, scrittori, scienziati, ballerini, operatori economici, vanno e vengono tra Roma e Mosca, tra Milano e Leningrado, tra Venezia e Kiev. Va in Urss la Scala, viene a Roma il Bolscioi. Registi sovietici preparano film in Italia e viceversa. In questo clima Pontecorvo comincia a pensare che forse, un giorno, anche lui potrà tornare in Italia, non per sempre, certo, ma almeno per una visita, anche breve, o una vacanza.

Gianni Cervetti, un dirigente del Pci che ha studiato all'Università di Mosca e che ha partecipato spesso a delegazioni e incontri con dirigenti sovietici, ha avuto molte occasioni di incontrare Bruno Pontecorvo:

«Se dovessi definirlo con una sola frase, direi che era libero di pensiero ma insieme rispettoso delle regole. Anche quando parlavamo di un suo possibile viaggio in Italia – si trattava di definire chi lo avrebbe invitato, per quanto tempo e così via – egli appariva insieme molto desideroso di venire, ma anche molto comprensivo nei confronti dell'opinione dei sovietici. Era evidente che desiderava moltissimo tornare in Italia, ma era altrettanto evidente la sua preoccupazione di non dare a questo desiderio un significato polemico. Era, insomma, molto cauto. Libero di pensiero ma insieme rispettoso delle regole, proprio così. Ed anche quando si parlava delle vicende sovietiche, il suo atteggiamento era, generalmente, di comprensione e giustificazione. Ma, insieme, mi sembrava legato anche politicamente alle posizioni nostre, alle posizioni voglio dire del partito italiano che andavano sempre più chiaramente differenziandosi da quelle dei sovietici. Mi rendo conto che la sua posizione non era facile. Mi ricordo che un giorno, era appena tornato da un lungo viaggio in Oriente, se ne uscì con una idea che era quasi un'eresia. "Le Kurili? Che scemenza pretendere ancora di tenercele, sarebbe ora di restituirle al Giappone..."».

Libero di pensiero ma rispettoso delle regole, Bruno Pontecorvo si chiedeva quale fosse il modo migliore per ottenere un visto di uscita. Qualche dirigente comunista avrebbe potuto invitarlo ufficialmente per una visita o una vacanza in Italia e questa era certamente una buona strada. Oppure avrebbe potuto andare come membro di una delegazione culturale o scientifica. Ma chi avrebbe fatto il suo nome? Ci pensava spesso, a questo viaggio impossibile.

Gli anni, passando, lasciavano anche su di lui un segno. Era arrivata l'età nella quale ci si chiede, sia pure scherzando, quanti anni ci restano da vivere. Fisicamente nulla lo minacciava, salvo gli anni. Era ancora in grado di affrontare dure partite di tennis, aspre scalate in montagna, lunghe immersioni subacquee.

Un'altra cugina, Renata figlia di Eugenio Colorni, lo incontrerà a Mosca, a metà degli anni Settanta.

«Non avevo il suo telefono e tramite un amico comune gli ho fatto sapere che in quei giorni sarei stata a Mosca all'hôtel Intercontinental. Mi chiamò infatti. Quando risposi al telefono sentii dall'altra parte una piccola esitazione, e poi: "Hai la stessa voce di tuo padre". Quando ci siamo dati appuntamento, io, per farmi riconoscere, dato che non ci eravamo mai visti prima, gli ho detto che avevo i capelli crespi. E subito lui ha aggiunto: "Come tuo padre". È venuto a prendermi, ed è stato gentilissimo, affettuoso. Ma la sua memoria mi sembrò come congelata nel senso che voleva parlare del Forte dei Marmi e voleva notizie di persone di allora, che io non potevo aver conosciuto. Ebbe un piccolo sobbalzo quando, avendomi chiesto che lavoro facevo, gli risposi che avevo curato, per Boringhieri, la pubblicazione delle opere di Freud in italiano. Freud allora in Urss era proibito.»

Un contrasto familiare, violento e doloroso, lo decise a fare qualcosa, a prendere una iniziativa, a chiedere il visto di uscita.

Tito aveva ormai trent'anni. Era bello, arrogante, coraggioso, imprudente, irrequieto. Da bambino aveva imparato a saltare sui cavalli nella scuola del Circo di Mosca, poi si era innamorato del mare e aveva studiato oceanografia. Adorava il mare e l'avventura. Ma si era reso conto, a un certo punto, con doloroso stupore che quando si preparavano spedizioni in acque territoriali dell'Artico o del Pacifico che non appartenessero all'Urss, egli veniva regolarmente escluso. Le prime volte pensò che la sua esclusione fosse casuale, poi si rese conto che non era così. C'era qualcosa di metodico, di voluto in questo tenerlo lontano dalle spedizioni più importanti. Ne cercò una qualche spiegazione, e capì che il motivo era uno solo: pur essendo cittadino sovietico, egli non era nato in Urss. Forse per questo non veniva considerato abbastanza affidabile. Si temeva cioè che giunto in qualche porto straniero potesse scegliere di non tornare in patria. Dunque, meglio non dargli il visto di uscita. Tito non era personaggio da tacere. Protestò. Di cosa ti lamenti? gli venne risposto. Forse che non c'è abbastanza mare anche in Urss?

«Tito dunque se la prese con me... Ero stato un idiota, mi disse, a lasciare l'Occidente per venire in questo paese. Mi accusò di vivere dentro una campana di vetro, senza vedere ciò che accadeva intorno a me, come un cieco, soddisfatto del mio lavoro e dei soldi che guadagnavo. Io, che non ho mai fatto caso al danaro... Tito fu molto ingiusto, ma io non potevo impedirmi di dargli ragione. In qualche modo mi sentivo in colpa e volevo fare qualcosa per lui.»

È facile immaginare la scena che Pontecorvo rifiuta di descrivere nei particolari. Tito, furibondo, rovescia sul padre tutte le sue amarezze, la colpa del suo disagio, della sua impossibilità a portare avanti un lavoro scientifico che ama. «È colpa tua...» gli grida.

A questo punto l'accademico Bruno Maximovic Pontecorvo, il timido prudente riservato accademico Pontecorvo decide di fare qualcosa per suo figlio.

Aveva ormai quasi sessant'anni, da oltre venti era in Urss ed era cittadino sovietico. Anche per lui, come per suo figlio, era però impossibile viaggiare oltre i confini del mondo socialista. Bruno Pontecorvo aveva sempre accettato questo divieto come un dato della realtà senza protestare. Adesso, dopo lo scontro con Tito, cominciava a pensare che non fosse giusto.

«Una sola cosa mi ero molto chiara» dice. «Sapevo che a Dubna non avrei ottenuto nulla. Dovevo andare più in alto, più in alto possibile.»

Keldysh, al quale si rivolge per un consiglio, lo ascolta distrattamente e poi: «Scrivere a Breznev? No, no, non si può».

Alla fine Pontecorvo decide da solo: andrà a parlare con Jurij Andropov, il potentissimo capo del Kgb.

«Non lo conoscevo, ma si diceva che era un uomo molto per bene. E comunque, a lui spettava l'ultima parola.»

Così un giorno Pontecorvo se ne va al Kgb, si mette in fila e arrivato a uno sportello chiede di parlare con Andropov. Fa vedere il suo cartellino: «Sono l'accademico Bruno Maximovic Pontecorvo».

Gli dicono di aspettare. E dopo qualche tempo lo avvertono che Jurij Andropov è in riunione, ma che, se vuole, può parlare con il suo sostituto.

«No, grazie, volevo parlare personalmente con Andropov.» Anche questo tentativo è andato a vuoto.

«Ma un giorno, non molto tempo dopo, arrivò a Dubna qualcuno, che avevo conosciuto appena arrivato in Urss e che mi aveva molto aiutato in quei primi tempi.»

Si tratta di quell'ufficiale dei servizi che oltre venti anni prima aveva accolto la famiglia Pontecorvo in Urss, che aveva dato loro le prime istruzioni e consigli, che aveva discusso a lungo con Bruno dei motivi della sua scelta. Bruno non lo aveva più rivisto. Ma ora, nel momento del disagio e dell'amarezza, egli riappare. È difficile pensare che il suo arrivo a Dubna fosse casuale. La visita di Pontecorvo alla sede del Kgb, il suo tentativo di parlare con Andropov non erano certo passati inosservati. Ecco dunque che il suo «angelo custode» ritorna.

«Gli ho raccontato di Tito e di me. Perché mio figlio veniva sempre respinto quando si facevano delle spedizioni fuori delle acque territoriali sovietiche? Perché il mio nome non veniva mai incluso tra i gruppi cui era consentito fare dei viaggi in Occidente? Io avrei voluto fare un viaggio, almeno un viaggio in Italia. Lui mi ascoltò con attenzione. Disse che si sarebbe occupato della questione e che mi avrebbe fatto parlare con qualcuno che poteva decidere.»

Così ricomincia l'attesa. E un giorno Pontecorvo viene chiamato, a Mosca, nell'ufficio di una persona molto importante. Non era Andropov, ma era una persona che poteva decidere.

«"Ormai ho sessant'anni"», gli dissi «"e prima di morire vorrei rivedere il mio paese. Voi dovete decidere" aggiunsi, "sulla base delle vostre ragioni, che io capisco ma vi assicuro che non c'è nessun pericolo se io vado in Italia. Ed anche per mio figlio, garantisco io." E quello mi rispose: "Va bene, state tranquillo. Me ne occupo io." Così uscii pensando che i permessi ci sarebbero stati.»

Le cose invece andarono diversamente. Non ci fu nessun visto. Qualcuno telefonò dopo qualche settimana a Pontecorvo spiegando che non era ancora possibile per lui uscire dall'Urss. Tito continuò ad essere escluso dalle spedizioni che toccavano porti occidentali e, stanco di aspettare, a un certo punto decise che avrebbe cambiato mestiere. Rinunciò a fare l'oceanografo e cominciò ad allevare cavalli. Così passarono altri anni.

«Io avevo ormai rinunciato a tornare in Italia. Nel 1978 giunse all'Accademia l'invito a mandare un nostro rappresentante a Roma per la cerimonia con la quale si sarebbero festeggiati i settanta anni di Ugo Amaldi. Puoi immaginare la mia emozione. Con Amaldi avevo lavorato gomito a gomito a via Panisperna, nel 1934, sotto la direzione di Fermi.

Ma in Accademia nessuno pensò di mandare me. E io non dissi nulla. Decisero che doveva andare un altro. Ma quello all'improvviso si ammalò. E allora qualcuno, non so chi propose: "Beh, potrebbe andare Bruno Maximovic...". Tutto avvenne per caso. Io fui avvertito il giorno prima. Così quella volta sono venuto io.»

Questo era il paese che egli aveva liberamente scelto, dove l'arbitrio regnava assoluto ed ogni burocrate di partito aveva diritto di veto sulle aspirazioni, i desideri, la vita dei cittadini. Non era, certo, la violenza staliniana, con i suoi gulag, i processi e le condanne a morte, ma un soffocamento lento delle volontà dei singoli, un tentativo di ricondurre alla norma anche i loro sogni.

«Non c'era nessun motivo» insiste Pontecorvo «perché mi venisse impedito di venire in Occidente. Questa regola, discutibile o meno, si applicava in Urss a coloro che avessero lavorato in settori coperti da segreto militare, a coloro in modo specifico che avessero lavorato alla bomba. Ora, si dà il caso che io non abbia mai lavorato in quei settori. Insomma, nei miei confronti non c'era motivo di applicare quella regola. Io non avevo lavorato alla bomba, ma conoscevo delle persone che erano legate a persone che conoscevano i segreti. Il paese era così, ossessionato dal segreto. In Urss anche lo spazzino che pulisce la strada davanti a un luogo segreto, è ritenuto depositario di un segreto.»

Pontecorvo torna in Italia, per la celebrazione di Amaldi, accompagnato da guardie del corpo che hanno il compito di non lasciarlo mai solo. La spiegazione è quella nota: in un paese occidentale, dal quale egli è fuggito, potrebbe correre alcuni rischi. Una di queste guardie del corpo viene presentata come un fisico, suo collaboratore.

Il ritorno dello scienziato in Italia è accompagnato da grande curiosità. La prima telefonata di un giornalista raggiunge Pontecorvo a Mosca la vigilia della partenza. Gentilmente ma fermamente egli risponde che non intende parlare con giornalisti e che, anche in Italia, non concederà interviste. «Ma professore, quando sarà qui sarà assediato dai giornalisti», fa notare l'interlocutore romano. La replica è molto asciutta:

«Vengo per un convegno scientifico, non voglio sapere altro. Non rilascio interviste». E riattacca.

Pontecorvo arriva a Roma la mattina del 6 settembre del 1978. Era partito, con la famiglia, il primo settembre del 1950. Deve affrontare subito l'urto dei fotografi, dei cineoperatori, dei giornalisti. Lo fa con sufficiente fermezza e disinvoltura. Appena sceso dall'aereo rilascia una dichiarazione che ripeterà decine di volte, di fronte alla domanda che da allora gli viene costantemente rivolta, quando viene in Occidente.

«Non ho mai, dico mai, lavorato alla bomba atomica, alla bomba all'idrogeno o ad altre bombe, né in Occidente né in Unione Sovietica né in Cina né altrove.»

«L'accento toscano» nota Laura Lilli che redige per il suo giornale la cronaca di questo ritono «è limpido, ma la voce di Bruno Pontecorvo è leggermente incrinata dall'emozione. Emozione per quello che dice, per l'occasione in cui lo dice, per le condizioni in cui è costretto a dirlo: assediato, aggredito, quasi malmenato da un'orda di fotografi, radiocronisti, reporter che, al suo varcare la porta di vetro che immette nella grande sala arrivi internazionali dell'aeroporto Leonardo da Vinci, gli si è avventata addosso con flash, telecamere, microfoni, registratori tascabili, affamata di dichiarazioni e di immagini al limite del cannibalismo.»

Quando riconosce Maurizio Ferrara, suo vecchio amico, Pontecorvo sembra rassicurarsi. A un'altra domanda risponde: «Io sono una persona così pacifica che in linea di principio non regalo mai giochi di guerra al mio nipotino Sascia». Abbronzato, elegante nella grisaglia celeste, con camicia a righe di crespo marrone e cravatta marrone, riesce a dimostrarsi insieme riservato e disponibile, del tutto capace di dominare l'assalto degli uomini dei media.

«Devo molto all'Italia e in particolar modo a Roma. All'Università di Roma ho studiato. Più precisamente ho studiato all'Istituto di via Panisperna, che è diventato famoso grazie al genio di Enrico Fermi. A lui devo tutto quel poco che so. Fermi mi ha insegnato una cosa che va oltre le nozioni: mi ha insegnato l'etica e lo spirito scientifico...»

Non disse altro. Né dirà mai nulla di più e di diverso. Sì,

è andato in Urss di sua spontanea volontà. A Dubna e a Mosca ha goduto della massima libertà di ricerca e di grandi mezzi. Si è sempre occupato e continua a occuparsi di fisica delle particelle elementari. No, non si è mai occupato di ricerche che avessero attinenza con l'atomica. Sì, è felice di poter partecipare ai festeggiamenti di Ugo Amaldi, un uomo che ha fatto tanto per la fisica italiana, e al quale lo legano tanti ricordi ed esperienze comuni.

Il tempo ha attutito diffidenze e ostilità. I colleghi di un tempo lo proteggono dalla eccessiva curiosità della stampa, una curiosità destinata a rimanere insoddisfatta: nessuno riesce a scalfire, nemmeno per un attimo, il sorridente riserbo di cui Bruno Pontecorvo dà prova. Non è possibile strappargli nemmeno qualche osservazione sul paese che ritrova dopo quasi trent'anni di assenza, profondamente trasformato.

«Sì, certo, ci sono più macchine...» ammette. Ed è tutto. La sua famiglia lo protegge. Riesce a ritagliarsi un pomeriggio di riposo a Cetona, un paesino in provincia di Siena dove la sorella Giuliana ha una casa. Lì si rifugia con le sue guardie del corpo. Davanti al camino, attizzando il fuoco, il nipote Eugenio che è un buon fisico si diverte a mettere alla prova quello dei due che viene presentato come un collaboratore dello zio. Sarà proprio Pontecorvo a interrompere, infastidito, una situazione che sta diventando penosa.

Tiene in inglese la sua prima conferenza in Italia, che egli ha intitolato «Infanzia e giovinezza della fisica dei neutrini». Parla con molta semplicità («È una delle cose che mi ha insegnato Enrico Fermi»). Affascinati, studenti e fisici lo ascoltano illustrare la possibilità che si arrivi un giorno a rilevare i neutrini relitto del Big Bang a distanza di centinaia e centinaia di milioni di anni dall'evento, o quelli di una Supernova (l'evento si verificherà quasi dieci anni dopo, nel febbraio del 1987, quando tre rivelatori, uno installato in una miniera di sale vicino Cleveland, l'altro in una miniera di zinco a nord di Tokio, il terzo sotto il Monte Bianco registreranno i neutrini della Supernova esplosa nella Grande Nube di Magellano 170.000 anni fa).

Dopo una settimana, come da programma, Pontecorvo riparte per l'Urss. Gilberto Bernardini, rettore della Normale di Pisa, lo ha invitato, senza successo, a trattenersi qualche giorno per tenere alcune lezioni sulla fisica dei neutrini. Nessuno degli scienziati italiani ha espresso, nonostante le sollecitazioni, un qualsivoglia giudizio sulla fuga di Pontecorvo. «Con Bruno c'è come un tacito accordo» dice il professor Piero Caldirola dell'Università di Milano. «La faccenda della sua partenza è argomento tabù.» Qualcuno nota, tuttavia, la freddezza con cui il primo giorno della conferenza Emilio Segrè ha salutato, con una stretta di mano quasi di circostanza, il suo antico compagno di via Panisperna.

Poche settimane dopo il suo ritorno a Mosca, una mattina sentì un fastidio alla mano e al braccio sinistro, un insistente formicolio, qualcosa che poteva assomigliare a un indolenzimento, un banale dolore reumatico, che rapidamente prese la forma di un lieve tremore. Un tremore del tutto involontario, che non riusciva a controllare altro che prendendo il braccio sinistro con la mano destra o puntando il gomito contro il fianco. Tutto questo poté essere fatto, nelle prime settimane con disinvoltura. Ma il tremito diventando più insistente e fastidioso, Bruno decise di vedere un medico. La visita fu accurata, come sempre. Il dottore lo conosceva da tempo. Entrando nel suo studio, Bruno si rese conto che, impercettibilmente, anche una gamba gli dava fastidio e prima della visita e della diagnosi disse a se stesso: «Questo è il morbo di Parkinson». E, in effetti, lo era. Da allora la malattia non dà tregua a Pontecorvo, viene tenuta sotto controllo, in modo più o meno efficace, non gli impedisce ancora oggi di leggere di scrivere di viaggiare. Ma rende tutto, anno dopo anno, sempre più difficile.

Da quando ha ottenuto il suo primo visto per l'estero, Pontecorvo è tornato più volte in Italia. Nel 1979 venne autorizzato a visitare di nuovo Roma, su invito dell'Associazione Italia-Urss, che aveva organizzato una sua conferenza limitando l'accesso a fisici e studenti. In questa occasione sembrò più stanco e triste dell'anno passato. Era già visibile qualche segno della malattia, che un giornale attribuì a un virus misterioso. Non c'era invece, purtroppo, nulla di misterioso. Del Parkinson si sa abbastanza, anche che non si tratta di un processo reversibile.

«Non riesco più a fare ricerca sperimentale» disse in risposta alla domanda di uno studente. «Ma lavoro in campo teorico sui neutrini del Sole.»

Secondo Amaldi il suo orientamento verso studi teorici a scapito della ricerca era da considerarsi un passaggio quasi obbligato, perché «a Dubna le apparecchiature non sono certo straordinarie: se lavorasse a Ginevra, dai suoi studi uscirebbero forse risultati più fecondi».

Nel corso di questo secondo viaggio va anche a Pisa, e vuole rivedere la sua vecchia casa. La villa di famiglia è stata trasformata in un albergo. Ma il giardino con il vecchio nespolo c'è ancora. Davanti all'albergo c'è un ragazzetto. Bruno, forse per vincere la commozione, gli chiede: «Tu sai da quanto tempo è qui quest'albergo?». Quello lo guarda con attenzione e gli fa, ironico: «O che non lo sai tu, che sei il Pontecorvo?».

A un giornalista che gli chiede che impressione gli fa la sua vecchia città, risponde: «C'è tanto traffico. Ma quando ci abitavamo noi le strade erano molto polverose». Visita Perugia, Assisi, Gubbio, Urbino, città straordinarie che non aveva mai visto prima. Controlla la sua emozione, evita i giornalisti e quando questi riescono a raggiungerlo, risponde sempre con le stesse frasi: «L'Italia è molto bella. No, non credo che tornerò qui stabilmente. Sono a favore della distensione...».

Nel 1984 la Francia gli rifiuta il visto d'ingresso. Avrebbe dovuto recarsi a Parigi per assistere, alla Sorbona, alle cerimonie per il cinquantesimo anniversario della scoperta della radioattività. Il divieto al suo ingresso in Francia è stato revocato solo recentemente. Nel corso del 1991 è tornato a Parigi, per una settimana, per rivedere l'Istituto Curie nel quale aveva lavorato e studiato prima della guerra. Ad accoglierlo, c'erano alcuni vecchi colleghi di allora ed Hélène, la figlia di Frédéric Joliot e di Irène Curie, alla quale nell'inverno del 1938 egli aveva insegnato a sciare.

Epilogo
UN ERRORE DI CALCOLO

L'Unione Sovietica nella quale Bruno Pontecorvo aveva scelto di vivere e di far vivere i suoi figli, la Terra Promessa alla quale aveva offerto il suo lavoro e la sua intelligenza, il paese del socialismo non esiste più. La ventennale palude brezneviana prima, e poi il terremoto di Gorbaciov con le sue speranze e quindi, nell'agosto del 1991, il tentativo di colpo di Stato e l'immediata risposta popolare, e infine l'emergere di Eltsin e il disarticolarsi delle Repubbliche e il rifiuto di ogni potere centrale e le dimissioni di Gorbaciov, hanno fatto tabula rasa di tutto: della bandiera rossa con falce e martello e del Partito comunista di Lenin, dello Stato sovietico e del suo esercito, del Kgb e della «Pravda». Non c'è più nulla di tutto ciò che fu la vita del passato, i privilegi e le ipocrisie, la paura e la dolcezza di vivere, la rassegnata austerità e la mediocre sicurezza del domani: tutto finito. L'Unione Sovietica, il paese del sogno, ora soave ora spietato, il paese dell'Utopia, della giustizia e della ferocia, ebbene quel paese non esiste più. È stato cancellato dalle carte geografiche e dalla coscienza di milioni di uomini.

L'inverno del 1991 è stato un inverno terribilmente difficile, freddo e privo di rifornimenti. L'inverno, dicono i vecchi moscoviti, non fu così difficile e rigido nemmeno durante la guerra, quando le armate tedesche erano alle porte della capitale, e si sentivano nella notte i cannoni e le mitraglie. Ora, la notte di Mosca si illumina delle insegne dei locali notturni, dove ragazze dal pallore lunare e dai seni abbondanti si esercitano in goffi *strip-tease*, davanti agli scettici uomini d'affari occidentali e agli eccitati *yuppies* moscoviti che in pochi mesi hanno scoperto la Borsa, la speculazione finanziaria e le case da gioco. Tutte le cose buone che una volta si comperavano nella capitale, non soltanto al Grastronom numero 1, ma anche nei negozi più modesti – storione e polpa di granchio, marmellate di mirtilli, il burro salato e almeno tre qualità di yogurt – tutto questo non si trova più o bisogna cercarlo al mercato nero, a prezzi vertiginosi.

Ai primi dell'anno decisi di andare a trovare, a Mosca, Bruno Pontecorvo per continuare qui l'intervista che avevo cominciato l'anno prima.

Davanti al mio albergo, a pochi passi dalla Piazza Rossa, sotto gli occhi distratti della milizia, prostitute e tassisti circondavano gli stranieri chiedendo di essere pagati in dollari. Nelle stanze, come sempre, i rubinetti non funzionavano e il riscaldamento era acceso al minimo. Quell'aria modesta, gentile, teneramente antiquata che avvolgeva una volta Mosca come in un'ovatta, si era trasformata nel corso degli ultimi mesi in un clima avido e rabbioso. Molti negozi erano del tutto vuoti, davanti ad altri c'erano lunghissime file.

Bruno Pontecorvo arrivò all'appuntamento avvolto in un pesante giaccone di daino, la chapka di pelliccia ben calcata in testa. Sembrava contento di vedermi e mi annunciò, con un sorriso complice, che avremmo pranzato al ristorante dell'Accademia delle scienze, un luogo che sapevo molto riservato.

Ne ebbi subito, fin dall'ingresso, dove ci accolse una donna grassa e con un grembiule un po' sporco, una impressione sgradevole. Ai piccoli tavoli per quattro erano seduti, in silenzio, gli accademici, vecchi signori vestiti tutti di scuro. Succhiavano la loro minestra senza scambiarsi né una parola né un saluto, lo sguardo incerto. Le cameriere mi sembrarono sgarbate. L'accademico Bruno Maximovic chiese del pesce, ma gli venne risposto che c'era solo pollo arrosto. Dissi a Bruno che adoravo il pollo arrosto; la mia razione era piccola e dura, affogata in una salsina biancastra e accompagnata da un cucchiaio di riso scotto. Non avevo fame, comunque. Non c'era né acqua minerale, né vino. Pasteggiammo con quella che i russi chiamano lemonad, una bevanda dolciastra al profumo di limone.

Dopo il pranzo partimmo, in macchina, per Dubna. Con noi viaggiava Natascia, la moglie di Tito, una georgiana piccola e robusta, allegra, dal naso camuso, e un sorriso che le scopre i denti.

«Ti piacciono i cavalli?» mi chiede. «Mi piacciono, mi piacciono» assicuro. «Allora ti faccio vedere il nostro allevamento» mi propone. Sempre ridendo, mi racconta di suo padre che era anche lui un allevatore di cavalli in Georgia ma poi è stato deportato ed è morto in un lager e adesso chissà come sarebbe contento di vedere che anche lei ha un allevamento di cavalli. E poi dice che lei non avrebbe mai avuto bambini perché Tito è contrario ai bambini e ama solo i cavalli, e un giorno il cavallo preferito di Tito l'aveva travolta e sciancata. Così dicendo, batté la mano sull'anca sciancata che la costringeva a torcersi tutta, nel camminare.

Tito ha ormai decine e decine di cavalli, alcuni di razza pregiatissima. Il suo primo acquisto fu il sauro che Nasser aveva regalato a Breznev e che, ammalato, era stato destinato all'abbattimento. Con non so quale sotterfugio Tito era riuscito a entrarne in possesso e a curarlo. Oggi nella sua scuderia ci sono i discendenti di quel sauro.

L'azienda di Tito, all'ingresso di Dubna, proprio sull'argine del Volga, è una costruzione lunga e bassa, di mattoni rossi, che comprende le stalle, il maneggio, le abitazioni per i dipendenti ed una foresteria per gli ospiti.

Prima di visitarla, Natascia volle condurmi alla chiesa che sorge proprio sul confine della proprietà: è una vecchia piccola chiesa, imbiancata di recente, con il tetto a cipolla, qualche donnina inginocchiata che prega, e un giovane pope con una barbetta bionda, da capra. Natascia, fattasi improvvisamente seria, comprò una candela, l'accese e la sistemò devotamente sull'altare. Poi mi presentò il sacerdote. Uscendo di chiesa, con il suo faticoso passo storto, tornò a ridere e mi disse: «Sai, fino a poco tempo fa la chiesa era chiusa». Prendendomi da parte Bruno borbottò: «Non è vero, era aperta. Ci si teneva il legname».

Il bosco è bianco di neve, il Volga è ghiacciato, il terreno è scivoloso, ma Pontecorvo si muove, con l'aiuto di un bastone, disinvolto.

La villetta, che avrebbe bisogno di un lavoro serio di manutenzione e restauro, è come egli stesso me l'aveva descritta, con il suo giardino intorno, una panchina, l'albero di mele e di susine. A destra dell'ingresso, sotto la scala che conduce al primo piano, non ci sono più gli sci sui quali egli partiva per lunghe passeggiate nei dintorni, né i pattini per il ghiaccio dei ragazzi, ma ceste piene di mele e di patate.

Gil, il figlio fisico, biondo, alto e grosso, ci introduce nella stanza dove prenderemo il tè.

Marianne, seduta a capotavola, mi fa un piccolo cenno di saluto con la testa. Io giro attorno al tavolo e le stringo la mano. «Vedi?» mi spiega Bruno «è proprio guarita.» Lei ci osserva con i suoi occhi celesti da bambina, attenta alle nostre mosse e alle nostre parole. Piccola, magra, i capelli tra il biondo e il grigio tagliati cortissimi, ha un'aria da uccello spaurito. Sta ferma, tranquilla, non interviene mai nei nostri discorsi, ma ogni tanto mi sorride con dolcezza. La tovaglia è consumata, le tazzine sono sbreccate. Su un piattino, al centro della tavola, Gil ha sistemato alcuni biscotti. Quando abbiamo finito di bere il tè, Marianne fa per alzarsi e sgomberare la tavola, ma il figlio la richiama con un gesto e lei obbedisce: si rimette tranquilla a sedere, tirando appena i bordi della giacchetta di velluto marrone. Mi guardo attorno. Sugli scaffali, accatastati alla rinfusa, ci sono molti libri d'arte. Un piccolo quadro della sorella di Marianne accende di colori aspri una parete della stanza. È una casa molto modesta, molto disordinata, molto triste. Doveva essere allegra, immagino, quando i Pontecorvo arrivarono qui, ormai quarant'anni fa, con i loro bambini piccoli, le loro speranze e l'idea che il loro gesto avrebbe contribuito a cambiare il mondo.

Il mondo sta cambiando in effetti, in modo tumultuoso ma non certo nella direzione che allora egli aveva previsto. La storia ha deragliato, come un treno impazzito.

«È successo qualcosa che non capisco» mi confessa. «Alle volte, di notte, immagino che qualcuno, all'improvviso, mi si para davanti e mi dice che tutti i miei lavori sono sbagliati. Perché c'era un calcolo, una cifra, un'operazione all'inizio che era sbagliata, e su quel calcolo, su quel dato sbagliato ho lavorato tutta la vita. E dunque tutti i miei lavori sono stati inutili, per via di quell'errore... Credo che diventerei pazzo se accadesse questo. No, questo non è successo. Non nella fisica, per lo meno...»

Non nella fisica, per lo meno e il resto ora sembra interessarlo assai poco.

L'accademico Bruno Maximovic Pontecorvo conserva ancora a Mosca, non si sa fino a quando, qualche privilegio: la macchina con l'autista (da utilizzare solo per motivi di servizio), la villa di Dubna, l'appartamento della via Gorkij (ma la strada ha cambiato nome ed oggi si chiama Tverskaja, come prima della rivoluzione). Ma i luoghi che egli frequentava, e gli amici con i quali si incontrava, sono ormai spariti. Non per il passare degli anni, che pure determina il naturale venir meno di abitudini e amicizie, ma per il mutare degli eventi politici. E dunque, sulla sua vita precedente in Urss, è come calato il silenzio.

Egli ha ormai le ossa fragili, e il morbo di Parkinson lo scuote, alle volte come una canna, rendendogli difficile e incerto il passo. Ma per curarsi non ha più l'accogliente ospedale dietro l'Arbat così soffice e tranquillo, con le boiserie alle pareti, i tappeti morbidi, le tende bianche di velo, le dottoresse materne e le infermiere deferenti. È obbligato a curarsi a Roma, dove vive in casa della sorella Laura. Dalla sua finestra non si vedono le guglie del Cremlino, ma i torrioni di Castel Sant'Angelo e gli ombrelli sereni e gonfi dei pini di Roma.

Ha un passaporto sovietico. Ma finalmente ha un visto per la durata di un anno, con il quale ha diritto di andare e tornare tra Mosca, Roma, Parigi, Madrid. A ottant'anni ha dunque riacquistato quella libertà di movimento che aveva perduto quando, nel 1950, aveva deciso di passare dall'altra parte della cortina di ferro.

In Italia e in Europa partecipa regolarmente a dibattiti, convegni e incontri scientifici. La sua parola è incerta, ma la sua mente lucida. Nel corso degli anni sono venute meno nei suoi confronti la curiosità e la diffidenza. Membro dell'Accademia dei Lincei, è tornato a far parte, a pieno titolo, della comunità scientifica italiana. Nessuno dei suoi vecchi amici, o dei giovani studiosi che lo incontrano per la prima volta, gli chiede più i motivi della scelta operata alla fine di agosto del 1950. «È una questione di delicatezza» dice Gian Carlo Wick, il fisico che alloggiava con lui nel 1931 nel pensionato dell'Ymca di piazza Indipendenza e che con lui andava a piedi, fino al mitico Istituto di via Panisperna. «È un uomo di straordinaria moralità» aggiunge Giorgio Salvini, presidente dell'Accademia dei Lincei. Carlo Rubbia non perde occasione di manifestargli la sua stima. Dovunque viene accolto con grande affetto, rispetto, deferenza. Nell'agosto del 1991 gli è stata consegnata una laurea *honoris causa* dall'Università di Ferrara, la stessa dove ha studiato Copernico. L'ho visto molto emozionato, quando, accompagnato da un corteo di docenti, è entrato nell'aula magna: avvolto nella toga nera, il viso pallido incorniciato dalla gorgiera di pizzo bianco, la magrezza spettrale, sembrava emergere da un quadro di El Greco.

Il morbo di Parkinson è capriccioso: di tanto in tanto lo devasta e lo lascia stremato, incapace di qualsiasi gesto corretto. Ma di tanto in tanto gli consente una tregua, e allora nei suoi occhi, grigi con un po' di verde dentro, si legge più che il sollievo una piccola sfida, come a dire «ecco, ancora una volta ce l'ho fatta».

Nonostante la stanchezza e la malattia e la premonizione della morte, Pontecorvo non si è incupito. Conserva, anche nella malattia, una eleganza dei movimenti, una leggerezza nel passo, una fanciullesca ironia, persino qualche civetteria. Indossa di preferenza camicie di flanella scura e cravatte di lana, una scelta tra snob e bohème.

Ha un pudore estremo a parlare di sé, della sua vita privata, dei suoi sentimenti e delusioni e incertezze e sofferenze. Ho pensato spesso, nel corso dei nostri colloqui, che si trattasse di reticenza, un atteggiamento che nessuno più gli chiedeva o imponeva ma che egli aveva adottato, da anni, come un modello immutabile di comportamento. Ho tentato di forzare questo muro di riserbo, a volte riuscendoci altre no. Alla fine mi sono convinta che non di reticenza si tratta, o non di reticenza soltanto, quanto piuttosto di un rifiuto, più o meno elaborato, ad affrontare fino in fondo la ragione stessa della propria esistenza.

E, alla fine, quale il problema che ci sta di fronte? Quale la ragione del nostro discutere? Mentre noi ne parlavamo, nel corso di quasi due anni, tra Roma Fregene Mosca Pisa Parigi, l'oggetto stesso del nostro dibattito è venuto meno: quel mondo nel quale egli era approdato nel settembre del 1950 non esiste più, altro che come un luogo fisico stravolto dagli avvenimenti e occupato da uomini che egli non conosce, mossi da sentimenti, idee e ambizioni che egli non capisce. Cambiano i nomi delle città, i simboli, le bandiere, gli anniversari. Le idee alle quali aveva creduto: la giustizia, l'uguaglianza e nuovi rapporti tra gli uomini gli erano già apparse, quando era laggiù, avvolte da ipocrisia. Forse era stato un abbaglio, un inganno. Ma oggi nessuno le pronuncia più quelle parole. Non esiste Terra Promessa né lì né altrove. Di cosa discutere, dunque?

« Sai cosa mi accade di pensare? Che c'è stata una volta la grande Persia, e poi l'impero persiano è finito nel nulla. Mi chiedo se la stessa cosa può succedere anche per la Russia. Un anno, due anni fa ti avrei detto che questo non poteva accadere. Oggi, non so. Forse può accadere. Perché no, dopotutto? Ma forse sbaglio io... Ho commesso tanti errori...»

L'inverno di Roma è freddo, ma non abbastanza per lui. Una volta, a Mosca, aveva nostalgia dell'Italia, delle passeggiate sotto i platani del lungotevere, del paesaggio mite, delle colline toscane e dei borghi medioevali avvolti come chiocciole attorno a una rocca. Ora ha nostalgia della steppa e della taiga, dei fiumi ghiacciati, dei boschi coperti di neve, delle lontane montagne del Pamir che bucano il cielo, dell'inverno di Mosca, delle finestre che per mesi restano chiuse ermeticamente con le piccole piante che crescono tra un vetro e l'altro come in una serra.

Qui a Roma, anche in pieno inverno, le finestre vengono spalancate al mattino, il cielo è dell'azzurro delle pitture barocche.

Oggi è il 7 novembre. A Mosca non si celebra più l'anniversario della rivoluzione; a Leningrado, che è tornata a chiamarsi San Pietroburgo, il sindaco offre un banchetto al discendente dello zar di tutte le Russie.

«Ti ricordi quando, a Fregene, abbiamo cominciato questa intervista? Ti chiedevo allora se tu ritenevi più importante, nella vita, avere preso le decisioni giuste o essere stati una persona per bene. Io resto della mia opinione: credo di aver commesso molti errori, ma di essere stato una persona per bene. Sono in pace con la mia coscienza, meno con la mia ragione. Le mie scelte, i miei errori, comunque, non hanno avuto conseguenze per gli altri. Non sono stato un politico. Io ho fatto il fisico, soltanto il fisico e nella mia vita qualcosa di cui essere contento c'è.»

È il nostro ultimo incontro. Ci sono ancora alcune domande alle quali chiedo una risposta.

«Sei soddisfatto della tua vita?»

«Io non credo alla gente che dice di essere felice di quello che ha fatto. Ma io per esempio sono stato fortunato...»

«Quale credi sia la tua maggiore qualità?»

«Come fisico, credo di aver avuto un po' di fantasia...»

«No, ti chiedevo come uomo...»

«Questo non lo so. Mi vengono in mente solo difetti. Sono timido, non ho mai vinto la mia timidezza. Ah, sono anche ingenuo. Ma meglio ingenuo che farabutto, non credi?»

«Hai mai pensato a cosa sarebbero stati la tua vita e il tuo lavoro se avessi deciso di rimanere e lavorare in Occidente?»

«Forse avrei fatto più cose, ma avrei avuto meno idee...»

«Come definiresti oggi la tua posizione politica?»

«Sono confuso, come tutti coloro che sono stati comunisti. Ma non mi vergogno delle cose che ho detto e che ho fatto. Certo, il socialismo è fallito, ma la domanda di giustizia che c'è nel mondo, quella rimane. La risposta che abbiamo dato noi era sbagliata, ma questo non significa che non esista una risposta giusta. Qualcuno la cercherà, qualcuno dovrà trovarla. »

« Quando hai lasciato l'Occidente, immaginavi che saresti rimasto lì quasi trent'anni prima di poter tornare in Italia? »

« Credo di non aver mai pensato ad un tempo preciso. »

« Nel corso della tua vita in Urss, ti sei mai pentito di aver preso quell'aereo? »

« Non mi sono mai posto il problema in modo così brutale. Certo, qualche volta ci ho pensato, quando vedevo delle cose che non mi piacevano. Ma pensavo sempre che potessero cambiare. E, comunque, quando ero partito non avevo il biglietto di ritorno. E lo sapevo. »

« E oggi, sei pentito di avere fatto quella scelta, quarant'anni fa? »

« Ci ho pensato molto, a questa domanda. Puoi immaginare quanto ci ho pensato. Ma non riesco a dare una risposta. »

« Se io dico: il tuo paese, a quale pensi, all'Urss o all'Italia? »

« All'Italia. »

TEMI, LUOGHI E PERIODI DI ESECUZIONE DELLE PRINCIPALI RICERCHE DI BRUNO PONTECORVO

(I lavori del periodo 1951-54 apparvero in forma di rapporti interni, alcuni dei quali furono pubblicati dopo il 1955)

Tema	Luogo	Periodo	Collaboratori
Radioattività indotta da bombardamento di neutroni.	Italia, Roma - Via Panisperna Università	1934-36	Fermi, dirigente; Amaldi, D'Agostino, Rasetti, Segrè, Wick
Proprietà dei neutroni	Canada, Montreal	1946	Auger
	Canada, Montreal	1947	Auger
Isomeria Nucleare	Francia, Parigi - Institut du Radium Collège de France	1937	
	Francia, Ivry - Laboratoire de synthèse atomique	1937-39	Lazard
Carotaggio neutronico dei pozzi di petrolio	Usa, Oklahoma	1941-42	
Reattori nucleari di ricerca	Canada, Montreal e Chalk River	1943-48	Auger, Cockroft, Hurst, Sargent
Rivelazione dei neutrini	Canada, Chalk River	1946	
La nozione di interazione debole e l'universalità della interazione alla Fermi	Canada, Chalk River	1947	

Osservazioni, risultati più significativi

Questi famosi esperimenti, guidati da Fermi, includono la scoperta del rallentamento dei neutroni. Applicazioni pratiche: energia nucleare di fissione, isotopi e medicina, usi militari.

Misura del libero cammino medio dei neutroni lenti in D_2O.

Schermi economici e compatti dei neutroni emessi da reattori (H_2O + Fe).

Ho predetto che le transizioni elettromagnetiche tra due isomeri in generale devono avere elevatissimi coefficienti di conversione interna. Muovendomi da questa idea indipendentemente da e un po' prima di Segrè e Seaborg, ho cercato e trovato (nel Rodio e in altri casi) dei nuclei «radioattivi» di tipo nuovo, nel senso che decadono emettendo una linea monocromatica di elettroni invece del solito spettro β continuo.

Sperimentalmente ho dimostrato la produzione di isomeri β- stabili (In^{115*}, In^{113*}, Lu*) a mezzo di raggi X di $\sim$ 3 MeV. Il tubo a raggi X, del tipo Brash e Langue, fu opera principalmente di Joliot-Curie. Isomeri β-stabili furono da me prodotti anche in reazioni (n,n) a mezzo neutroni veloci.

Cronologicamente la prima applicazione importante del neutrone, usata nei campi di petrolio ancora oggi.

Progetto e messa in esercizio del reattore nucleare eterogeneo (U ordinario e D_2O) NRX, allora il più intenso reattore di ricerca del mondo, con un massimo flusso di neutroni termici $\sim 6 \cdot 10^{13}$ n/cm^2 sec.

Introdussi e perfezionai i metodi radiochimici di rivelazione dei neutrini, e, in particolare, il metodo Cl-Ar, basato sulla reazione $\gamma_e + Cl^{37} \to Ar^{37} + e^-$, che fu poi usata da R. Davis per rivelare i neutrini solari.

Intuizione della simmetria muone-elettrone, una profonda analogia tra il muone e l'elettrone, sulla cui base venne emessa l'ipotesi della universalità delle interazioni deboli. Il concetto stesso di classe delle interazioni deboli nasce da questa simmetria. La mia idea prese la luce come reazione al famoso esperimento di Conversi, Pancini, Piccioni, nel quale, secondo Fermi, Teller e Weiskopf, era dimostrato che il muone non ha interazione forte con i nuclei. La simmetria in questione mi fu suggerita dalla mia comprensione che le probabilità di cattura nucleare di un elettrone e di un muone sono praticamente identiche (se si considerano le differenze nei volumi delle rispettive orbite e nelle energie dei due processi).

Tema	Luogo	Periodo	Collaboratori
Contatori proporzionali, spettrometria beta a basse energie	Canada, Chalk River	1949	Hanna, Kirkwood
Proprietà fondamentali del muone	Canada, Chalk River	1947-50	Hinks
	Urss, Dubna	1957	Muchin
		1959	Zaretsky
		1961	Suliaev
Particelle strane	Urss, Dubna	1951-54	
		1955	Selivanov
		1957	Okun

Osservazioni, risultati più significativi

Indipendentemente da Curan et al., sviluppammo una nuova tecnica dei contatori proporzionali, basata su enorme amplificazione nel gas, col raggiungimento di una sensibilità di soltanto alcune coppie di ioni, il che fu di decisiva importanza nella registrazione dei neutrini solari da parte di R. Davis negli anni Settanta. La nuova tecnica fu da noi usata in esperienze di spettrometria β a basse energie. Facemmo la prima osservazione della cattura L (in Cl^{37}, $\sim$ 10 coppie di ioni) e la misura dello spettro β del tritio ($m_\nu \gtrsim 500$ eV).

In esperimenti di elettronica eseguiti su muoni cosmici a riposo abbiamo dimostrato che: 1) il processo $\mu^+ \to e^+ + \gamma$ è assente; 2) la particella carica emessa nel decadimento del muone è un elettrone e che 3) nel processo di decadimento del muone sono emesse più di 2 particelle (quest'ultimo risultato è stato raggiunto contemporaneamente, e indipendentemente da, Steinberger).

In esperimenti di elettronica sui muoni provenienti dal fasotrone di Dubna abbiamo dimostrato che la dipendenza dall'energia dell'asimmetria degli elettroni emessi da muoni polarizzati è in accordo con la teoria del neutrino a due componenti (un risultato raggiunto indipendentemente da, ma dopo Garwin et al.).

Abbiamo scoperto il fenomeno delle transizioni non radiative di cattura del μ^- nei muotomi pesanti, nuovo effetto in cui l'energia della transizione muonica 2P-1S eccita direttamente il nucleo atomico (cioè il quanto X muonico corrispondente a tale transizione non viene emesso).

Abbiamo stabilito la prova della natura « neutrinica » della particella neutra emessa quando il muone negativo è catturato dai nuclei (mediante la rivelazione e lo studio quantitativo delle reazioni $\mu^- + He^+ \to H^3 + \mu^- + He^+ \to$ qualunque altra cosa, in una camera a diffusione riempita di He^3).

Indipendentemente da altri autori, notai l'apparente contraddizione tra l'alta probabilità di generazione nella radiazione cosmica di certe particelle (oggi dette strane) e la bassa probabilità del loro decadimento. Per risolvere la contraddizione, indipendentemente da Pais, formulai la legge di produzione associata dei kaoni insieme con gli iperoni.

In un esperimento condotto al fasotrone di Dubna dimostrammo che nucleoni di energia $\sim$ 700 MeV non producono le reazioni $N + N \to N + \Lambda^\circ$, $n + n \to \Lambda^\circ + \Lambda^\circ$, dove con N, n, Λ° sono indicati rispettivamente i nucleoni, i neutroni e gli iperoni Λ°. Dall'esperimento da me fu tirata la conclusione che lo spin isotopico del kaone è 1/2, cioè che K° e $\bar{K}^\circ$ non sono oggetti identici.

Da una analisi delle oscillazioni $K^\circ \rightleftharpoons \bar{K}^\circ$ tirammo la conclusione che nei processi deboli di primo ordine la stranezza non può cambiare più che di una unità ($\Delta S \leq 1$).

Tema	Luogo	Periodo	Collaboratori
Particelle strane	Urss, Mosca	1975	Okun, Zakharov
Interazioni fra pioni e nucleoni	Urss, Dubna	1951-53	Selivanov
		1953-55	Mukhin, Korencenko
Isomeri nucleari di densità	Urss, Dubna e Serpukhov	1976	Kulikov
Neutrini provenienti da acceleratori	Urss, Dubna	1959	
		1959	Ryudin

Osservazioni, risultati più significativi

Abbiamo suggerito un modo di ottenere informazioni sul mescolamento alla Cabibbo dei quark c e b sulle possibili violazioni di CP nei decadimenti di mesoni contenenti i sapori aperti dei quark c e b.

Messa in evidenza e studio quantitativo della produzione di pioni neutri in urti fra neutroni e protoni e fra neutroni e diversi nuclei.

Misura a varie energie della sezione d'urto totale, di interazione elastica e con scambio di carica in urti tra pioni positivi e pioni negativi con protoni e deuteroni. Confermammo e, nel caso di urti di pioni negativi con deuteroni, ulteriormente dimostrammo quanto era stato scoperto con grande successo da Fermi a Chicago sul sistema pione-nucleone con momento angolare 3/2 e spin isotopico 3/2 (la risonanza $\Delta 1236$, il cui ruolo è dominante nell'interazione pione-nucleone a energie <200 MeV).

L'esistenza di isomeri nucleari di densità è possibile secondo le idee moderne sulla condensazione pionica nei nuclei, ma non è stata osservata nei nostri esperimenti, nei quali un fascio di protoni di 70 GeV dell'acceleratore di Serpukhov irradia diverse sostanze in cui viene ricercata la produzione di radioelementi «anomali».

Da me fu predetto e sostenuto che i neutrini di alta energia che vengono emessi nel decadimento dei mesoni prodotti in acceleratori moderni possono e devono essere utilizzati per estendere le nostre conoscenze nel campo delle interazioni deboli. Il mio lavoro *Neutrini elettronici e muonici* segnò l'inizio della fisica dei neutrini ad alta energia. In particolare dimostrai come è possibile risolvere sperimentalmente il problema dell'identità o meno del neutrino emesso nel decadimento del pione (ν_μ) e il neutrino emesso nel processo beta ordinario (ν_e). Tale problema può essere risolto sia con un acceleratore del tipo «fabbrica di mesoni», ($E_\nu \leqslant 50$ MeV) sia con un acceleratore di altissima energia ($E_\nu \geqslant 1$ GeV).

È stato da noi proposto l'uso di fasci di neutrini di alta energia (preparati evidentemente, con un acceleratore di alta energia, e non con una «fabbrica di mesoni») per indagare sulla produzione di bosoni vettoriali intermedi carichi $W^\pm$ in urti di neutrini con nuclei, l'idea teorica essendo che nella sezione d'urto corrispondente compare la costante di Fermi G e non G^2. Il metodo ha permesso di concludere sulla base di risultati sperimentali negativi che $M_w < 17$ GeV (mentre da un esperimento di tipo diverso (CERN), oggi si sa che $M_w \sim 90$ GeV).

Tema	Luogo	Periodo	Collaboratori
Neutrini provenienti da acceleratori	Urss, Dubna	1962	Veksler, Tyapkin
		1975	
Annichilazione di antineutrini senza emissione di pioni o con emissione di un pione soltanto	Urss, Dubna	1956	
Neutrini e Astrofisica	Urss, Dubna	1959	
		1961	Smorodinsky

Osservazioni, risultati più significativi

In assenza nell'Urss di acceleratori con intensità e con energia tali che per loro mezzo si potesse compiere un esperimento del tipo indicato qui sopra (avente una sensibilità al livello della interazione debole), a Dubna decidemmo di fare un esperimento che avrebbe potuto essere significativo nel caso in cui il v_μ, la cui identità o meno con il v_e non era ancora nota, avesse posseduto un'interazione anomalmente grande con il nucleone. Compimmo quindi l'esperimento, che dette un risultato negativo, al sincrofasotrone del JINR. L'esperimento nondimeno ebbe il merito di essere il primo con cui si studiassero neutrini di alta energia provenienti da acceleratori. Nell'esperimento in sostanza si mirava all'osservazione delle correnti neutre usando un acceleratore con caratteristiche insufficienti per scendere a sezioni d'urto di interazione debole. A questo livello le correnti neutre furono osservate al CERN soltanto nel 1973.

Sono il primo ad avere proposto esperimenti di tipo *beam dump*, in cui si possono ottenere informazioni utili registrando neutrini « diretti », cioè non prodotti nel decadimento dei pioni e kaoni, ma nel decadimento di particelle a vita media brevissima (per es. particelle con *charm*).

L'annichilazione di un antinucleone avviene di regola con emissione di alcuni mesoni, diciamo pioni. Subito dopo la scoperta dell'antiprotone fu notato da me che se l'annichilazione avviene con un nucleone legato in un nucleo, diventano possibili reazioni (chiamate oggi reazioni di Pontecorvo) con emissione di un pione soltanto o addirittura senza l'emissione di alcun pione. Ecco alcune reazioni di questo tipo scelte con la condizione, importante dal punto di vista sperimentale, che nello stato finale si trovino due particelle: $\bar{p} + He^3 \rightarrow p + n$, $\bar{n} + He^3 \rightarrow \bar{p} + H^3 \rightarrow d + \pi^-$, $\bar{p} + d \rightarrow \pi^- + p$. Esperimenti condotti al CERN in cui verranno studiate reazioni di questo tipo sono attuali in quanto possono dare informazioni sull'importanza di gradi di libertà non nucleonici.

Nel mio lavoro « Interazione universale di fermi e Astrofisica » è dimostrato che tale interazione, grazie al processo elastico che essa implica $v_e + e \rightarrow v_e + e$, conduce a importantissime conseguenze astrofisiche; in particolare alla emissione da stelle ad alta temperatura e densità di coppie neutrino-antineutrino ($v_e \bar{v}_e$) con tali intensità che a un certo stadio dell'evoluzione stellare la luminosità neutrinica supera di gran lunga quella ottica.

Intuizione dell'esistenza del « mare neutrinico ». La discussione corrispondente fu soltanto di carattere fenomenologico. Essa venne fatta alcuni anni prima della grande scoperta di Pensiaz e Wilson (1965) della radiazione cosmica di microonde la quale naturalmente implica l'esistenza di neutrini « fossili ».

Tema	Luogo	Periodo	Collaboratori
Neutrini e Astrofisica	Urss, Dubna	1963	
		1946-69	

Osservazioni, risultati più significativi

Già una decina di anni prima della scoperta al CERN (1973) delle correnti deboli neutre, da me fu rilevato il ruolo importante che queste avrebbero giocato in astrofisica. In particolare è significativa la produzione di coppie $\nu_e \bar{\nu}_e$ (qui l'interazione è dovuta al bosone intermedio carico $W^\pm$ e a quello neutro $Z°$). Nel caso in cui il processo di emissione di una coppia νν avviene soltanto grazie all'interazione del bosone intermedio neutro $Z°$, ci troviamo davanti a un fenomeno interessante, analogo alla classica radioattività β: la "radioattività neutrinica" di un nucleo eccitato, con emissione di una coppia $\nu\bar{\nu}$: A → A $\nu_e\bar{\nu}_e$, A$\nu\mu\bar{\nu}\mu$, A$\nu\tau\bar{\nu}\tau$.

I miei contributi alla nascita e allo sviluppo di un nuovo campo di ricerche, l'astronomia neutrinica del Sole, sono: 1) ho inventato il principio radiochimico di rivelazione dei neutrini ν_e (1946), di cui il metodo Cl-Ar, così come il metodo Ga-Ge etc. adesso in via di sviluppo, sono esempi; 2) ho suggerito concretamente la reazione $\nu_e + Cl^{37} + \rightarrow A\nu + e^-$, su cui si basa il metodo radiochimico più abbordabile per la rivelazione di ν_e; 3) ho considerato fin dal mio primo lavoro del 1946 la possibilità di rivelare neutrini di origine solare; 4) ho compreso la necessità di fare uso, al posto di un contatore Geiger-Müller, di un contatore proporzionale, la misura dell'ampiezza dei cui impulsi serve a distinguere dal rumore di fondo gli eventi genuini di cattura K del ^{37}Aν prodotto dai neutrini nel cloro (1945); 5) ho rinnovato all'uopo la tecnica dei contatori proporzionali, usandoli con un coefficiente di moltiplicazione enorme, come detto sopra; 6) ho costruito un contatore proporzionale il cui rumore di fondo effettivo per la rivelazione di neutrini solari con il metodo Cl-Ar è sufficientemente basso (1949); 7) ho suggerito di misurare non soltanto l'ampiezza ma anche la forma dell'impulso del contatore proporzionale con lo scopo di diminuire ulteriormente il rumore di fondo (1968); 8) ho sollevato (1967) il problema dell'importanza per l'astronomia neutrinica del Sole delle oscillazioni neutriniche (e quindi delle masse dei neutrini); 9) ho sollevato e discusso (1971), prima della scoperta della terza generazione dei leptoni (τ), il problema dell'importanza per l'astronomia neutrinica solare dell'esistenza dei leptoni pesanti; 10) ho predetto (1967-1969) come effetto più o meno naturale la dificienza nel numero rivelabile dei neutrini solari, che fu stabilita in seguito da R. Davis e J. Bachall e va sotto il nome di «enigma dei neutrini solari».

Tema	Luogo	Periodo	Collaboratori
Mescolamento leptonico, masse dei neutrini, oscillazioni neutriniche	Urss, Dubna	1957	Bilenky, Gribov, Okun
Riviste, libri, storia della scienza, etc.	Urss, Dubna	1971	Pakrosky, Pakroskar, Vasilkov
		1971	
		1971	
		1972	Pakrosky
		1982	
		1984	
		1985	
		1988-89	Bilenky
		1988-89	

Osservazioni, risultati più significativi

Ai problemi connessi con le masse neutriniche (finite?) e con la possibilità di violazioni leptoniche abbiamo dedicato una serie di lavori teorici in cui si discutono processi estremamente improbabili come la transizione muonio $\rightleftharpoons$ antimuonio ($\mu^+e^- \rightleftharpoons \mu^-e^+$), il decadimento doppio β senza emissione di neutrini, processi del tipo $\mu^+ \rightarrow e^+ + \gamma$, oscillazioni tra diversi stati neutrinici. Le oscillazioni neutriniche non sono state osservate, ma la loro esistenza non è esclusa in alcun modo. Se le oscillazioni hanno luogo, i (campi dei) neutrini ν_e, ν_μ, ν_τ che prendono parte alla ordinaria interazione debole non sono descritti da stati stazionari e non hanno masse definite. Essi sono una superposizione coerente dei neutrini ν_1, ν_2 ν_3 aventi masse definite m_1, m_2, m_3. Le oscillazioni neutriniche sono un fenomeno di interferenza ed è da notare la grande sensibilità delle oscillazioni per mettere in evidenza piccolissime differenze dei quadrati delle masse neutriniche. Tirando le somme, l'eventuale osservazione di oscillazioni implicherebbe importantissime conseguenze di carattere qualitativo per la fisica delle particelle: 1) che esiste il mescolamento leptonico; 2) che le masse dei neutrini sono finite, più esattamente che almeno una di queste è finita. Lo studio delle oscillazioni dei neutrini ha aperto nuovi campi di ricerca nella fisica delle particelle e nell'astrofisica, dando origine a un gran numero di indagini in tutto il mondo, nelle quali protagonisti sono sia i neutrini artificiali, prodotti da intense sorgenti radioattive, reattori nucleari e acceleratori, sia i neutrini naturali, solari e cosmici.

I lavori scientifici di Enrico Fermi, in lingua russa, 2 volumi, traduzione e redazione.

Commenti scritti in lingua russa ad alcuni lavori di E. Fermi.

Introduzione alle opere di Fermi in lingua russa. Biografia di E. Fermi. Scritto anche in italiano nel libro: *Fermi e la Fisica Moderna* e in molte riviste russe.

Libro apparso in lingua russa: *Fermi: Ricordi di allievi e amici*.

« Infanzia e giovinezza della fisica dei neutrini: alcuni ricordi », discorso alla Conferenza internazionale sulla storia della fisica delle particelle, Parigi.

« Isomeria Nucleare », articolo nel libro *50 anni fa fu scoperta la radioattività artificiale*.

« Ricordi sull'affermarsi della nozione di interazione debole », discorso alla Conferenza di Chicago sulla storia delle particelle negli anni Cinquanta.

« I neutrini: indagini e ipotesi odierne », Scienza e Tecnica, Annuario della EST.

« Bruno Pontecorvo, una nota autobiografica », Scienza e Tecnica, Annuario della EST.

INDICE DEI NOMI

Achmatova, Anna, 151, 182, 218, 221, 251
Ahmadullina, Bella, 270
Aldomoreschi, Adriano, 247
Alighieri, Dante, 34, 54, 62
Allason, Barbara, 61
Alvarez, Luis, 212
Amaldi, Edoardo, 26, 61, 68-74, 122, 123, 131, 142-144, 211, 212
Amaldi, Ginestra, 72, 143
Amaldi, Ugo, 282, 283, 285, 287
Amendola, Giorgio, 83, 109, 110
Anderson, Herbert, 119
Andropov, Jurij, 281, 282
Aragon, Luis, 85
Ardenne, Manfred von, 170
Arendt, Hannah, 105, 108
Arnold, Henry, 20-22, 27, 32
Ascoli, Max, 113
Attlee, Clement, 140
Auger, Pierre Victor, 124, 126

Babel, Isaak, 221
Bach, Johann Sebastian, 62
Balzac, Honoré de, 77, 163
Barwich, Heinz, 170, 171, 187, 188
Bata, famiglia, 111
Batista, Fulgencio, 207
Beethoven, Ludwig van, 49
Benda, Julien, 85
Benjamin, Walter, 107

Berija, Lavrentij Pavlovic, 148, 170-173, 181, 182, 200, 202, 207, 226, 230, 260
Berlinguer, Enrico, 243, 244, 248, 249
Bernal, John, 30
Bernanos, Georges, 86
Bernardini, Gilberto, 131, 286
Bethe, Hans, 66, 122
Bjerge, T., 70
Blum, Léon, 81, 82, 85, 91
Boffa, Giuseppe, 195, 247
Bogoraz, Daniel, 258
Bogoraz, Larissa, 258
Bohr, Niels «Nicholas Baker», 93, 122, 130, 182, 183
Boniperti, Giampiero, 31
Bonner, Elena, 261
Bonomi, Ivanhoe, 31
Born, Max, 21, 23
Brando, Marlon, 222
Brassens, Georges, 274
Braun, Wernher von, 170
Brecht, Bertolt, 147
Brel, Jacques, 274
Breznev, Galina, 267
Breznev, Leonid Il'ic, 250, 256, 257, 260, 267, 281, 291
Brodskij, Josif, 250
Bucharin, Nikolaj Ivanovic, 88
Buck, Pearl, 118
Buffarini Guidi, Guido, 46, 94
Bunch, Ralph, 31

Calabi, Tullia, 87, 96, 99, 107, 274
Caldirola, Piero, 33, 138, 286
Campigli, Massimo, 31
Carrà, Carlo, 31
Castro, Fidel, 207
Cechov, Anton Pavlovic, 44
Cernik, Zdnek, 255
Cervetti, Gianni, 278
Chadwick, Wallace, 70
Chamberlain, Arthur Neville, 92
Chaplin, Charles, 86, 154
Chenkin, Kirill, 148
Churchill, sir Winston Leonard Spencer, 17, 18, 29, 66, 125
Ciurbanov, marito di Galina Breznev, 268
Clerici, Fabrizio, 61
Cockroft, lord John, 25, 70, 132, 134-136
Colorni, Clara, 35, 36, 50-52, 54, 58, 275, 277
Colorni, Eugenio, 51, 52, 55, 97, 275, 279, 285
Colorni, Renata, 279
Consagra, Pietro, 31
Copernico, Nicolò, 294
Corbi, Bruno, 99, 100
Corbino, Orso Mario, 35, 59, 70, 72
Cortini, Giulio, 73
Croce, Benedetto, 61
Ctetaieva, Marina, 221
Curie, Irène, 68, 78, 79, 102, 287
Curie, Marie, 78, 79, 238
Curie, Pierre, 78, 238

D'Agostino, Oscar, 68, 69, 142
Daladier, Edouard, 91, 92
Davies, Joseph E., 151
Davitashvilii, Giuna, 268
De Bartini, Roberto Oros, 229-231
De Benedetti, Sergio, 87, 99, 106
De Nicola, Enrico, 31
Dennis, Peggy, 101
Dimitrov, Georgi, 151
Di Vittorio, Giuseppe, 102
Dmytryk, Edward, 33
Dos Passos, John, 86
Dozza, Giuseppe, 85, 106, 107
Dubcek, Alexander, 254-257, 259

Duclos, Jacques, 86
Dudintzev, Vladimir Dmitrevic, 261
du Gard, Roger Martin, 85

Eden, Anthony, 76
Einstein, Albert, 30, 62, 67, 68, 119, 182, 183
Ekberg, Anita, 217
Ellington, Duke, 30
Eltsin, Boris, 40, 289
Eluard, Paul, 151
Erenburg, Ilja Grigor'evic, 179, 220, 221
Esenin, Sergej Aleksandrovic, 220
Evtushenko, Evghenij, 250, 259, 270

Fainberg, Victor, 182, 259, 263, 264, 274
Fermi, Enrico, 12, 17, 26, 34, 35, 42, 55, 56, 58, 60-77, 79, 92, 98, 101, 117-119, 122-124, 133, 142, 144, 148, 171, 175, 212, 213, 215, 225, 236, 237, 240, 251, 274, 282, 284, 285
Fermi, Giulio, 118
Fermi, Laura, 59, 63, 68, 69, 71, 72, 75, 117, 118, 120, 121, 142, 143, 152, 236
Fermi, Nella, 118
Ferrara, Maurizio, 197, 234, 247, 248, 284
Ferretti, B., 131
Flaubert, Gustave, 77, 163
Foch, Ferdinand, 261
France, Anatole, 77
Franck, James, 67
Franco, Francisco y Bahamonte, 85, 87, 91
Frenkel, Getzel, 168
Freud, Sigmund, 246, 280
Frisch, Otto, 21, 66, 73, 125, 126
Fuchs, Klaus, 21-24, 27, 28, 121, 140, 141, 148-150, 152, 153, 170, 188

Gagarin, Jurij, 208
Galich, Alexander, 266
Gaveron, mademoiselle, 47-49, 95

Indice dei nomi

Gerschtein, Mosa Semion, 242
Giannini, Gabriello, 142, 143
Giono, Jean, 85
Goethe, Wolfgang, 26
Goldschmidt, Victor, 126
Golovin, Igor, 169, 171, 182
Gomulka, Wladislaw, 204
Gorbaciov, Michail Sergeevic, 40, 41, 270, 289
Gordievskij, Oleg, 147, 148, 150
Gramsci, Antonio, 85
Gregorevna, Irina, 173, 175, 198
Grieco, Salvatore, 99
Gronchi, Giovanni, 31
Grossman, Vasilij, 179
Groves, Leslie R., 18, 121, 124
Guerra, Adriano, 6, 247, 252, 253, 256, 261
Guerra, Maresa, 6, 247, 252, 253, 256
Gustavo V, re di Svezia, 96, 118
Guzenko, funzionario, 132, 133, 149

Heisenberg, Werner Karl, 66, 67, 126, 170, 182
Hemingway, Ernest, 86, 151
Henriette, moglie di Gillo Pontecorvo, 34, 35, 106, 109, 216
Herz, Gustav, 170, 171
Hikmet, Nazim, 208
Hilferding, Rudolf, 108
Hinks, Ted, 126, 127, 190
Hiro Hito, imperatore del Giappone, 16
Hirschmann, Ursula, 97
Hiss, Alger, 31
Hitler, Adolf, 66, 86, 87, 91-93, 101-104, 114, 154, 160, 161
Hoover, Herbert C., 25
Horthy von Nagybánya, Miklós, 79
Hurey, Harold, 118
Hutton, Barbara, 10

Invinskaja, Olga, 250
Ioffe, Abram, 182

Jaures, Jean, 262
Joliot, Hélène, 79, 287

Joliot-Curie, Frédéric, 12, 25, 26, 30, 32, 34, 68, 76-81, 84, 92, 100, 102, 104, 105, 124, 148, 151, 154, 168, 184, 185
Joris, Ivens, 30

Kafka, Franz, 246
Kamenev, Sergej Sergeevic, 88
Kandinskij, Vasilij, 246
Kapitza, Piotr, 70, 169, 182, 230, 231, 246, 261, 267, 278
Keldysh, Mstislav, 183, 210, 239, 250, 281
Kent, duchessa di, 23
Kerensky, Aleksandr Fëdorovic, 159
Khazan, Elia, 33
Kim il Sung, 29, 30
Koestler, Arthur, 108, 177
Korolev, Sergej, 183, 206, 207, 230
Kravcenko, Victor, 177
Kriegel, Frantisek, 265
Krusciov, Nikita Sergeevic, 40, 148, 179, 203, 204, 207, 220, 232, 236, 240, 243, 248-250, 260
Kurciatov, Igor, 168, 169, 171, 173, 182, 183, 201, 202, 205, 213, 257

La Malfa, Ugo, 110
Landau, Lev Davydovic, 199, 261
Langevin, Paul, 68, 78, 102
Lattimore, Owen, 31
Lazard, A., 100
Le Corbusier, Charles Edouard Jeanneret, 30
Lederman, Leon, 242, 243
Leibniz, Gottfried Wilhelm, 55
Lenin, Vladimir Il'ic Ul'ianov, 45, 81, 84, 88, 98, 159, 182, 204, 246, 289
Levi, Carlo, 151
Lilli, Laura, 284
Litvinov, Maksim, 258
Litvinov, Pavel, 258
Liubimov, Jurij, 270
Lloyd George, David, 66
Lombardo Radice, Giuseppe, 63, 64
Lombroso, Cesare, 51
Longo, Estella, 214

Longo, Giuseppe, 213
Longo, Luigi, 85, 103, 153, 158, 214, 243, 244, 252-257
Lorca, Federico Garja, 86
Luria, Salvador, 87, 99, 100, 106, 107
Lussu, Emilio, 83
Lysenko, Andrej, 231, 232, 238-240, 250, 261

Mac Arthur, Douglas Arthur, 183
Mac Carthy, Joseph R., 25
Majakovskij, Vladimir Vladimirovic, 250
Majorana, Ettore, 62, 67, 73, 122, 142
Malenkov, Georgij Maksimilianovic, 184
Malraux, André, 78
Mann, Thomas, 30
Mao Tse-tung, 30
Marcenko, Anatoly, 258
Markov, Andrej Andreevic, 234
Maroni, Arrigo, 43
Maroni, Maria, 32, 43, 44, 46
Marx, Karl Heinrich, 81, 84, 269
Marzotto, conte, 44, 94
Maupassant, Guy de, 77, 163
May, Alan Nunn, 132, 149, 150
Medvedev, Sergej Pavlovic, 261
Meitner, Lisa, 73
Mendel, Gregor Johann, 231
Menotti, Mario, 229
Meyerhold, Vsevolod Emil'evic, 220
Michoels, Solomon, 178, 179
Migdal, Arkadi B., 182, 199, 200, 217
Mikojan, Anastas Ivanovic, 248
Molotov, Vjaceslav Michajlovic Skrjabin, 101, 103, 104, 151, 169, 171, 185, 187, 201, 202, 204
Monroe, Marilyn, 266
Montand, Yves, 274
Moorehead, Alan, 136
Moravia, Alberto, 52
Muller, Hermann Joseph, 231
Murphy, Robert, 17
Mussolini, Benito, 46, 65, 66, 83, 86, 88, 92, 105, 113, 114, 130

Nagy, Imre, 204, 205
Nasser, Giamal Abdel, 204, 291
Natoli, Aldo, 63, 64, 98-100
Negarville, Celeste, 85, 99, 110
Neisvestny, Ernest, 249, 250
Nenni, Pietro, 30, 83
Nissim, famiglia, 43
Nitti, Francesco Saverio, 31, 83
Nizan, Paul, 85, 102
Noddack, Ida, 73
Nordblom, Marianne, 25, 26, 28, 32-36, 77, 93, 106, 107, 110-112, 114, 116, 128, 136-139, 155, 158-166, 174, 175, 189, 196, 200, 216, 219, 223, 242, 262, 271, 292
Novotny, Walther, 254
Nuzdin, N.Y., 238, 239

O' Connor, Consuelo, 10
Oliphant, Mark, 70
Oppenheimer, Robert, 17-19, 62, 120, 124, 184
Orlando, Vittorio Emanuele, 31
Ozerov, J.W., 126

Pacciardi, Randolfo, 113
Pajetta, Giancarlo, 256, 257
Pajetta, Giovanna, 256
Pancaldi, Augusto, 247, 273
Pancaldi, Michèle, 273, 274
Pankratova, Lidia, 229
Paradzanov, Sergej, 270
Pasternak, Boris, 249
Pauli, Wolfgang, 66, 133, 242
Pecchioli, Ugo, 256
Peierls, Genia, 121
Peierls, Rudolf, 21, 23, 121, 125, 126
Perrin, Michael, 23
Penzias, Arnold, 226
Pétain, Henri-Philippe, 108
Picasso, Pablo, 86, 151, 220, 246, 249
Pietro, figlio di Laura Pontecorvo, 275
Pjatakov, Georgij Jurij Leonidovic, 88
Placek, G., 124
Plissetskaja, Maja, 219, 267

Pompeo Magno, Gneo, 227
Pontecorvo, Anna, 24, 32, 35, 47, 53, 94, 95, 114, 137, 159, 277
Pontecorvo, Antonio, 32, 34, 36, 128, 173, 191, 198, 200, 216
Pontecorvo, Bruno, 6, 11, 12, 23-28, 31-37, 39-49, 52, 54-68, 70-72, 74-89, 91-102, 104-107, 110-114, 116, 123, 124, 126, 128, 130-134, 136-144, 147-155, 157, 159-167, 173-181, 183-185, 187-194, 196, 198-207, 209-219, 221-223, 225-231, 233, 235-238, 240-243, 246, 247, 251-265, 267-270, 273-276, 278-287, 289, 290, 292, 293
Pontecorvo, Ermelinda, 93
Pontecorvo, Gil, 32, 93, 110-114, 116, 127, 138, 157, 158, 160, 164, 173-175, 191, 200, 216, 256, 259, 292
Pontecorvo, Gillo, 6, 27, 34, 35, 39, 41, 44, 47, 48, 50, 54, 55, 94-96, 105, 106, 109, 114, 160, 205, 216, 217, 222, 247, 276, 277
Pontecorvo, Giovanni, 24, 46-48, 94, 95, 114, 137, 277
Pontecorvo, Giuliana, 32-34, 36, 46, 47, 49, 52, 54, 94, 105, 107, 110-113, 138, 139, 159, 240, 277, 285
Pontecorvo, Guido, 24, 46-48, 51, 54-56, 58, 94, 95, 114, 137, 231, 232, 240, 277
Pontecorvo, Laura, 8, 24, 44, 47, 53, 91, 94, 95, 114, 137, 159, 275
Pontecorvo, Massimo, 32, 43-46, 49, 50, 94
Pontecorvo, Natascia, 291
Pontecorvo, Paolo «Polì», 46-48, 54, 94, 95, 240
Pontecorvo, Pellegrino, 43
Pontecorvo, Tito Niels, 32, 128, 130, 153, 173, 191, 198, 200, 216, 245, 280-282, 291
Proust, Marcel, 81, 246

Radam, compagna di Bruno Pontecorvo, 217-220, 226-228, 233
Radek, Karl Berngardovic, 88

Rajk, Nikolaj Andreevic, 151
Rakosi, Mátyás, 204
Rasetti, Franco, 55, 56, 58, 60, 61, 65, 68, 69, 71, 122, 142
Ravera, Camilla, 102
Ribbentrop, Joachim von, 101, 104, 151, 204, 266
Robeson, Paul, 31, 33
Romano, Sergio, 248
Roosevelt, Eleonor, 112
Roosevelt, Theodor, 29, 119
Rosselli, Carlo, 83
Rossi, Bruno, 122
Rubbia, Carlo, 294
Russell, Bertrand, 184
Rutherford, lord Ernest, 69, 70, 76

Sacharov, Andrej, 169, 182, 199, 226, 239, 240, 250, 258-265, 274
Salengro, Robert, 82
Salvini, Giorgio, 212, 294
Saragat, Giuseppe, 83
Sargent, B.W., 126
Schwarz, Laura, 277
Schwarz, Melvin, 242
Sciascia, Leonardo, 86
Scotti, Francesco, 89
Segrè, Emilio, 61, 65, 68-72, 74, 75, 122, 133, 142, 212, 286
Seligman, professore, 25, 26, 32, 128, 136, 137
Sereni, Alfonsa, 50, 111
Sereni, Emilio «Mimmo», 27, 51, 55, 83-86, 97, 102, 105-107, 111, 154
Sereni, Enrico, 51
Sereni, Enzo, 51
Sereni, Lea Ottobrina, 83, 106
Sereni, Samuele, 51
Sereni, Silberberg, 83
Severini, Gino, 31
Shaw, George Bernard, 151
Shevarnadze, Eduard, 270
Shostacovic, Dmitri, 182
Silberberg, Leo, 83
Sinjavskij, Andrej, 258
Skardon, William, 22
Skinner, Herbert, 27
Smrkovsky, Josef, 256, 259
Solgenitsin, Alexander, 232

Spallone, Dario, 40
Spencer, Herbert, 51
Stalin, Iosif Vissarionovic Dzugasvili, 17, 18, 29, 40, 87, 96, 98, 100, 101, 152, 161, 167, 170-172, 177, 180-184, 187, 193, 200, 202-204, 207, 210, 220, 226, 227, 232, 266
Steinbeck, John, 151
Steinberger, J., 242
Stendhal, Henry Beyle, 81
Stimson, Henry, 17
Strauss, George, 140, 142, 149, 150
Suslov, Michail A., 250
Svetlov, Michail, 217
Syngman Rhee, 29, 30
Szilard, Leo, 18, 63, 119

Tabet, Duccio, 26, 27, 32, 34, 36, 94, 105, 107, 110-113, 277
Tabet, Eugenio, 110, 111, 113, 277
Tabet, Marinella, 112, 113
Tabet, Paola, 110, 111, 113
Tamara, regina georgiana, 227, 228
Tamm, I.E., 239
Tarchiani, Alberto, 113
Taylor, C.S., 141
Teller, Edward, 66, 122, 237
Temple, Shirley, 114
Terracini, Umberto, 102
Thorez, Maurice, 85, 86
Tibbets, Paul, 15
Tito, Iosip Broz, 151, 153
Togliatti, Palmiro, 35, 184, 185, 243, 248, 252

Trabacchi, Giulio Cesare, 142
Triolet, Elsa, 85
Trockij, Lev Davydovic Bronstejn, 88, 96, 97
Truman, Harry S., 17-19, 167
Tuchacevskij, Michail Nikolaevic, 88
Tupolev, Andrej N., 206, 230
Tvardoskij, Aleksandr Trifonovic, 251, 261

Valiani, Leo, 102
Vallon, René, 96
Vannikov, Boris, 170
Vavilov, Nikolaj Ivanovic, 231, 232
Veil, Simone, 82
Verne, Jules, 208
Vissotsky, Vladimir, 269
Vittoria, figlia di Galina, 268
Volkov, G., 126

Wells, Herbert George, 208
Westcott, C.H., 70
Wick, Gian Carlo, 31, 61, 64-66, 92, 101, 123, 131, 211, 212, 294
Wilson, Robert, 226

Zdanov, Andrej Aleksandrovic, 182, 220
Zeldovic, Yakov, 226
Zevi, Bruno, 87
Zichichi, Antonino, 211
Zinovev, Grigorij Evseevic, 88

«Il lungo freddo»
di Miriam Mafai
Collezione Le Scie

Arnoldo Mondadori Editore S.p.A., Milano

Questo volume è stato impresso
nel mese di maggio dell'anno 1992
presso lo Stabilimento Nuova Stampa Mondadori - Cles (TN)

Stampato in Italia - Printed in Italy